1980년 사북
# 항쟁과 그 이후의 삶

**사북항쟁구술자료총서 3**
**1980년 사북: 항쟁과 그 이후의 삶**

초판 1쇄 발행 2020년 12월 28일
구　술 | 윤병천 · 최돈혁 · 이정근
면　담 | 김세림 · 김아람 · 문민기 · 장미현 · 후지타 타다요시
펴낸이 | 윤관백
펴낸곳 | ❙도서출판 선인

등 록 | 제5−77호(1998.11.4)
주 소 | 서울시 마포구 마포대로 4다길 4, 곳마루빌딩 1층
전 화 | 02)718−6252 / 6257
팩 스 | 02)718−6253
E−mail | sunin72@chol.com

정 가 24,000원
ISBN 979−11−6068−427−8　94900
ISBN 979−11−6068−424−7　(세트)

사북항쟁구술자료총서 3

# 1980년 사북
# 항쟁과
# 그 이후의
# 삶

**구술** | 윤병천 · 최돈혁 · 이정근
**면담** | 김세림 · 김아람 · 문민기
장미현 · 후지타 타다요시

도서출판 선인

## [일러두기]

1. 구술자의 발언은 최대한 그대로 살렸다.

2. 회차에 관계없이 시간 흐름대로 배열하였다.

3. 비공개해야 하는 인명과 발언은 일부 삭제하였다.

4. 구술 당시의 상황이나 행동은 ( ) 안에 표시하였다.

5. 탄광 용어 등 이해하기 어려운 말은 각주로 설명하였다.

6. 추가 설명이 필요한 경우에 [ ] 안에 내용을 추가하였다.

# 축사

　지역의 아픈 과거! 그리고 반드시 진실이 규명되어 관련 당사자들이 민주화운동 유공자로 당당히 인정을 받고 치유되어야 할 과제! 사북사건 40주년을 맞이하여 우리 군민들의 노동운동 역사를 담은 『사북항쟁 구술 자료총서』 발간을 4만여 군민과 함께 축하를 드립니다.

　아울러 총서가 발간되기까지 많은 협조를 해 주신 사북항쟁동지회 회원들과 (재)3·3 기념사업회 그리고 고한·사북·남면·신동 지역살리기공동추진위원회를 비롯한 관계자 모든 분들에게 진심으로 깊은 감사의 말씀을 드립니다.

　1944년 미국 필라델피아에서 개최한 국제노동기구 총회에서 '노동은 상품이 아니다. 표현의 자유와 결사의 자유는 필수적 요소다.'라는 선언을 채택하였듯이 정직한 노동을 통한 대가요구는 보통 사람들의 삶 자체일 것입니다.

　민주화의 희망이 싹트던 지난 1980년 광주 민주항쟁에 앞서 정선군에서 전개된 사북사건은 군사정권의 비호하에 자행된 부당한 노동행위에 대한 근로조건 개선 등을 요구하는 지극히 정당하고 자발적인 노동운동이었음에도 불구하고 많은 논란의 중심에서 벗어나지 못하고 있습니다.

　그동안 이원갑 사북항쟁동지회 명예회장님과 황인오 회장님을 비롯한 많은 분들이 진실규명을 위해 노력한 결과 사북사건의 정당성 인정과 함께 우리나라 민주화운동에 큰 획을 그었다는 평가를 받고 있으나, 아직까지 사건에 대한 정확한 규명이 부족함은 물론 관련된 많은 사람에 대한 명예회복 등의 후속 조치가 없는 것이 사실입니다.

이러한 시점에서, 사북사건 40주년을 맞이하여 강원도와 정선군에서 (재)3 · 3 기념사업회의 협조를 받아 발간한 『사북항쟁 구술자료총서』는 진실 규명에 한 걸음 더 다가서는 매우 큰 의미가 있다고 생각됩니다.

특히, 사건 관련 당사자 중 많은 분이 타계하셨거나 고령 등으로 힘든 삶을 이어가고 있음을 감안할 때, 앞으로 이런 사업을 꾸준히 추진하고 더 많은 자료가 확보되어 빠른 시일 내에 관련자의 명예회복에 도움이 되길 기대합니다.

아울러, 잘 알고 계시는 바와 같이 사북사건을 이어받아 정선군민들이 1995년 3 · 3 대정부 투쟁을 통해 제정된 「폐광지역 개발 지원에 관한 특별법」이 개정 또는 추가연장이 되지 않으면 2025년에 종료됩니다.

그동안 정선군을 비롯한 폐광지역에서는 대체산업으로 유치한 강원랜드를 통해 많은 도움을 받았지만, 올해 전 세계적 팬더믹(pandemic)을 초래한 코로나19 사태는 강원랜드 단일기업에 의한 의존도가 절대적인 정선군의 경우 카지노 영업장 장기휴장으로 재래시장, 식당, 숙박, 택시 등 민간경제를 침체시켰음은 물론, 지방자치의 근간을 형성하는 지방세 및 세외수입 등 지방재정 확충에 많은 어려움을 주고 있습니다.

이는 곧 지역 산업의 단일화가 아닌 다양화를 요구하는 방증이며, 이런 문제점 등을 해결하고 폐광지역이 지속 가능한 발전을 유지하기 위해 「폐광지역 개발 지원에 관한 특별법」 개정이 반드시 필요합니다.

정선군에서는 현재 국회에서 진행 중인 법률개정안을 면밀하게 주시하는 한편 강원도 및 지역주민 등과 협조하여 꼭 법률이 개정될 수 있도록 하겠습니다.

독립운동가 신채호 선생님은 '역사를 잊은 민족에게 미래는 없다'는 말씀을 하셨습니다. 「폐광지역 개발 지원에 관한 특별법」 제정과 강원랜드 설립은 사북사건의 위대한 정신을 계승한 정선군민이 있었기에 가능했으며 이런 의미에서 정선군은 폐광지역 역사의 근원이며 앞으로도 변함없이 폐광지역 역사와 번영을 주도하는 주체가 될 것임을 믿어 의심치 않습니다.

다시 한 번 총서 발간을 축하드리며 사북사건과 관련 당사자들이 군민 모두에게 영원히 기억되길 기대합니다. 감사합니다.

2020년 12월
정선군수 최승준

# 발간사

　수천 명의 광부와 그 가족들이 노동 조건 개선과 노조 민주화를 위해 목청을 높여 일어섰던 1980년 4월의 사북항쟁은 우리 지역의 뿌리입니다.

　사북항쟁 15년 이후 1995년 3월에는 3·3주민대투쟁이 일어났습니다. 폐광 지역의 회생을 통해 주민 생존권의 확보가 절실했고, 국가적으로도 국토의 균형 개발이 필요했습니다. 이러한 운동의 결과 강원랜드가 사북에 설립되었습니다. 그렇기에 오늘날의 사북은 사북항쟁과 그 희생의 결실인 것입니다.

　우리 3·3기념사업회는 위와 같은 역사적 성과를 지속적으로 계승 발전시키고자 2006년에 주민들이 자발적으로 설립하였고, 지자체가 조례로 만들어 그 운영을 지원하고 있습니다. 설립 이후 우리 재단은 지역의 현실을 반영하고 지역의 특수성을 고려한 사업을 진행해 왔습니다.

　뿌리관에서는 사북항쟁과 3·3투쟁을 함께 기념하기 위해 지역의 탄광 역사와 주민운동사를 전시하고 있습니다. 뿌리관은 '동원탄좌 근로자복지회관'이었던 곳으로, 사북항쟁 직후 노동자들의 불만을 달래기 위해 정부와 회사가 공동으로 지은 시설물이었는데, 현재는 지역 역사전시관, 야외상설무대 등 지역의 역사와 주민을 위한 복합문화건물로 운영하고 있는 것입니다.

　이번『사북항쟁 구술자료총서』발간 및 탄광 운영 관련 자료 수집도 그러한 사업의 일환입니다. 역사문제연구소의 연구진은 재단과 긴밀하게 소통하며 구술자료를 수집하였고, 문서 자료를 데이터베이스화 하여 향후 사북 지역사 연구의 기초 자료로 축적하고 있습니다. 지역 밖의 연구진이 수 년에 걸쳐 지역과 협력하며 연구를 추진하는 좋은 사례를 만들어 나가고 있는 것입니다.

이번 책의 구술자들은 역사의 증언자이자 지역의 어른입니다. 그동안 지역을 배경으로 한 드라마나 다큐멘터리가 있었고, 사북항쟁을 다룬 영화와 프로그램도 나왔습니다. 그렇지만 지역 주민이 주인공이 되는 일은 많지 않았습니다. 재단에서 2013년에 발간한 고한·사북·남면 구술 채록집에서조차도 3명의 인터뷰 밖에 싣지를 못했습니다.

이번 『사북항쟁 구술자료총서』는 약 48시간에 걸친 10명 구술자의 증언이 수록된 방대한 자료집입니다. 우선 이 책에는 지역에서만 이야기할 수 있는 생생한 경험이 담겨 있어, 1980년 사북항쟁은 물론이고 그 전후 지역의 생활상, 변화상을 알 수 있습니다.

또한 과거 지역과 주민이 겪은 아픔이 고스란히 담겨있습니다. 지역에는 젊은 세대가 많지 않고, 과거 이야기를 접하기도 어렵지만, 이 책을 통해 지역의 이야기가 후대에 전해지는 계기가 되기를 바랍니다. 더 나아가 지역의 역사와 현재를 깊이 이해하는 방법의 하나로서 이 책의 간행이 작은 사례가 되었으면 합니다.

책의 형식을 정하기 위해 많은 고심을 했다는 말을 들었습니다. 말을 글로 그대로 옮기는 것이 쉽지는 않지만 이 사북 지역의 구술에는 사투리가 있고 또한 탄광에서만 사용하는 특수용어도 있어서 연구진은 말을 글로 옮기기까지 여러 번 확인 과정을 거쳐야 했습니다.

그 결과 자료집에는 지역의 '말'이 그대로 실려 있고, 여러 광산 용어들을 비롯하여 사투리도 살아 있습니다. 책은 전체 3권으로 적지 않은 분량이지만 한 사람의 일생이 영화처럼 또는 옛날이야기처럼 펼쳐져 있어서 흥미롭게 읽을 수 있습니다.

　우리 재단에서는 매년 4월 21일에 사북항쟁, 3월 3일에 3·3투쟁 기념식을 주관하고 있습니다. 이 기념식은 사북항쟁동지회, 고한·사북·남면·신동 지역살리기공동추진위원회를 비롯한 지역주민의 적극적 참여로 원활하게 이루어지고 있습니다. 2020년부터는 강원도에서 사북항쟁 기념식 지원도 받고 있습니다. 앞으로도 사북항쟁이 지역의 뿌리이자 한국 민중운동사, 노동항쟁사의 한 줄기로 자리매김 할 수 있도록 기념사업을 계속 추진할 것입니다. 아울러 당사자분들 일상의 평안과 복리 증진을 위해서도 계속 힘써나갈 것입니다.

2020년 12월

(재)3·3기념사업회 이사장 최경식

# 간행사

1980년 4월 21일 강원도 정선군 사북읍의 동원탄좌 사북광업소에서 어용노조 퇴진과 임금인상을 요구하는 탄광 노동자들의 투쟁이 폭발했습니다. 수천 명의 광부와 그 가족들은 사측의 압박과 경찰의 물리력에 맞서 3일 동안 사북광업소를 장악하고 스스로 새로운 질서를 만들어가는 한편 노·사·정 대표의 협상을 통해 평화적인 사태 해결을 이루었습니다. 사북 지역 광산 노동자들의 투쟁은 단지 우발적인 사건이 아니라 이전부터 전개되었던 생존권 투쟁과 노조 민주화 운동의 연장선에서 발생한 것이었으며, 유신체제 붕괴 이후 열린 공간에서 터져 나오던 민중의 해방 선언이기도 했습니다. 사북 지역 노동자들은 10년 전에 전태일 열사가 당신의 몸에 불을 붙이고 외쳤던 "노동자는 기계가 아니다"라는 절규를 이어받아 노동자도 인간임을 선언하고 권력과 자본의 노동 착취와 비인간적 대우에 맞서 싸웠던 것입니다. 우리는 이를 '사북항쟁'이라고 부릅니다.

그러나 사북항쟁은 노·사·정 대표의 합의를 무시하고 물리력을 투입한 신군부의 폭력에 의해 좌절되었습니다. 수백 명의 광부와 그 가족들이 계엄당국에 연행되어 모진 고문과 가혹행위를 당했으며, 그 중 수십 명이 '폭도'로 몰려 감옥에 갇혔습니다. 항쟁에 참여했던 사람들은 그 이후에도 감시와 탄압에 시달렸고, 사북항쟁은 '폭동'이라는 이미지에 갇힌 채 그에 대한 진실은 철저하게 금압되었습니다.

    그럼에도 사북항쟁 참여자들은 진상규명과 명예회복을 위해 지난 40년 동안 힘겨운 노력을 기울여 왔습니다. 이러한 성과에 힘입어 2008년에는 '진실과 화해를 위한 과거사 정리위원회'로부터 사북항쟁 당시의 국가권력에 의한 인권침해 사실을 인정받았습니다. 특히 작년부터는 사북항쟁에 대한 진상규명과 명예회복, 정부의 사과와 배상, 관련자에 대한 직권 재심 등을 요구하는 활동을 벌이고 있으며, 올해에는 사북항쟁 40주년 기념행사를 감동적으로 개최하기도 했습니다.

    사북항쟁의 진상과 역사적 의미를 밝히는 작업은 앞으로도 계속되어야 하며, 여기에는 항쟁 당사자들만이 아니라 유관 학계와 시민사회의 관심과 참여가 필요합니다. 수십 년간 지속된 사북항쟁에 대한 폭동적 이미지가 단지 국가와 자본에 의해 주조된 것만이 아니라 노동운동에 대한 사회적 편견, 특히 '막장 인생'이라 불리곤 하는 광산 노동자에 대한 사회적 멸시와 냉대에 의해 고착된 것임을 상기한다면, 학계와 시민사회의 성찰과 분발이 더욱 절실히 요구됩니다.

    이러한 맥락에서 이번에 발간되는『사북항쟁 구술자료총서』(전 3권)는 그 의미가 대단히 크다고 하겠습니다. 이 자료집은 역사문제연구소 민중사반 소속의 사북팀이 사북항쟁 관련자들을 구술면담한 내용을 정리한 것입니다. 역사문제연구소 민중사반은 2015년 여름 워크숍을 계기로 사북항쟁의 주역인 이원갑 선생님과 인연을 맺었으며, 이듬해에 김세림, 김아람, 문민기, 장미현, 장용경, 후지타 타다요시 등 연구자들을 중심으로 '사북팀'을 결성하고 사북항쟁에 대한 학술적 연구를 수행해 왔습니다. 사북팀은 책상머리에 앉아서 연구하는 것에 머물지 않고 사북 현지를 방문하여 관련 자료를 수집·정리하고 항쟁 관계자들을 만나는 등 현지 조사를 지속했습니다.

    그러한 성과 위에서 작년에는 〈1980 사북, 탄광의 사회사〉라는 주제로 학술행사를 열었고, 올해에는 사북항쟁 40주년 기념 심포지엄 〈사북,

역사를 열다〉를 성황리에 개최하였습니다. 또한 사북팀은 매년 열리는 사북항쟁 기념식 등 많은 행사에 참여하고 사북항쟁의 진상규명과 명예회복 운동에도 적극 동참하였습니다. 이런 와중에 2017~2018년에는 국사편찬위원회 구술자료 수집사업의 지원을 받아 사북항쟁 관련자 10명을 면담할 수 있었습니다. 이 작업은 항쟁 참여자들의 헌신적인 진상규명 노력과 사북팀의 진정성 있는 연구 및 참여가 함께 어우러지는 장이었던 셈입니다.

『사북항쟁 구술자료총서』는 일차적으로는 사북항쟁의 진상규명에 기여하겠지만, 여기에 담긴 내용은 사건 그 자체에만 한정되지 않습니다. 구술면담은 항쟁 이전의 삶, 항쟁의 발발과 전개 과정, 항쟁 이후의 삶을 모두 포괄하며, 진상규명과 명예회복 운동도 중요한 축을 이루고 있습니다. 특히 사북항쟁이 광산 노동자만이 아니라 그 가족들이 함께 참여했던 특성을 갖는다는 점을 고려하여 사북 탄광촌에 살던 여성들의 일상생활과 항쟁 참여를 깊이 있게 다루었습니다.

40년 전에 국가와 자본의 폭력, 사회적 냉대를 뚫고 민중의 자기 해방에 떨쳐나섰고 그 이후로도 항쟁의 진실을 알리기 위해 온 정성을 다해온 구술자 선생님들께 깊은 경의와 연대의 마음을 전해드립니다. 또 서울과 사북을 오가며 열정적으로 작업을 수행한 역사문제연구소 사북팀 연구자들께 감사와 격려의 말씀을 드립니다. 앞으로도 사북민주항쟁동지회와 역사문제연구소가 사북항쟁의 역사화를 위해 함께 노력하고 깊이 공감해 나가자는 다짐을 해봅니다.

2020년 12월
역사문제연구소 소장 이용기

# 책머리에

　2020년인 올해는 1980년 4월에 발생한 사북항쟁이 40주년을 맞는 해입니다. 이 『사북항쟁 구술자료총서』(전 3권)는 역사문제연구소의 민중사반 사북팀이 2017~2018년 동안 진행한 국사편찬위원회 구술자료수집사업 '사북항쟁 참여자의 삶과 기억 Ⅰ, Ⅱ'의 결과물을 정리한 것으로 사북항쟁에 참여했던 당사자 및 관련자의 목소리를 담고 있습니다.

　민중사반은 2015년 여름 워크숍으로 사북과 관계를 맺기 시작했습니다. 당시 강원랜드와 관광 시설들 속에서 남아있는 탄광의 흔적들을 찾고자 했던 기억이 납니다. 지금은 출입이 제한된 동원탄좌 유물보존관을 그때는 둘러볼 수 있었고, 갱도 인차 체험도 했습니다. 탄광촌에서 리조트 도시로 급격하게 변화한 사북 지역의 모습은 연구자들에게 여러 질문을 던졌습니다.

　탄광이었던 여러 지역 중 사북을 선택했던 것은, 무엇보다 사북항쟁의 경험과 그 유산을 보고자 했기 때문이었습니다. 당시 사북민주항쟁동지회(이하 동지회) 회장이었던 이원갑 님과 뿌리관에서 두 시간여 동안 간담회를 하고 난 뒤, 사북항쟁 연구의 필요성을 제기하게 되었습니다.

　2015년 2월에 이원갑, 신경 두 분은 재심에서 사북항쟁 주도 혐의의 무죄를 선고받았지만, 이원갑 님은 기뻐하지만은 않았고 여전히 해야 할 말이 많은 듯했습니다. 그리고 신경 님은 항쟁 직후 사북을 떠난 상태였습니다. 폐광 후 동원탄좌의 건물이 대부분 철거된 가운데 그나마 남겨진 유물보존관에서는 사북항쟁을 다루고 있지 않았습니다. 이에 연구자들은 그 배경과 맥락을 포함하여 1980년 사북항쟁 당시와 그 후 지역사회에서의 기억의 문제까지 관심을 가지지 않을 수 없었습니다.

이후 뜻을 모아서 2016년부터 6명의 연구자를 중심으로 '사북팀'을 구성하여 활동을 시작했습니다. 초창기에는 연구팀 구성원들이 모두 민중사반에 속하지는 않았고, 각자 본래의 연구 주제와 관심을 사북에 반영하는 방식으로 연구를 구상하고 있었습니다. 간행사의 표현을 빌리자면, 일단 "책상머리에 앉아서" 연구를 시작했던 것이었습니다.

연구의 시작은 사북항쟁과 탄광에 대한 기존 문헌자료를 검토하는 것이었습니다. 1980년 재판 기록과 신문기사, 1985년의 보고서, 2008년 진실화해를위한과거사정리위원회 조사 결과를 비롯하여 여러 문헌기록을 살펴보았습니다. 그러나 사북항쟁의 실체에 접근하는 것부터 한계에 봉착했습니다.

사법 조치의 과정은 신군부의 계엄하에서 이루어졌고, 그 판단 또한 전두환 집권 과정에서 나온 것이었습니다. 그 절차의 불법성은 말할 것도 없고, 고문 피해에 의한 증언일 수 있다는 점도 고려해야 했습니다. 당시 언론보도 역시 같은 맥락에서 과장과 왜곡을 거슬러 읽어야 했습니다. 1985년의 보고서는 항쟁의 배경으로써 광산 노동의 구조적 현실을 잘 드러냈고, 과거사위의 보고서는 항쟁 당사자들이 겪은 국가폭력의 피해를 규명하며 국가의 사과를 권고했습니다. 하지만 그 이후로 진전된 연구도, 국가의 사과도 없었습니다.

이에 연구팀은 생존한 당사자들을 만나야겠다고 생각하게 되었습니다. 2017년 사북항쟁 37주년 기념식에 참석하여 항쟁 당사자 모임인 동지회 구성원들과 처음 만났습니다. 기념식 전후의 모습은 지역에서 항쟁의 의미가 무엇인가 생각하게 했습니다. 기념식에 참석한 동지회 구성원은 20여 명 정도에 불과했습니다. 항쟁 참여로 유죄 판결을 받은 분이 28명이었다고 하더라도 당시 항쟁의 규모와 이후 영향을 고려하면 동지회는 이원갑 님의 의지로 어렵게 유지되고 있다고 느껴졌습니다.

동지회에서는 연구팀을 환대하고 구술 섭외에도 적극적으로 응해 주셨습니다. 그 결과로 2017년에 신경, 황인오, 이명득, 이정근 님을 만났습니다. 이듬해에 연구팀도 다시 참가한 38주년 기념식은 서로의 안부를 확인하는 자리이기도 했습니다. 그리고 2018년에 이원갑, 장분옥, 조순란, 이옥남, 윤병천, 최돈혁 님과 구술을 진행했습니다.

책에 담긴 구술 내용은 참여자들의 1980년 사북항쟁 당시의 경험을 포함하여 전 생애를 아우르고 있습니다. 생애사 구술을 통해 구술자들이 항쟁에 참여하게 된 계기와 과정, 그 이후의 삶의 궤적을 보고자 했습니다.

구술에 대한 정보는 다음과 같습니다.

| 구분 | 성명 | 구술일시 | 구술장소 | 총 구술시간 | 현 거주지 |
|---|---|---|---|---|---|
| 1권 | 이원갑 | 2018년 6월 30일, 7월 1일 | 구술자 자택 | 6시간 24분 | 강원 정선군 고한읍 |
| | 신경 | 2017년 6월 2일, 6월 3일 | 성북동 이종석 별장, 역사문제연구소 | 6시간 16분 | 경북 경주시 안강읍 |
| | 황인오 | 2017년 8월 13일 ~9월 10일 | 동북아평화경제협회, 부천시의회 | 12시간 8분 | 경기 부천시 |
| 2권 | 이명득 | 2017년 4월 22일, 4월 27일 | 구술자 자택, 역사문제연구소 | 4시간 26분 | 강원 정선군 사북읍 |
| | 장분옥 | 2018년 6월 19일 | 구술자 자택 | 2시간 42분 | 경기 성남시 |
| | 조순란 | 2018년 4월 20일 | 구술자 자택 | 1시간 52분 | 강원 정선군 고한읍 |
| | 이옥남 | 2018년 7월 1일 | 구술자 자택 | 1시간 57분 | 강원 태백시 |
| 3권 | 윤병천 | 2018년 6월 30일, 7월 2일 | 구술자 자택 | 4시간 1분 | 강원 정선군 남면 |
| | 최돈혁 | 2018년 7월 1일, 7월 2일 | 구술자 자택 | 4시간 49분 | 강원 태백시 |
| | 이정근 | 2017년 4월 22일, 4월 27일 | 구술자 자택, 역사문제연구소 | 4시간 12분 | 강원 정선군 사북읍 |

10명의 구술자들은 남성 6명, 여성 4명이고, 항쟁 참여자이거나 그 배우자입니다. 연구팀은 최소 2명부터 6명 전원이 함께 면담하는 형식으로 공동작업을 했습니다. 주면담자가 구술의 흐름을 이끌되, 배석 연구자가 놓치는 내용을 보완하고 촬영을 진행했습니다. 또한 연구팀은 구술을 하고 난 후에도 구술 내용, 환경, 구술자의 특성 등에 대해 자주 대화하고, 의견을 나누었습니다. 구술자별로 1회부터 5회까지 구술이 이루어졌습니다.

이 구술자료총서는 다각도에서 그 역사적, 실천적 의미를 가지고 있습니다. 먼저 사북항쟁의 계기와 경과에 대해 여러 당사자들의 기억을 통해 사실에 접근할 수 있다는 것입니다. 신군부와 전두환 정권은 항쟁 당시 광산 노동자들의 폭력행위만을 부각시키고, 지역민 사이에서의 상호고발을 유도했으며, 레드 콤플렉스 낙인을 방조하여 당사자와 지역민을 침묵하게 만들었습니다. 이에 당사자들의 이야기는 사북항쟁을 '폭동'이나 '사건'이 아닌 '항쟁'으로서 사실을 규명하고, 그 성격을 규정하는데 중요한 근거가 됩니다.

항쟁이 폭발할 때, 주동자나 조직이 존재한 것이 아니었습니다. 이 책에서는 4월 21~24일 동안 여러 곳에 있었던 당사자들의 행위와 항쟁 전개 과정을 교차하여 볼 수 있습니다. 또한 1980년 이전의 누적된 경험, 조직화 되지 않은 상태에서의 항쟁 진행 과정, 그 상황에 대한 참여자들의 인식을 포함하고 있습니다.

또한 구술에서도 파악되는바, 광주항쟁 이전 시점인 사북항쟁에서 신군부는 공수부대를 대기시켰고, 항쟁 참여자들은 무기고를 지키며 최악의 상황에 대비하고 있었습니다. 이는 5·17 계엄 이전부터 신군부가 극단의 폭력을 동원할 계획이 있었음을 보여주기도 합니다. 공수부대 투입 고려와 광부들의 무기고 수호는 광주항쟁과 사북항쟁을 비교할 수 있는 점들을 시사하기도 합니다.

아울러 이 구술에서는 국가폭력의 구체적인 피해 사실을 보여주고 있습니다. 항쟁 참여자를 처벌하지 않겠다는 수습 협상은 지켜지지 않았습니다. 기망을 통한 불법 연행 과정, 구금과 고문의 구체적인 실상 또한 구술에 반영되어 있습니다. 항쟁 당사자들의 피해는 1980년에 한정되지 않습니다. 국가폭력과 억압적인 노동 조건에 의한 피해는 이후 삶에 장기적으로 영향을 미쳤습니다. 우연히 또는 현실 상황에 문제제기를 하기 위해 항쟁에 참여했던 결과가 일생에 고통이 되고 있다면, 그 과정의 역사화와 책임 규명은 절실하지 않을 수 없습니다.

현재 항쟁 당사자 20여 명이 민주화운동 관련자로 인정되었으나 몇 백만 원의 배상에 그쳤습니다. 동지회에서 항쟁을 복권하고 기념하며 피해를 배상해야 한다는 주장은 이러한 배경에서 나오는 것입니다. 이와 관련하여 향후 정부 차원의 사과 등 조치가 이어져야 합니다. 증언을 하신 구술자들과 동지회 회원 외에도 발견되지 않은 피해자가 많기 때문에 조사 역시 시급히 이루어져야 하겠습니다. 항쟁 참여자들 중에는 사북을 떠난 경우도 많은데, 항쟁 후 동원탄좌로의 복직이 어려웠을 뿐만 아니라 '전과자', '빨갱이'라는 낙인으로 인해 지역에서 살기 어려웠던 점이 작용했습니다.

다음으로 이 구술자료총서에는 그간 사북항쟁에서 주목하지 않았던 여성들의 이야기가 담겨 있습니다. 참여자뿐만 아니라 배우자의 이야기를 적극적으로 채록한 이유는 사북항쟁이 한 개인을 넘어 그들의 가족에게 미친 영향력을 살펴보기 위해서입니다. 특히 여성 배우자들의 경우, 주모자로 지목된 남성 배우자가 구속되면서 가족들의 생활을 책임져야 했습니다.

이들이 사북항쟁 후 가정을 이끌기 위해 분투했던 경험들은 사북항쟁의 젠더 차이와 그 의미를 보여줍니다. 여성들은 항쟁에 참여하기도 했지만 그 역할이 의미 있게 해석되지 않았습니다. 여성 구술자들은 생애 처음으로 자신이 인터뷰의 주인공이 되었다는 점을 유의미하게 받아들였고, 가족관계와 감정까지 진솔하게 구술했습니다. 이러한 여성들의 이야기는 사북항쟁과 탄광 지역사를 여성의 관점에서 재해석할 수 있는 가능성을 제공합니다.

또한 구술자료총서는 사북 지역사회를 이해하는 기초자료가 될 수 있을 것입니다. 대부분의 독자들에게는 사북이 카지노, 리조트의 공간으로 보일 수 있지만, 이곳은 정부가 대단위탄좌를 설정한 1960년대 초반부터 많은 사람들의 생활 터전이었습니다. 이 책의 구술자 8명은 사북을 포함한 정선 남부와 태백 지역에서 지금도 거주하고 있으며 산업과 지역의 변화를 몸소 체험했습니다.

동원탄좌가 있던 사북, 삼척탄좌가 있었던 고한, 대한석탄공사 장성광업소가 있던 태백은 1960~80년대의 석탄산업의 중심지였습니다. 경제성장에 매진하길 요구하는 시대에 석탄산업의 현실은 탄광 노동자들의 현장 경험과 생활 환경에서 선명하게 드러나고 있습니다. 구술자들은 탄광에서 일상에 죽음을 둔 채 노동하였고, 가정을 꾸렸습니다. 항쟁 후에는 산업의 쇠퇴와 함께 일용 노동, 식당 등 비정규 노동을 할 수밖에 없었습니다. 과거에는 타지역에 에너지를 공급하기 위해 노동했던 지역이 현재 어떠한 상황에 놓여 있는지, 광부였던 지역민의 삶이 어떠한지 귀를 기울였으면 합니다.

구술자료총서 제1권『1980년 사북: 항쟁의 발발과 명예 회복 과정』은 사북항쟁 전후의 상황을 상세히 보여주는 이원갑, 신경, 황인오 님의 이야기로 구성되어 있습니다. 이원갑 님은 일찍부터 사북항쟁을 많은 이들에게 알렸고, 민주화운동으로 인정받기 위한 투쟁을 지속해오면서 항쟁의 상징처럼 자리 잡았습니다. 이에 사북항쟁과 관련한 인터뷰, 기고 등을 활발히 전개하였는데, 이 과정에서의 발화는 일정하게 고정된 측면도 있습니다. 연구팀은 이 점까지 고려하여 그들의 생애에서 사북항쟁의 위치와 의미를 찾고자 하였고, 항쟁의 계기와 경과 등에 대해서도 정형화되지 않은 구체적인 활동과 인식을 듣고자 했으며, 실제로 그간 알려지지 않은 많은 사실관계를 담아냈습니다.

신경 님은 1969년부터 동원탄좌에 근무하였고, 사북항쟁 이전에 노조 대의원을 맡아서 회사와 노조의 처우에 문제를 제기하였습니다. 구술 내용을 통해 볼 때, 그는 나서는 것을 좋아하지 않는 성격이고, 항쟁 참여가 특별한 사명에서 비롯되었다고 하지 않았습니다. 항쟁 참여는 자신이 아니면 아무도 광부들의 이해를 대변해 주지 못하는 상황에 이르렀기 때문에 그 '책임감'을 감당하는 것이었습니다.

황인오 님은 2019년부터 동지회 회장을 맡게 되었습니다. 사북항쟁 당시에 사건을 서울에 알리고자 했고, 이후 현재까지도 항쟁의 진상규명과 명예 회복을 위해 활발하게 활동하고 있습니다. 그는 1980년 여름에 있었던 서울 미스유니버스 대회장 점거 미수 사건의 당사자이기도 합니다. 이와 함께 구술에서는 카톨릭광산노동상담소 활동, 사북항쟁 참여자들이 민주화운동 관련자로 인정받는 과정, 항쟁의 역사적 복권을 위한 노력 등을 들을 수 있었습니다.

제2권 『1980년 사북: 여성의 탄광살이와 항쟁 참여』에는 항쟁 참여자인 이명득 님과 참여자들의 배우자인 장분옥, 조순란, 이옥남 님의 이야기를 실었습니다. 이들의 이야기는 여성이기 때문에 더욱 고통스러웠던 사북항쟁의 고문과 이후 지역에서의 생활을 보여줍니다.

이명득 님은 부녀회장으로 활달하게 생활을 했고, 항쟁 때 참여를 독려하는 방송을 했습니다. 그는 보름 동안 구금되어 경찰에 의한 성적 학대를 당한 피해자이지만, 여성이기 때문에 그 경험을 알리기도 어려웠습니다. 상당한 시간이 흐른 후에야 용기를 내어 자신의 피해 사실을 말하기 시작할 수 있었습니다.

장분옥 님은 항쟁 폭발의 직접적인 계기였던 경찰 지프차 사건의 피해자 원일오의 배우자입니다. 남편이 이 부상으로 인해 광산 노동을 할 수 없게 되었고, 강제퇴직과 퇴거를 겪었습니다. 이후 식당 설거지, 청소, 공사장 등의 많은 노동을 하며 가계를 책임졌습니다. 경기도에 거주하지만 기념식 등 사북에서의 행사와 진상규명 활동에 적극적으로 활동하고 있습니다.

조순란 님은 이원갑의 배우자이자 9명 자녀들의 어머니입니다. 항쟁에 직접 참여하지는 않았지만, 여성의 눈으로 본 항쟁의 장면들이 책에 담겨 있습니다. 남편이 구속된 후에는 회사에서 나오던 쌀 등의 배급이 끊겨서 우유배달, 주점 등 여러 노동을 수행하며 가족들의 생계를 책임졌습니다.

이옥남 님은 남편인 최돈혁이 1987년 무렵까지 동원탄좌에서 일했지만, 그 후 태백으로 이주하여 살고 있습니다. 그는 결혼 전에 직업이 있었고, 활동적인 성격이었던 것으로 보입니다. 사회에 관심이 많았고, 학업 열망도 있었습니다. 그녀가 항쟁이나 남편의 피해에 대해 친정에도 말할 수 없었다는 증언이 특히 안타깝게 느껴집니다.

제3권 『1980년 사북: 항쟁과 그 이후의 삶』에는 사북항쟁의 직간접적 참여자로서 남성 광부의 이야기를 모았습니다. 윤병천, 최돈혁, 이정근 님의 이야기를 통해 사북항쟁 이전 광부들의 상황과 사북항쟁의 경험, 사북항쟁 이후로 달라진 광부의 삶을 세밀하게 볼 수 있습니다.

윤병천, 최돈혁 님은 사북항쟁으로 구속된 후 동원탄좌에 복직하였지만, 회사 내에서의 은근한 따돌림 등으로 광부 생활을 이어갈 수 없었습니다. 또한 사북항쟁 구속자라는 이유로 자녀가 피해를 입기도 하였고, 항쟁 이후 배우자와 사별하면서 그 원인을 사북항쟁에서 찾기도 합니다. 이러한 내용은 사북항쟁으로 인한 피해가 신체적인 고문에 머무르지 않고 그 이후 삶의 과정에 큰 영향을 미치고 있음을, 그것이 자녀 세대에게도 상처가 되었음을 보여줍니다.

이정근 님은 태백 철암과 사북의 탄광에서 30년 이상 근무한 광산 노동자입니다. 두 사업장에서 모두 사고를 당하기도 했고, 두 지역의 차이, 광산 노동의 구체적인 모습을 들려주었습니다. 그는 직접 사북항쟁에 참여하지 않았지만 항쟁 배경에 대한 생각을 보여주었고, 배우자 이명득이 어떻게 연행되었는지에 관한 구체적인 과정과 탄광촌의 일상에 대해서도 들려주었습니다.

사북항쟁에 참여한 것으로 알려진 인원만 약 4천여 명에 달하고, 불법 연행과 구금 및 고문 피해를 겪은 분들 역시 수백 명 이상입니다. 이번 구술자료총서 발간을 계기로 더 많은 참여자들을 발견하고 그 기억들을 보존하며, 항쟁의 연구가 진척되어야 한다는데 공감대가 형성되기를 바랍니다.

구술자료총서에 수록된 분들을 포함해 동지회의 여러 분들은 몸에 새겨진 국가폭력의 공포를 이겨내며 오랜 침묵을 깨고 2000년대부터 자신들의 피해상을 사회에 외쳐왔습니다. 하지만 그로부터 20여 년이 지난 현재까지도 사북항쟁의 역사적 복권은 완전히 이루어지지 않았습니다. "소리를 암만 질러도 허공에 사라지고 없"었다는 이원갑 님의 말씀에 이번 구술자료총서 발간이 하나의 메아리가 되기를 소망합니다.

이 구술자료총서가 발간되기까지 많은 곳의 도움이 있었습니다. 정선군과 3·3기념사업회에서는 연구팀이 구술자료 정리에 몰두할 수 있도록 지원해주셨습니다. 책 발간을 허락한 국사편찬위원회와 촉박한 일정임에도 출판을 결정해주신 도서출판 선인에도 감사의 인사를 드립니다.

2015년에 시작된 동지회와 연구팀의 인연은 계속 이어지고 있습니다. 동지회는 경찰 고문치사 피해자들의 재심 청구를 촉구하며 2019년 8월에 특별위원회를 발족하였고, 「폐광지역 개발 지원에 관한 특별법」 제정을 촉구하고 있습니다. 사북항쟁의 역사화와 기억은 국가만의 몫이 아닙니다. 그럼에도 불구하고 국가폭력의 피해를 정부가 사과하고, 생존한 피해자들을 위로하는 것은 그 중요한 출발점이 될 것입니다.

이 구술 채록과 이후 진행하고 있는 문헌자료 수집의 전 과정을 3·3 기념사업회, 정선 사북·고한·남면·신동 지역살리기 공동추진위원회 및 정선지역사회연구소와 함께 하고 있습니다. 이들은 지역에 애정을 둔 삶이란 어떤 것인지, 앞으로 지역의 미래를 어떻게 그릴지 연구팀이 고민하게 만들며 연구팀을 성장시키고 있습니다. 연구팀과 지역은 긴밀히 연대하면서 서로의 입장이 다를 때에도 경청하며 연구와 사업을 진전시키고 있습니다.

이 구술자료총서는 많은 어려움에도 자신의 생애를 기탄없이 보여준 구술자분들이 계셨기에 나올 수 있었습니다. 녹취와 편집 과정에서 발생한 오류는 전적으로 면담자들의 책임입니다. 40주년을 앞둔 2019년 10월 2일, 구술자 이명득 님은 갑작스럽게 유명을 달리하셨습니다. 그해 여름, 불편한 몸으로 기자회견에 참석하여 고문을 당했던 정선경찰서 앞에서 울분을 토했던 모습이 생생합니다. 이명득 님을 포함하여 사북항쟁 전후로 그리고 산업화 전 시기에 걸쳐 희생된 광산 노동자들과 그 가족의 명복을 빕니다.

2020년 12월
역사문제연구소 민중사반 사북팀

# 목차

# 윤병천

# 최돈혁

# 이정근

# 윤병천

1949년 강원 평창 출생
1974년 동원탄좌 사북광업소 입사
1980년 사북항쟁 참여로 고문 및 수감
1980년대 후반 포장마차 장사
1998년 동원탄좌 하청 탄광 및 여러 공사장 노동
2000년대~현재 식당 운영

# 1. 광산촌의 사람이 되기까지

◇ ◈ ◇
## 출생부터 사북 이주까지의 삶

생년월일이 어떻게 되세요?

49년 11월 16일.

고향은 어디세요?

원래 난 데 고향은 평창이고, 크기는 청주에서 컸어요.

평창에서 태어나셔서 청주로 이사하셨던 거예요?

네. 어렸었으니까. 아버님 따라서 가서 아버지 농사짓는 데, 거 같이 살았죠. 살다가. 내가 성년이 돼서 결혼을 해서 아버지하고 같이 살았는데, 살다 보니까는 뭐 농사만 지어선 안 되겠더라고. 그래서 돼지도 먹이고, 닭도 키우고 이러다가 70년대 그 연료파동, 사료파동 나는 바람에 농협에 빚을 좀 졌어. 그래 하고서는 빚을 갚을 길이 없는 거야. 그래서 '아, 여[기] 광산에 오면은 그걸 갚을 수 있겠다.' 싶어서 온 거여. 와갖고 있다 보니까 뭐 조금하고 빚만 갚으면 간다는 게 못 갔어. (웃음) 그리고 여기 지금까지 살아왔죠. 참 여까지 오면서 진짜 풍파도 많았어요. 광산 다닐 적에는 '내가 열심히 하면은 뭐 처자식들 다 편하게, 부자는 아니지만은 남한테 빌으는[빌리는] 소리 안 하고 밥은 먹고 살겠구나.' 이렇게 [생각]하고 열심히 했는데. 그 당시, 그래 70년대서부터 지금 80년대꺼지, 74년도에 내가 [사북에] 들어왔어요.

평창에서 태어나시고 청주로 이사를 가셨다고 했는데, 몇 살에 이사를 가신 거예요?

그때 한 열 몇 살 됐죠.

형제 관계는 어떻게 되세요?

내 여동생 하나 있고 또 남동생도 하나 있어요. 그 밑, 막내가 남동생인데.

어머니는 혹시 일찍 돌아가셨어요?

어머님은 돌아가신 지가 지금 얼마 안 돼요. 한 10년 좀 넘었어요. 10년째인가 그래요.

평창에서 어릴 때부터도 같이 농사를 지으면서 사셨던 거예요?

그렇죠.

어떤 농사 주로 지으셨어요?

거 뭐 산골이니까 밭농사도 있고 논농사도 있고 조금씩 다 있어요. 그러다가 인제 청주로 아버지가 나가시는 바람에 저도 따라 나갈 수밖에 없지. 그래갖고 청주에서 오래 있었어요. 그니까는 그 70년대 연료파동 나고 사료파동 날 때까진 살았으니까는.

평창에서 태어나신 지 얼마 안 됐을 때 전쟁이 났었잖아요. 그때 뭐 피난을 갔다 이런 얘기 혹시 들으셨어요?

그렇죠. 6·25. 우린 뭐 어렸었죠. 애기 때지. 어머니 등에 업혀서 피난 다녔지. (웃음)

피난 갔다가 평창으로 다시 돌아오신 거예요?

예.

평창에서 사셨던 거는 대대로 살아오신 건가요?

그러니까 할아버지 때부터, 할아버지 때, 6·25 그 전에 왜정 때 그리

오셨는가 봐. 원래 증조할아버지는 단양이야. 단양 어상천이라는 덴데 거기 사시다가 6·25사변 나는 바람에 그리 가셨는가 봐. 그래 아버지도 인제 거기서 태어나시고 저도 거기서 태어나고 그랬죠.

평창에서 사실 때는 농사지으면서 좀 먹고살 만하셨어요?

그거 그때 6·25 전쟁 나고 얼마 안 됐으니 전수[전부] 살기가 아직 각박했지. 그렇게 살았어요, 그때는.

50년대에는 내내 평창에 사셨던 거예요?

그렇죠.

평창에 농사짓는 것 말고 다른 할 수 있는 일은 아예 없었어요?

하는 게 아무것도 없죠. 농사 아니면 없어. 그 당시에는 지금같이 뭐 축사나 이런 건 전혀 없어. 소 한 마리 있으면 그 집 부자고. (웃음)

혹시 평창 사실 때의 주소 혹시 기억나시나요?

원당이라는, 평창군 평창면 원당리라는.

거기는 그냥 시골이에요?

네, 시골이에요.

그러면 학교는요?

학교는 초등학교 나왔어.

매일 다니셨어요? 학교 결석 많이 하셨어요?

결석 많이 했죠, 그 당시는.

농사지어야 되니까요?

그리고 거, 거기서 살 쩨[때] 우리는 그 강을 건너야 돼. 학교를 [가려면]. 학교가 20리 길을 가야 돼. 그 평창 원당리에서 다수라는 데를 와야 되는데, 다수국민학교가 있었어요. 그때는 그냥 이 뭐야 평마루지. 평마루에다 나무 걸상이라 그랬어. 걸상. 저기 송판 갖고 이래 짜갖고. 그리고 겨울께 되면은 나무 난로. 이제 학부형들이 장작을 한 짐씩 져다 주는 거야. 배당이 된 거야. 뭐 어느 학생은 언제 한 짐 져 오고, 누가 가져오고 다 [정]하는 거야. 그래갖고 갖다 놓으면은 우리가 그[걸] 뿐딜러서 [난로를 땠지].

학생들이 직접 해요?

학생들이 이런 돌에다 놓고 돌을 갖고 이렇게 때리면 뿌러지잖아. 뿌러지면 이제 갖다가 난로에 넣고 그랬어. 지금같이 이 호화찬란한 게 어딨어? 거기다가 또 마루니까. 지금같이 이래 장판이라도 있으면 괜찮지만. 그때는 뭘로 하냐면 그 촌에 있으면 양봉이 아니고 토종벌이라고 있어. 토종벌을 이래 꿀을 빼면은 밀이라고 나와. 마루에 갖다 청소할 째 그걸 갖고 걸레질을 하는 거야. 광내는 거. 그러면은 물도 안 먹고 썩지도 않고, 또 아주 매끌매끌 해 그게. 그래서 그렇게 하고 그랬어.

도시락은 어떻게 했어요? 싸서 다니는 거예요?

도시락은 싸 가져가는데, 놋식기라고 아는지 몰라. 이런 식기 있어. 거기에다가 그때는 잡곡밥이야. 잡곡밥 이래 담아갖고 요런 종지에 장이나 뭐 이거 하나 담으면 끝이야. 그래 하고 보재기에 싸갖고 주면 그거 가져가 먹고 [그랬어].

엄청 고생하셨네요?

그래 살았어.

국민학교 친구들 요즘 안 만나세요?

지금 어디 가 있는지도 몰라.

사북 오시기 전에 또 청주로 이사를 가셨으니까.

예.

청주에 이사 갈 때에는 동생들 다 태어나 있었겠네요?

그렇죠.

청주에 계실 때 중학교에 진학 시도를 해 보셨나요?

중학교라고[간다고] 생각을 못 했어. 우선 내가 돈을 벌어야 되겠다는
생각뿐이야. 그 대신에 내가 어떤 꿈을 꿨냐면, 나는 성장해서 돈을 좀 모
으면 학교를 만들고 싶었어. 내가 못 배웠으니까는 여느 사람들도 많이
배워야지 세상이 좀 잘 돌아갈 거 같더라고.

학교 다니고 싶은 사람은 학교 다닐 수 있도록?

그렇지.

돈 많이 벌어서 아이들한테 싸게 가르쳐 줘야겠다고 생각을 하셨던 거네요?

그렇지.

어릴 때 장남이라서 힘든 건 없으셨어요?

뭐 내가 다 많이 했죠. 뭐 아버지 따라서, 아버지 하면 하는 대로 다
같이 따라다녀야 되고, 뭐.

평창에서 청주로 이사한 이유는 뭘까요?

여기는 너무 시골이니까. 거기만 해도 저기 뭐야, 농경지가 좋잖아.
그래갖고 아버님이 그 당시 땅을 한 4,000평 샀어. 그래가지고 거기 집하
고 있어갖고 가서 살았어.

열심히, 하여튼 고런 거인데, 그 당시만 해도 땅값이 쌌어.

그렇지요.

농사짓고, 그 당시만 해도 우리 집터가 3백 몇 평이야. 그러니까 거기다가 돼지 우사도 짓고, 또 닭장도 짓고 이래하고 닭을 키우다 보니까 '아, 이거보단 돼지를 키우는 게 안 낫겠나.' 싶어서 또 돼지도 키우고. 그러고 소도 키웠어요. 소도 키우다 보니까는, 농촌에서는 그 전에는 전수[전부] 소를 키우자면 풀을 베다 먹였다고. 그게 너무 힘든 거야. 소가 많고 그러다 보니깐. 돼지도 그전에는 우리가 음식물 먹고 나면은 그 구정물이라 그러지, 그거 갖다 주고 그래 키웠는데 그거 갖고 안 되는 거야. 한 마리 두 마리 키우는 거는 가능할런지 몰러도 몇 십 마리씩 키우는데 그[게] 어떻게 돼? 그래 갖고 이제 농협에 그 당시만 해도 사료가 있었어. 그 사료를 갖다 멕이고 그랬지.

농협에서 사면은 외상으로 주잖아. 그 당시만 해도 외상으로 주고 내가 돈 생길 째[때] 갖다 갚으면 되고. 그래 됐어. 그래다 보니까는, 아이 갑자기 100원짜리 하던 게 막 1,000원, 2,000원씩 막 올라가니까 감당이 안 되는 거야. 그리미선도[그러면서도] 소, 돼지 값은 떨어지는 거야. 이래니까 뭐 죽는 거지.

그때 상당히 많이 키웠어요. 돼지도 그 당시만 해도 한 20마리 됐고,

닭도 뭐 몇 백 수 되고.

주변에 다들 그렇게 하고 있었어요?

없었어요. 그런 사람이 없었어요.

큰 시도를 하신 거네요?

그렇죠. 소도 그 당시 내가 한 다섯 마린가 여섯 마리 멕였어[키웠어]. 그 거를 나는 비육으로 키우는 거지. 육으로. 일 시킬라고 키우는 게 아니고.

고기가 되는 소 말씀이시죠?

그렇지요. 그렇게 해갖고 가둬 놓고 키우고 그랬어요. 돼지도 가둬 놓고 키우고 그랬는데, 나는 실패를 하고 왔지만은 그 동네 친구들은 그걸로 또 성공했어. 오래 버티니까는 되더라고.

그분들은 빚을 내면서 계속 버틴 거예요?

나는 재산이 없지만, 거기 사람들은 재산이 있으니까는 그게 되더라고.

가진 돈으로 빚을 갚으면서 계속 재산을 불린 건가요?

나는 그 [고비를] 넘어가야 되는데 못 넘겠더라고. 그래갖고 그 사람들은 지금 성공했어요. 거 있는 사람들은 과수원도 하고 이래. 친구 하나는 지금 벼농사도 많이 하고 사과농사도 많이 해요. 그러면서도 소도 많이 멕이고.

청주에서 농사지으실 때 새마을운동 같은 거 하셨어요?

많이 했죠.

어떤 거 하셨어요?

뭐 별걸 다 하죠. 거기에 도로 공사도 하고, 그때만 해도 도로가 열악했잖아. 도로 일을 많이 했어. 뭐 밀가루도 몇 포대 주고 새마을운동 하고 그런 거 많이 했어요.

도로 만들 때 나오라고 해서 나가셨어요?

아, 나오라 그랬지. 그때는 뭐 어디 그게 없잖아. "밀가루 얼마씩 주니까 나와라." 이래 되면 그 새마을운동으로 나가서 하고.

나가기 싫어도 나가야 됐어요?

아이, 그 밀가루 몇 포대 주면 좋지 뭘 그래.

◇ ◈ ◇
## 아버지와 동생 이야기

불합리한 거에 항의도 하고, 비판도 하시는 성격이시잖아요?

하죠.

어릴 때부터도 그런 성향이셨어요?

예. 어릴 때도 그랬어요. 선생님이 잘못했으면 "아유, 선생님 이거 잘못한 거 아니냐?"고 따지고 대들지.

아버님한테서 배우신 거예요?

우리 아버지도 솔직히 아주 별나요.

아, 그래요? (웃음)

어디 외상이라는 건 없고, 경우에 빠지면서 절대 [안 해]. 약속 한 번 하면은 그건 칼이야. 나도 그래.

불합리하고 부당한 게 있으면 따지고 살아야 된다고 가르쳐 주신 거예요?

가르쳐 준 게 아니고 내가 그냥 배운 거지. 또 술을 엄청 좋아해, 나

도. 우리 아버지는 하루 댓병[됫병] 한두 개씩 잡쉈어. 우린 소를 많이 키
웠는데, 소도 이래 말 안 듣잖아? 요래 뿔 쥐고 요래 요래 흔들다 소를 또
들어 메쳐 버려. 그래 한두 번만 그러면 아버지만 가면 소가 벌벌벌 떨어.
그랬어.

동네에서도 좀 유명한 분이셨어요?

아니. 아유, 그렇진 않고. 그렇다고 뭐 남한테 그러진 않고. 우리 그전
에 우마차가 있었는데, 우마차 아는지 모르겠네.

소가 끄는 마차.

어어. 그 마차가 있었는데 소가 엄청 컸어. 농사지으면 방아 찧으러
가잖아. 큰 우마차에 하나 싣고 가. 가도 뭐 길이 막 이렇게 우굴구불 하
잖아. 잘 가, 소가 힘도 좋고. 우리는 소도 진짜 동네에서 제일 좋은 거 멕
였어. 그래갖고 농사지[어] 놓으면 아버지가 근처 실어다 주고 얼마 받고
그랬지. 그러니까 그 바람에 나도 진짜 소 잘 다뤄. 소 새끼도 많이 받아
보고. 그전에 아버지가 어디 가고 없으면 내가 소 받아야 돼. 받아서 다
닦아서 발톱을 다 까야 돼.

새끼 소 발톱이요?

어. 새끼 소는 발톱이 노래. 노란데 그걸 다 까 줘야지 걸어가지 그걸
안 까 주면 절뚝거려.

발톱 까다가 발에 채일 수도 있잖아요.

아이, 안 차.

학교 다니실 때는 어떤 과목 좋아하셨어요?

나는 뭐 다 좋아했어요. 뭐 운동도 좋아하고 공부도 좋아하고. 공부도
뭐 그런대로 남한테 아주 뒤떨어지지는 않았어. 그랬는데 그게 안 되더라

고. 공부도 팔자야.

또 당장 농사를 지어야 되니깐.

　그렇죠. 돈은 벌어야 되고. 그러다 보니까는 내 여동생도 공부를 못했어요.

바로 아래 여동생이요?

　예. 일을 하다 보니까 초등학교만 나오고 말고. 그 대신에 남동생은 많이 배웠어요. 대학 나왔어요.

좀 도와주셨어요?

　많이 도와줬죠. 고등학교를 나오고, 대전에 [있는] 충남대 축산과를 나왔어. 내 동생이 축산과를 나와 갖고 아산에 현대농장이 있잖아, 거기 가서 수의사로 좀 있었어요. 있다가, 그 자식이 하는 얘기가 월급쟁이 해서는 [생활을] 못 한다는 거야. 그때 이제 결혼했었는데, "그럼 뭐 할래?" 그러니까 "난 집에 가서 아버지 짓던 농사를 짓겠다."는 거야. 농사를 지으면서는 수의사를 하겠다는 거야. "그래, 그래 해라." 그랬지. 나는 그 당시 여기 와 있었고.

동생이 다시 농사를 짓겠다고 한 데에 선생님의 영향도 있었어요?

　아이, 나는 영향이 있다는 거보다, 학교 다닐 째는 내가 모자라는 거 있으면 보태 주고 이렇게 했지. 그 생각하면 자꾸 막 눈물 나.

아쉬운 게 많으셔서 그렇죠. 동생들하고는 나이 차이가 얼마나 나셨어요?

　나이 차이 많이 나요. 막냉이 동생하고는 한 열댓 살 차이 나.

거의 직접 키우셨겠어요.

　그렇죠. 여동생하고는 한 여나믄 살 차이 나고. 그래[그렇게] 농사를 짓는다고 왔어. 왔으니까는 뭐 어떡해. "그럼 네가 해 봐라." 지는 나보다 많은 걸 아니까 해 봐라 그랬지. 제수씨가 그 당시 주산 선생이여. 그래갖고 마을회관에다가 주산 학생들을 모아서, 한 주에 두 번[이나] 세 번 이렇게 해서 가르치고, 그렇게 생활을 했어.

그분들은 청주에서 그렇게 생활을 하신 거죠?

예. 그래서 나는 "그거 잘했다. 장하다." 그래 생각을 했지.

◇ ◆ ◇
## 사북 이주 후의 생활

청주에서 사북으로 오실 때 누가 소개를 해 준 거예요?

소개를 해 준 게 아니고, 우리 6촌 형이 여기 있었어. 고한에.

6촌 형이 삼척탄좌에 계셨어요?

동원탄좌를 다녔는데 고한에 있었어. 그래갖고 어머니한테도 내가 광산에 들어가고 싶다는 얘기도 안 하고, 6촌 형님네 집에 좀 잠깐 갔다 올 테니까 차비 좀 달라니까, 돈이 없으니까는 콩을 한 말 팔아갖고 차비를 주더라고. 그때만 해도 콩 한 말 팔아 봤자 몇 천 원이야. 그때 또 차비도 쌌고, 그리고 기차를 타고 여[기] 왔지.

아이들이나 사모님에게도 말 안 하셨어요?

예. 애들 그때 네 살, 뭐 세 살[이었고]. 집사람보고도 "내가 거 좀 가보고 올 테니까 그런 줄 알아라." 뭐 여러 얘기는 안 하고. 그리고 와갖고, 이 형하고 술을 한잔 먹고 이런 얘기 저런 얘기 하다 보니까는, "사실은 농사짓고 뭐 이러다 보니 빚을 졌는데, 참 빚 갚을 일은 없고 그래서 답답해서 이래 나왔다."고 그러니까는 "그럼 니 광산 일을 한번 해 볼래?"

이러는 거야. "그 얼마나 좋아요?" [벌이가] 얼마나 되냐고 물었지. 물으니까는 뭐 얼마 된다 그래. 그러면 거기에 있는 거를 몇 년 안 하면 갚을 수 있는 확률이 있더라고. "그럼 거[기] 일하게 얘기 좀 해 달라." 그러니까 그러라고 [얘기 하더라고]. 그리고 와갖고 이틀만인가 바로 작업복 사 입고 일 나갔어.

집에 안 돌아가시고 바로 일 시작하셨어요?

그럼. 와서 [일을] 열이틀을 했어, 하청인데. 그런데 거기 가서 12일을 하다 보니까는 그 동원탄좌에 입사[지원]를 받는다 그러더라고. 이왕 광산 [일]하는 것도 작은 데 하는 것보다 큰 데 가서 하는 게 낫겠다 싶은 거야. 그래갖고 서류 준비해갖고 내니까는 한 2, 3일 있으니까 통보가 왔더라고. 일 나오라고. 그래서 그 길로 [여기] 있는 거야.

어머님이랑 가족들한테는 입사 다 될 때까지도 얘기 안 하셨어요?

어, 안 했지. 그래하고서는 여기 [6촌 형 집에] 있었어. 여기 동원탄좌 입사를 하니까 형네 집에 있을 순 없잖아. 그래갖고 여[기] 합숙이라고 있었어. 합숙도 제1합숙 있고, 제2합숙이 있고. 거[기] 독신자들이 많이 살았어.

회사에서 운영하는 거죠?

예. 거기 가서 있다 보니까는 우리 아버님이 들어오신 거야. 들어가서 "어디 있나?" "아유, 합숙에 있다."고 그러니까는 합숙에 찾아오신 거야. 야, 참 같잖더라고. 그 합숙에 와 보니까는, 뭐 밥 먹는 거 보니 진짜 우습걸랑. 콩나물국에다가, 그것도 [그냥] 소금국이여. 소금국에다가 끓여서 밥 한 술씩 먹고 있고, 미역국도 그 소금국에 끓여서 주면 먹고 있고. 그래 먹는 걸 보니까는 그런 거야. 그래갖고 아버지 친구 분이 여기 한 분 계셨어. 그 양반이 집이 꽤 큰 게 있었어. 그런데 그 양반을 만나갖고는 그런 얘기를 하니까는 "아유, 그러면 우리 방으로 와서 있으라." 그러는 거야. "방을 하나 줄 테니까, 그럼 식구들 데려와서 살림을 하고 있어라." 이거야.

그 전에는 아버님 친구 분이 계신지는 모르고 계셨던 거네요?

몰랐지. 그랬는데 그래 됐어. 그러니까 아버지가 저보고 하는 얘기야. "내가 나가서 너희 식구를 보낼 테니까 그 방에 가서 살림을 하고 살아라." 이거야. 처음에는 안 된다 그랬지. 그게 아니라 이거야.

왜 안 된다고 생각하셨어요?

아이, 나 빨리 갈 건데 뭐 오냐 [그거지]. 그랬더니 아니라 이거야. 그래가지고 식구를 보냈어. 보냈는데 어떡하나. 인제 거기서 사는데. 이 양반은 그 방세를 받아서 생활을 하는 거야. 나이가 많으니까. 그 방세를 주면 안 받는 거여.

미안하셨겠네요.

부담이 가는 거지. 얼마가 되든 간에 계산을 하고 넘어가야 되는데 안 받으니까 부담이 가는 거야. 도저히 못 있겠더라고. 그 당시 지장산사택을 막 짓고 있었어. 그래서 총무부에 가서 사택 관리자를 단독적으로 만나갖고 "사실 내 [사정이] 이런데 방을 하나 줘라, 집을. 처자식이 와 있는데 내가 합숙에 있을 순 없잖냐. 어르신 집에 있는데 방세 줘도 안 받고 이러니까 참 입장이 곤란해서 못 있겠다." 그러니까는 아직 집 완공이 안 됐는데 어떡하겠냐 이거야. "아, 완공이 안 돼도 좋다." [그랬지.]

그냥 들어가 살게.

어. "그것만 허락을 해 주면 내가 도배를 하든지 뭐 하든지 하면 될 거 아니냐." 그래갖고 "그럼 그러라."고 그러더라고. 그러니까 뭐 장판도 없고 도배도 없고 그냥 문만 이래 달아 논 거야. 그래 하고선 가갖고 자리가 있어야지 뭘 하지. 이불 싸 가져온 보자기 있더라고. 보자기 깔아갖고 애를 재웠어. (웃음)

겨울은 아니었나 봐요.

응. 여름이야. 그래 하고 [조금 후에] 가을인데, 되게 춥지는 않았어. 연탄불도 뭐 번개탄이 있어 뭐가 있어? 산에 가서 솔방울 주워다가 불을 피워갖고 연탄 갖다 피워서 그래 살았어. 그래 살다 보니까 도배도 하고 장판도 깔고 그래 되는 거고. 방이 두 갠데 이쪽 방 수리할 적엔 저 쪽에 가 있고, 저쪽 할 땐 이쪽 가 있고. 그러니까 되더라고.

짐이 많지는 않았나 봐요. 청주에서 그냥 올라온 거니까.

짐이 없지. 몸만 온 거지. 여[기]서 하다못해 솥이고 뭐 하나 사갖고 하고. 그래 사는 거지.

사모님은 청주에서 오기 싫지 않으셨을까요?

그래도 [시댁에] 혼자 있는 거보단 내가 있는 게 낫겠지? 그렇게 생활은 시작이 됐어요.

평생을 청주에서 사셨던 거잖아요. 한 20대까지.

그렇지.

처음에 사북 왔을 때 여기 살 만하다 싶으셨어요?

살 만한 게 아니고 돈이 되겠다 싶은 거야, 첫째는 '아, 여서 고생을 좀 하더라도 돈은 되겠구나.' 이런 생각이 드는 거야. 고생은 그까짓 건 얘기할 것 없고 따질 것도 없고 물을 것도 없고. '일만 하면은 돈은 좀 돼서 빚은 갚겠구나.' 그런 생각밖에 없어.

**사북 처음 왔을 때 인상은 어떠셨어요?**

그때만 해도 말 못했지. "여자 없이는 살아도 장화 없이는 못 산다." 그랬어. 먼지가 이렇게 푹푹 쌓여 있어. 자동차로 연탄을 실어다가 나르고 그러니까. 먼지가 이렇게 해서, 그게 비 오면 그냥 질퍽질퍽하는 논이여[논처럼 돼]. 그런 세상이여. 그걸 보면 정이 뚝 떨어지지. 그러나 어떡해. 돈은 있단 얘기야. 돈은 여기서 벌 수 있다는 생각이야. 돈만 벌면 됐지 까짓게 뭔 필요 있냐 이거야. 몸에 묻으면 씻으면 되는 거고.

**지장산 집도 큰 집 사시다 줄어든 거잖아요.**

그렇지. 내가 벌어서 사면 될 거 아니냐 이거야.

**사모님 불평 같은 거 없으셨어요?**

그건 못 그랬지. 내가 어디 가서 허튼짓을 안 하니까 절대 그건 없어. 서로 간에 믿음이 있는 거지. 살겠다고 하는 거니까. 같이 동정해 주고 믿음을 주는 거지.

**자녀분들은 여기 와서 처음으로 학교 다녔겠네요?**

그렇지.

**지장산국민학교 다녔어요?**

그럼. 그래갖고 이제 시작이 돼서 여지껏 산 거야. 여지껏 살다보니 이런 풍파 저런 풍파 많이 겪고 살았지. 진짜 열심히 살다 보니 뭐 먹고 사는 데는 지장이 없더라고. 애들 크는 거는 자동으로 크는 거고.

그래갖고 참 여기 와서 있으면서도 별짓을 다했어요. 그 당시 쌀이 가마니로 나왔어. 배급을 보름에 한 번씩 주는데, 한 번 주면은 한 1,000가마, 2,000가마 이렇게 쌀이 나가는 거야. 그래 가만히 생각해 보니까 그 가마니가 돈으로 보이는 거야. 그래서 내가 농협에 가서 잔돈을 바꿔

다 놓고 배급되는 일 갔다 와서도 하고, 아니면 내 동생을 불러갖고 같이 하고, 마누라하고 그걸 샀어. 가마니 하나에 여기서 100원, 150원씩 주고 샀어. 사면은 그냥 냅두면 또 쥐가 파갖고 안 돼. 가마니를 싹 털면은, 한 몇 백 개씩 털면은 쌀이 몇 말 나와. 가마니 하나에서 뭐 요런 걸로 하나씩 나오는데도 엄청나게 나오더라고. 털어서 딱 정리를 해서 2,000개고 3,000개고 모으면은, 그때만 해도 차가 참 귀했어. 그래서 여[기]서 화물차로, 내가 지장산이라는 데서 살았는데, 거기서 모아 놨다가는 그 화물차를 운임을 주고 부르는 거지. 그래갖고 역전까지 싣고 와갖고 역에선 청주에 화물로 부치면, 여기서는 100원씩, 150원씩에 사는데 청주 가면 450원, 500원을 받아. 그기 돈이 되더라고. 그게 돈이 되더라니까. 뭐 한 달에 한 2,000장씩만 보내줘도 내 월급 몇 배가 나오는 거여.

그러면 쌀도 나오고.

어, 쌀도 [나오지]. [털어서 나온] 쌀이 우리 먹고도 남아. 그러이 지저분하긴 해. 왜냐하면 가마니를 터니까 이끼가 있지. 그래서 까부러갖고 하니까는 되더라고.

공제하는 쌀보다 좋았어요?

아우 좋지. 그래갖고 쌀을 안 타먹었어. 그거 뭐 가마니 하면[털면] 수고비로 떨어지는 거여. 그래 살았어. 그래 사니까는 돈이 조금씩 조금씩 모이더라고.

# 2. 사북항쟁의 발생과 적극 참여

◇ ◈ ◇
## 사북광업소의 노동환경과 불만 고조

처음에 선산부 710항에 계셨지요?

예.

일할 때 생활은 어떠셨어요?

그때 내가 조장에 있었어. 우리 가다[조]에 한 40명, 45명 이래 됐어. 그래도 일할 째[때]는 최고 단가 받고 해야지. 일도 많이 했고.

조장은 어떻게 되는 거예요?

가다 인원을 책임지고 통솔하는 거지. 이래 이래 뭐로[어디로 일을 가라고 광부들을] 배치를 하는 거지.

누가 뽑아 주는 거예요? 아니면 누가 "너 조장해."라고 시키는 거예요?

위에서 시키는 거지.

신임을 좀 얻으셨었나 봐요?

아유, 우리는 지금도 그렇지만 자기 책임은 다 질 줄 아는 [사람이야].

당시 사북은 좀 어땠어요?

그때만 해도 여기에 상가가 지금같이 이렇게 발전이 안 됐어. 구멍가게 식으로 전수[전부] 이렇게 살았어. 살았는데, 시장에서는 만약에 이 소주 한 병에 100원 한다 그러면 그 광산 업주가, 사장이 구판장이라고 만들어 놓은 게 있어. 그런데 그걸 소비조합이라고 그렇게 얘기를 했는데,

그 당시에. 거기서는 100원짜리를, 시장에 가면 100원짜린데 그건 150원, 200원 받는 거야. 그 대신에 외상으로 가져가는 거야. 그래 월말 돼서 봉급 나올 때 그걸 공제하고 나오고. 그런 거까진 다 좋다 이거야. 좋은데, 거기에다가 쌀도 돈을 주고 우린 사 먹는 거잖아. 시장에는 좋은 쌀이 있는데, [회사 구판장에서는] 그 값을 다 받으면서도 어떤 건 썩은 쌀도 갖다 주고, 막 누렇게 뜬 쌀도 갖다 주고 이러는 거야. 이런 게 진짜 광부들한텐 모든 게 불만인 거야. 돈을 제대로 주면은 그 돈 갖고 사 먹을 텐데. 저거가 주면서는 그렇게, 그래 공매를 하는 거지. 강제로.

월급에서 떼는 거죠?

예. 그러니까 광산 다니는 사람들 부인들이고 남자들이고 다 불만이 가는 거야. 그렇다고[그렇지만] 약한 사람이 힘이 없으니까 말은 못 하고 끙끙거리고만 있는 거야. 그렇게 살아 왔어요. 그것도 아유, 그렇게 또 사는 게 다행이다 싶어서.

진짜 그 당시만 해도 한 달에 한 번 놀까 말까야. 30일이면 30일, 31일이면 31일 다 해야 돼, 일을. 만약에 한 공수에 내가 천 원을 받는다 그러면, 한 공수 빠지면 한 삼사백 원씩 손 나는 거야. 그래 엄청나게 손을 [손해를] 보는 거야. 그러니까 어쩔 수 없이 만근을 해야 되는 거야. 그 당시도 노조가 있었어요. 노조가 있었는데, 노조가 지금 말하자면 어용노조야. 회사를 감싸고 있는 거지 조합원을 위해서 하는 일이 아니란 말이야. 그래 노조위원장이라는 사람은 누가 지명해서 오는 거야. 회사 사장이 지명해 내려주면 그 사람 뜻대로 하는 거야. 뭐 그때 당시만 해도 대의원도 있고 지부장도 있고 다 있는데, 다 어용이야. 그러다 보니까는 노동자 뭐 회의든가 하면은, 만약에 [예를 들어서] 저거가[자기들이] 잘못했으니까 뭐 불상사나 일어날까 봐 오늘 겉이[같이] 회의를 한다 그러면 한 2, 3일 전에 여기 와서 잠복을 하고 있는 거야. 전경들이. 경찰서에서 한 50명,

100명씩 와갖고 잠복을 하고 있어.

잠복한다는 거는 주변에 어정거리고 있어서 아셨어요?

　뭐 우리가 무슨 사고라도 저지를까 봐 그걸 막기 위해서 그냥 사복을 하고 어슬렁거리고 있는 거야. 여관에서 잠 자미[자면서]. 그거는 회사에서 다 제공을 해 주는 거야. 저거가 경찰서에서 나왔음 경찰서 돈으로 해야지. 안 그래? 그런데 그 돈은 아니고 광업소에서 모든 걸 다 제공해 주는 거야. 그러면 그건 출장이잖아. 작전이든 출장이든 나오면 그 경비는 엉뚱한 놈이 또 들어먹겠지, 그거를. 그런 식으로 여 살아온 거야.

　그날도, 지부장 선거를 했는데, 지금 여기 이원갑 씨하고 이재기라는 사람하고 붙었어. 붙었는데 이 사람들이 불법 선거를 한 거야. 응? 선거 위반을 해서 선거권도 없는 사람이 들어가서 투표하고 이래 된 거야. 그래갖고 이걸 불만을 삼아갖고 고발을 했어. 고발을 하니까는 노동조합 선거관리위원회에서 오라 가라 이래. 그래[그렇게] 됐다고. 그 몇몇 사람들이 갔다 왔어요. 대의원들하고 갔다 와갖고 노동조합에서 회의를 했어. "이렇게 이래 됐는데 어떻게 했으면 좋겠나?" 하고, 조합원들도 가서 있고, 대의원들도 있고 이래갖고 회의를 하는데. 그날따라, 그게 80년도 4월 21일 날이야.

　그날 가서 회의를 하는데 사복 입은 형사들이 다니는 거[야]. 그러니깐 조합원들은 그래도 거즌[거의] 알잖아. 아는데, 모르는 사람이 왔다 갔다 하니까 "저 사람은 누구야?" 이래 된 거야. 그러니까 "아우, 나도 몰러." 또 "저 사람은 누구요?" 이러니까 모른데. "그럼 저 새끼 어떤 새끼야?" 이래 된 거야. "저 새끼 뭐 나쁜 새끼네." 이렇게 된 거야. 그러니까는 사람들이 막 웅성웅성 하니까는 그 경찰관, 사복 경찰관이 겁이 날 거 아니야? 여러 사람 있는데 이 세간[1]이 끼어 있으니까.

---

1　비밀이나 상황을 몰래 전하는 사람으로, 세작(細作)과 간자(間者)를 함께 일컫는 것으로 보인다.

예. 그러다 보니까는 이 사람이 창문을 쿡 열고 도망을 간 거야. 도망을 갔는데 밖에 경찰 지프차가 있었다고. 지프차를 타고 도망을 갈라 그러니까는 "이 새끼 잡아라!" 그래 된 거야. 도망가니까 "저 새끼 잡아라!" 이래 소리를 지른 거야. 그러니까는 밖에 있던 원일오라는 사람이 그 차를 이래 가로막는데, [경찰이] 차를 시동을 걸어서 밀고 나간 거야. 밀고 나가니까는 차에 깔린 거야.

아이, 그 조합원이에요. 조합원인데, 대의원이나 뭐 이건 아니고. 평조합원이란 말이야. 그런데 밀고 갔으니 사람이 뭐 기절을 했을 거 아니야. 그게 "경찰이 사람을 죽였다. 사람을 치여 죽였다." 이래 된 거야. 금방 그게 퍼질 거 아녀? 사람들이 웅성웅성하니. 그러니까는 경찰이 그냥 밀고 가버렸어. 그러니까는 그게 시발점이 돼 갖고, 그 지서에도 가고 "그 새끼 어디 갔나? 잡아오라. 지서장도 다 잡아와라." 막 이래 된 거야.

그렇죠.

그때 반장이었어. 지금 말하자면 작업 감독을 했었던 [거지]. 우리는 말단 일꾼이고. 그래[그렇게] 만났지. 진짜 그때만 해도, 회사에서 폭력 아닌 폭력을 많이 썼어. 조금만 잘못하면 징계라든가 출근 정지라든가. 아니면 "집에 가서 좀 놀으라." 그러면 그건 무조건 해고야. 그리고 직원들이 뭘 시켜서 안 하고 반항하고 그러면 다 그렇게 [징계]되고.

그럼. 그러고 그 당시에 진짜 암행어사[암행독찰대]라는 게 생겼어. 사장의 고향 사람인데, 세 사람이 현장을 밤낮없이 도는 거야. 순회를 하는 거야. 일 하다 보면 앉아서 쉴 때도 있잖아. 뭐 심지어 담배도 한 대 피울 수 있고. 동료들하고 이런저런 얘기도 하고 할 수 있는데, 그런 걸 다 지적해서 올리는 거야. 가들[걔네들] 눈에 잘못되면 전수[전부] 해고고 징계야. 그게 진짜 불만이 많은 거야, 시시콜콜 다 조사하고 다니니. 심지어 사택이라고 광부들 사는 집을 연립으로 해서 쭉 지[어] 논 게 있었어. 거기까진 다니는 거야. 남의 사생활까진 다 조사를 하고 다니는 거야.

집 안에는 못 와도 밖에서 자꾸 얼쩡얼쩡 하는 거예요?

그럼. 말하자면 부부지간에 살다 보면 싸울 수도 있고, 말다툼도 할 수 있냐 이거야. 그런 거까진 다 조사하고 다니는 거야. 그래 불만이 엄청 많지. 그러다보니까는 세월이 흘렀는데. 그 지부장 선거, 지부장은 광업소에서 지명해 주면 그걸로 끝나. 대의원들은 뭐 말이 대의원이지 아무 효과가 없어. 그때만 해도 간선제야. 간선제니 대의원들이 투표하면은 그걸로 끝나. 강제로 다 나와 있는 거, 안 찍을래야 안 찍을 수도 없잖아. 그러다가 80년대 그때 조합원 전원이 투표를 하는 걸로 결정을 했어. 지금 우리 국민투표 하듯이. 그렇게 했는데 야들이[애들이] 부정선거를 한 거야. 대의원들하고 그걸 다 눈 가려 놓고 투표할 자격이 없는 사람도 무대기로[무더기로] 다 투표를 하고 막 이래 된 거야.

그럼 그 사람들이 자격이 없다는 거를 투표하는 사람들도 다 알고 있는 상태인 거 아니에요?

그니깐 만약에 후보자가 둘인데 이쪽 사람도 있고 저쪽 사람도 있을 거 아니야. 그게 인제 들통이 난 거야. 그래갖고 저기 광노위원회 선거관리위원회에다가 그걸 고발을 한 거야. 고발을 하니까는 거기서 나와서 조사도 하고 다 했어. 해갖고 무효라는 게 나왔는데도 회사에서는 그냥 일방적으로 밀어붙이는 거야.

이원갑 선생님과는 좀 자주 만나는 사이셨어요?

그렇지. 그리고 인제 지부장으로 그 사람이 출마를 했으니깐 [선거 운동] 그런 것도 해 주고, 서로 간에 그래 했지.

이원갑 씨의 어떤 면이 신뢰하실 만하셨어요?

그 사람은 정직한 사람이니까. 진짜 이 어용노조를 없애겠다는 생각이야. 그 당시만 해도 우리가 도급제에 있었어. [우리가] 탄 한 톤을 캐면은 한 톤 만큼의 돈을 주기로 결정을 했는데, 한 돈을[한 톤을] 캐면서 역두(驛頭)에 우리끼리 나가면은, 이거 한 돈 값을 줘야 되는데. 한 돈을 안 치고[쳐주고] 7부, 8부 주는 거야.

안 좋은 탄 있다고 그렇게 하는 거죠?

그렇지. 그래 까는 거야. 그러니까 아무리 도급제 해 봤자 헛거지.

이원갑 씨가 감독을 하면 그렇게 깎는 게 다른 반장들에 비해서 적었어요?

아니. 이거는 감독이 깎는 게 아니야. 역두에 나가면 선탄실이라는 데 있어. 거기에 검탄이 있는데 그 사람들이 깎는 거야. 회사 지령 받고 그냥 깎는 거야.

검탄부랑 선탄부랑 다른 사람인 거죠?

검탄 일하는 사람은 선탄부하곤 틀려[달라]. 이 [탄을] 분류하는 사람들이 선탄이고. 이 사람은[검탄원은] 탄 양이 맞나 안 맞나, 불순물이 들어갔나 안 들어갔나 이것만 검사해서 보내는 거야. 탄 질이 좋냐 나쁜 거[냐], 이것만 해서 보내는 거야. 그런데 지금 말하자면 우리가 동원탄좌에서 만 톤을 캤는데, 한 7,000톤, 6,000톤밖에 결정이 안 나는 거야. 그러니까는 한 삼사천 톤 돈은 저가[회사가] 그냥 떼먹는 거야.

감독은 그거 역할을 못해. 현장 일만 지휘하고 그걸 지시할 뿐이지. 많이 캐라 이런 건 할 수 있어도. 이제 배당량이 있는 거야. 보통 한 사람이 작게 캐야 5톤이야. 그렇게 배당이 돼 있는데, 그 배당이라는 건 도급제로 한다고 해갖고 그렇게 캐야지 임금을 맞춰 준다는 얘기야. 근데 그거를 안 하고. 위에서 연말 결산을 하잖아. 몇 톤이 나왔다는 게 나온단 말이야. 그런데 만약에 만 톤을 저가[회사가] 결정했으면 만 톤만 나가야 되잖아? 2만 톤도 나오고 3만 톤도 막 나가는 거야. 그기 발각이 되는 거지. 그래갖고 그런 거를 없애기 위해서 이원갑이가, 그 양반이 지부장에 출마한 거야.

노동조합이 있으면은 그런 걸 고칠 수 있다고 얘기하셨어요?

그렇지. 노동조합에서는 그걸 고칠 수 있는 거지. 근데 야들은[어용노조는] 전수가[전부가] [그걸 안 하는 거야].

지부장 선거하기 전에 이재기 씨를 만나거나 대화해 본 적 있으세요?

그 사람 보기 힘들어.

사업장에도 없었군요.

아이, 사업장에는 아예 나타나질 안 하고. 소장이나 비슷비슷해. 그러니 [보기가 힘드니] 권위가 있는 거지.

아까 암행독찰대 세 명이 계속 보고 다녔다고 하셨잖아요.

그 사람들이 형제야. 삼형제가 다 그렇게 다닌 거야.

그 세 명이 계속 그렇게 감시하고 다닌다는 걸 사람들이 알았어요?

다 알지.

그 세 명이 나타나면은 광부들이 서로서로 도와준다든지, 숨겨 주거나 했어요?

아, 그럼. 도와주지. 그런 거는 말이라도 [하지]. "왜 쉬고 있냐?" 이러면은 "잠깐 쉬는 거다." 그런 얘기도 하고. 그거는 누구든지 어쩔 수 없는 [꼭 하는] 일이야.

광부 수에 비해 세 명이면 엄청 적은 수인데, 그래도 그 사람들이 감시하는 걸 피하기가 힘든 거예요?

힘들지요. 언제 어디서 나타날지 모르니까.

그 사람들이 어디 사는지도 몰랐어요?

아, 그 사람들이야 이제 직원사택이라는 데 살고 있으니까. 우리 조합원들하고 틀리게[다르게] 살았어. 그러니까 인제 그 사람들은 자기 멋대로야. 아무 때고 나오고 싶으면 나와서 그냥 현장 순회를 하는 거야.

그냥 운이 나쁘면 걸리는 거네요.

그렇지.

혹시 그 사람들이랑 싸워 본 적은 없으세요?

싸우진 않았어. 뭐 싸울 일이 있어? 싸워 봤자 내가 지는걸. 아무리 해도 지는걸 뭐 하러 싸워. 무의미하게 할 필요 없지. "저 사람은 나쁜 사람이다." 밖에서도 그 사람들을 봤으믄 "아, 저기 독찰 들어가니깐 조심해라." 이런 얘기도 하고 그랬던 거지.

이원갑 선생님은 감독이시면은 원래 노동조합 가입이 안 되는 거 아니에요?

안 되지.

어떻게 위원장까지 나가시게 된 거예요?

근데 그 당시에 감독서부텀은 투표권이 있었어. 계장은 투표권이 없고. [감독까지만] 출마를 할 수 있고. 그래 됐어. 요전에도 얘기했지만 소비조합이라는 게 있어갖고, 거기도 불만이 고름 끼듯이 이래 쌓인 거야. 쌓이다가 그래 되니까는 마, 전원이 다 협조가 되는 거야.

◇ ❖ ◇
## 항쟁 발생 당시의 상황

서울에 있는 광노에는 같이 안 가신 거예요?

안 갔지. 난 안 가고 일만 하고 있었지. 그랬는데 그날[80년 4월 21일] 회의를 한다니까, 그날 내가 그 을반이야. 이제 갑반은 아침에 나가는 거고. 저녁때, 오후에 나가는 게 을반인데. [나는] 을반 나갈 차롄데 그 회의를 오전부터 했걸랑. 그래서 회의에 어떻게 하나 하고 구경을 하러 간 거야.

그때 그 회의는 어디에서 하고 있었어요?

노동조합 사무실에서. 그 당시 우리가 볼 째는[때는], 전경이라는 사람들이 그 밑에 은하장이라고 여관이 있어, 거[기] 와서 투숙을 하고 현장을 다 돌아다니미[돌아다니며] 이 사람들이 조사를 하고 있었어. 그랬는데 그날 따라서도 사복을 하고 우리 회의장에 들어온 거야. 회의를 하는 도중에 뭐 모르는 사람이 오니까 "저 사람이 누구야?" 이래 되고 그런 거야. 그러니까는 이 사람이 가만히 생각하니까는 안 되겠걸랑. 그래 창문을 열고 도망을 갔어. 고 앞에다가 지프차를 세워 놨는데, 그걸 타고 도망 갈라 그러니까는 "저 새끼 잡아라." 이래 된 거야. 안에서 막 소리를 질르고 그러니까는 밖에 있던 사람들이 그 차를 못 가게 막았어. 막으니까 그냥 차를 밀고 나가 버렸어. 그래갖고 그 사람이 깔렸단 말이야. 깔리니까 "여기 경찰차가 사람 치어 죽였다." 이래 된 거야. 깔리니까 정신을 잃은 거야. 그래갖고 옆에 있는 차에다가 태워갖고 병원으로 가고.

그런 과정에 다 참여하셨어요?

그럼.

그 회의에는 이원갑 선생님이 들어와 있었어요?

있었지. 그래 되니까, 그게 이제 불씨가 된 거야. 불씨가 돼서 와 일어나 갖고 지서로 막 가고, 지서 가서 "그 새끼 잡아내라 마." "찾아내라 마." 그래 된 거야. 그러다 보니까는 광부들 일도 안 나가고, 갔던 사람들도 그 소문을 듣고 다 모여들은 거야. 광부가 그 당시 동원탄좌 직영이 한 4,500명, 하청까지 하면 한 6,000 얼마가 됐어. 그 사람들이 다 올스톱이 되는 거야. 그러다가 시장 상인들, 일반인들까지 합류가 된 거야.

상인들도 왔어요?

그럼. 왜 그러냐면 광부들이 아니면 그 사람들도 생계를 못 하잖아. 그니까 광부들한테 커피도 타다 주고, 양조장에서 막걸리도 갖다 주고, 시장에서 음식도 갖다 주고 막 그랬어. 그러다 보니까는 가마솥들 갖다 걸어 놓고 밥도 해 먹고 술도 갖다 놓고 먹고 이래 된 거야.

노조 대의원이셨어요?

아니야, 나는.

평조합원이셨어요?

예. 평조합원이지.

그 전부터 이원갑 선생님 반에 있으셨던 거예요?

그 당시에는 같이 안 있었어. 그 당시는 따로 떨어져 있었지만도, 대화 관계는 서로 나누고 살았지.

정말 사람들이 한꺼번에 확 모였어요?

그렇지. 인원이 많으니까 이 사람들도[경찰들도] 마음대로 못하는 거지. 그래 인제 그 사북사태가 발생하니까 거[기] 있던 경찰들이 막 들어오고 난리지. 도 경찰은 거진[거의] 다 모이다시피 했어. 그래갖고 강제로 우리를 진압할라니까 강제가 안 되는 거야. 지금 여 굴다리가 있잖아요. 안경다리라는 게 고게 두 개가 있었는데, 지금보다 작지. 저쪽에 물 나가는 구녕[구멍] 고렇게 돼 있었어.

근데 경찰들은 밖에 있었고, 우린 그 안에 있었단 말이야. 안에 있으니까 여자고 남자고 뭐 [섞여 있고], 그 광산에서는 갱목이라고 있었어. 역전 철길 옆에다 갖다 산더미처럼 쌓아 났단 말이야. 역 철길에 또 자갈도 많잖아. 이 사람들이[경찰들이] 들어오니 자갈로 때리기도 하고, 그 갱목을 갖다 갱목도 막 던지고 그랬다는 거야. 그런데 그날따라 이 사람들이 참 재수가 없는 거야. 왜 재수가 없냐, 지휘관 잘못 만나서 그래. 우리를 진압할라고 그 굴 안에다 대고 최루탄을 쐈어. [그런데] 바람이 역풍이 불어갖고 지가 뒤잡아쓴[뒤집어쓴] 거야. (웃음)

그때 어디에 계셨어요?

나는 거기 없었어. 내가 그날 그 사람 다친 거 땜에 병원엘 갔다 왔어.

아, 원일오 씨 때문에.

그 병원엘 갔다가 내려오다 [보]니까 그래 된 거야. 그 지휘관이 그냥 총을 쏘고 들어가라니까 들어오다가 그놈[최루탄]을 다 마셔. 굴 안에 들어왔으니 더 마시지. 그래갖고 뒤로 막 도망쳐서 나가는데 사람들이 막 때린 거야. 그래서 영월에 있는 순경 하나가 거서 사망을 했다고. 그러니까는 경찰들도 약이 오른 거지. 지서장이나 경찰국장도 오고 그랬단 말이야. 그러나저러나 지가 들어올 수 없는 거야. 막 돌 던지지, 갱목 던지지. 그래 못 들어오는 거야. 그래 오다가 막 뚜드려 맞아갖고, 총이고 막 다

저리 비리고[버리고] 도망가고 그랬어. 경찰들은 그래 못 들어오고 그길
로 이제 어떻게 됐냐면, 그 특공대 애들이 있어. 특전사 애들이 들어와서
정선하고 고한하고 주둔을 하고 있었어.

공수부대요?

어. 공수부대 애들이 우리를 완전히 진압할라고 왔는데.

그때 사북에 계셨는데 공수부대 들어왔다는 얘기는 어떻게 아셨어요?

사북에 있어도 다 알지. 왜냐면 여기 있는 사람도 거기 올라올 수 있고
조합원들이 있으니까. 서로 간에 왕래가 되니까.

여기 와 있다고 소문을 낸 거예요?

그렇지. 그러니까는 어떡해. 우리는 거기에[광업소에] 뭐가 있냐, 큰
게 있냐하면은 전국 예비군 훈련이 있어. [우리가] 훈련에서 1등을 했어.

사북에서요?

그 여기에 [있는 예비군]연대야. 연대인데, 연대면 병력도 많잖아. 다
군에 갔다 왔으니 총 잘 쏘지. 또 광산 일하면 화약 잘 다루지. 화약고에 화
약이 한 2,000톤 있었단 말이야. 그리고 무기고에 총, 뭐 이런 [거] 다 있
지. 우리가 무기고를 다 지켰어. 화약고도 지키고. "너 들어오면 우리가 화
약고에 불 지른다." 이거야. 그때 만약에 화약고 불을 질렀다 이러면 여기
없어졌어. 전라도 익산에서 400톤인가 터져갖고 난리 났잖아. 2,000톤 터
지면 이 지구상에서 없어질 수도 있단 말이야. 그러니까 애들이[공수부대
가] 못 들어온 거야. 총을 쏴서 사람 몇 죽었단 봐, 불 지르지 안 지르겠어?

우리는 너네 들어오면은 화약 터트린다는 게 일종의 전략인데, 이런 거는 다 의논
해서 결정한 거예요?

그렇지.

지도부가 있었어요?

　지도부가 있고. 또 우리 조합원들이 화약고나 무기고를 지켜야지 우리
가 산다는 걸 느꼈지.

21일에 을반 가시기 전에 회의 갔다가 사북항쟁 일어나는 데 참여를 하신 거잖아요.

　그렇죠.

그 전에는 이런 일이 일어날 걸 모르고 계셨던 거예요?

　그렇게까진 상상도 안 했지.

일을 하러 나가다가 보신 거네요.

　일을 나가다 한 게 아니고. 그날 오후에 [일을] 나가니까 오전에 시간
이 있잖아. 그래 시간이 있을 쩨 거기 간 거야. 갔는데, 그 일이 이래 발생
하니까는 일 안 갔지. 일 갔던 사람들도 다 [돌아]왔는데.

그리고 나서 동원탄좌 사무실로 사람들이 갔던 거지요?

　사무실로도 가고. 저기 뭐야? 그 사람들이 도망가고 막 그랬단 말이
야. 그 당시만 해도 참 그게, 왜 그러냐면 회사 본 사무실 안에 양주고 뭐
고 갖다 놓고 저지리[저희들끼리] 그 기관장들이 술 먹고 그랬단 말이야.
그래 사람들이 쳐들어가니까 다 도망가 버렸지. 산속으로 마카[전부] 도
망간 거야. 그럴 수밖에 없잖아. 진짜 몽둥이도 들고 가고 그랬단 말이야.
그러니까는 도망갔지. 그래서 붙잡지도 못했어. 지금 복지회관, 저기 뿌
리관 있잖아요. 그 자리야. 거기서 이제 웅성거리고 사람들이 있고. 대표
자들은 또 이제 협상을 한다고. 협상이 제의가 들어오니까는 고한 읍사무
실에 가서 협상도 하는데, 그것도 막 감금하다시피 하고 했단 말이야. [협
상을] 하고 나면 바로 연락이 오잖아. 여하튼 뭐 우리는 "시위를 안 풀겠
다." 이래[이렇게] 하고. "결정이 날 때까진 우린 [시위를] 하겠다," 이러

고. 그렇게 됐지.

그렇지. 방송도 하고.

그렇지. 그것도 왜 사람들이, 좀 그런 사람이 있잖아. "내 아니래도 돼. 뭐 내 아니면 [누가 하겠지]." 그런 사람 있단 말이야. "아이, 너나 해. 나는 도망 갈 거야." 뭐 이런 사람도 있고. 도망간 사람도 많고. 사실은 거기에서 뭐 차를 부수고, 뭐 기물을 파괴하고, 이 저지레한 사람들 다 도망갔어.

◇ ◈ ◇
## 항쟁에 참여했던 이유

첫째는 노조. 선거법을 위반이니까 다시 해야 되는 거고. 그래서 정상으로 움직여야지 될 거 아니야. 그러고 그 사람들이 암암리에 이익을 취한 걸 다 내놔야 되는 거고. 또 우리가 이게 내 밥그릇인데 뺏겨가면은 안 되잖아. 내가 찾아와야 될 거 아니야. 차지한 것도 내놔야 되는 거고. 정상적으로 돌아가는 걸 원하는 거지. 그 우리의 불만을 열 몇 가지를 다 요구를 한 거야. 그래갖고 그게 인제 시행된 거야. 시행되미[시행되면서] 그 당시만 해도 목욕탕이 없었어. 목욕탕이 사택마다 하나씩 있었다고. 그것도 물이 귀해갖고 잘 씻지도 못하는 거야.

한 50명 정도 들어가지. 들어가는 건 들어가는데. 그러니 퇴근할 째는 한꺼번에 다 몰리잖아. 그러니 물이 양이 작으니까 그것도 제대로 못 씻는 거야. 여자들은 아예 목욕할 생각을 못 하고. 그래갖고 대중목욕탕을 요구하고, 여자들도 목욕하고 뭐 다 하게끔 해 준다 이래갖고 지금 그 뿌리관 [건물]에 가족들을 위해서 목욕탕, 이발소, 미장원이 생겼어. 광산 일하는 사람들은 지금 그 위에 수갱이라는 데 있잖아. 거기에 목욕탕이 있어갖고 퇴근하고 나오면 목욕하고, 탈의실에 옷 갈아입고 집으로 그땐 다녔지.

뿌리관에 생긴 목욕탕은 가족들 대상으로 하는 거예요?

예. 지역 주민을 위해서 그게 만들어진 거야. 근데 그게 결과적으로는 다 없어졌어. 그래 복지 이런 걸 요구한 게 그 열네 가지가 합의가 된 거야. 합의가 돼갖고 동원탄좌에서 10억을 내놓고, 정부에서 10억을 내놓고, 그래 20억을 갖고 복지재단을 만들은 거야. 저기 또, 시장 안에다가 여관도 하나 만들었어. 그래갖고 광부의 친척이라든가 오면 거 가서 잘 수 있게끔 이렇게 했고. 그 복지회관을 만들어서 유치원도 만들고 뭐 이래 됐어. 그래갖고 유치원은 뭐 어린애들 가서 유치원 다니고, 또 복지회관에는 생활필수품을 그거 뭐야, 세금 안 내는 거. 어, 저기 면세품이지. 면세품으로 우리 광부들은 살 수 있는 거야. 만약에 세금을 100원 내야 되면은 100원을 안 내고 우리는 사는 거야. 그랬는데 그것도 말로만 그래 놓고, 맨 처음에나 그렇게 됐는데 낸중에[나중에] 가선 시장에나 별 차이 없이 그렇게 되고 그랬어.

14개 요구안 만들 때, 누가 내용을 정리하고 주도했어요?

그니까는 여기에 주민들 대표가 몇 나오고, 또 광부에 대표가 몇 나오고, 또 중앙 노동부에서 몇 사람 나오고, 또 기관에서 몇 사람 나오고.

다 같이 모여가지고?

그렇지. 그래갖고 회사에서 몇 사람 나오고 이래갖고 합의를 이룬 거지.

노동조합에서는 신경 선생님, 이원갑 선생님 가셨어요?

그렇지.

주민 대표는 누구였는지 혹시 기억나세요?

최 모라고 하는데, 그 사람 지금 없어. 돌아가셨어.

장사하시던 분이셨어요?

어.

그때 여자 분들도 많이 참여하셨다고.

그럼. 여자 분들도 그 선탄부라든가 아니면 가족들이 많이 참석했지.

# 3. 고난의 시간들

## ◇ ◈ ◇
## 체포 후 일화 및 고문 사례

**왜 항쟁 후에 도망갈 생각을 안 하셨어요?**

잘못한 게 없으니깐. 그니까 결과적으로 우린 뒤잡아쓴 거야. 그리고 이○영이라고, 지금 원주에 있는데, 이 사람도 아주 나쁜 사람이야. 우리 같이 가서 살다가 나왔지만 나쁜 사람이야. 이 사람은 그 전에 학교 다닐 째[때] 전과가 많았어. 그니까 여기에 붙잡혀 가면 전과가 있으니까 더 고생할 거 아니야. 그니까는 지는 여기 갔다 저기 갔다 하는 거야. 살살이 어떻게든 지는 빠져야 된다는 생각이야.

**그분은 뭐 하는 사람이에요?**

조합원이야. 광부인데. 그래갖고 실질적으론 그 사람은 지서장을 진짜 패기도 하고 그런 사람이야. 그런 사람이 지는 안 그랬다 그러고, 여러 사람이 그랬다 그러고, 경찰서에 잡혀가서도 지가 아는 사람 다 집어넣는 거야. "아, 그 사람이 뭐했어. 그 사람이 뭐 했어." 그래가지고 지금도 나하고 그 사람하고 사이가 안 좋아. "너 이놈 새끼, 아주 나쁜 놈의 새끼야." 내가 그런다고.

**연락하고 지내세요?**

여기에 매년 행사할 때 와. 오면 난 본 척도 안 해. 너는 나쁜 놈이라는 거야. 그 새끼 때문에 내가 고생을 더 많이 했걸랑.

*그분이 일러서 들어가셨어요?*

그럼. 그거 뭐 내가 죄 있으면 도망갈 거 아니여, 안 그래? 근데 죄도 없는데 그 지랄을 해갖고, 지서에 가서도 조사받을 적에 그랬다는 거야. 죽어도 그랬다는 거야. 그럼 나는 어떡해? "내가 언제 했냐?" 이러면, 그래도 "니가 했잖냐?" 이거야. 그러니 지서에서는 조사받는데 그 사람 편을 드는 거야. 누가 해도 핸 거니까. 그래갖고 나는 억울하게 당한 거지.

*공소장에 나와 있는 내용하고 실제는 다른 거예요?*

다르지. 아까도 얘기했지만 그 객실이라는데, 걸[거기를] 갔는데 나는 진짜 그렇게 해로운 짓은 안 한단 말이야. 사람을 찾기 위해서 간 거지, 내가 누굴 뭐 쥐어박고 그럴려고 간 거 아닌데. 내가 칼을 들고 누굴 찔를라 그러고, 그랬다는 게 나온다고.

*공소장에 종업원들한테 칼을 들이밀었다고 쓰여 있는 게 사실이 아니라는 말씀이시죠?*

그래. 그건 아니란 말이야. 내가 그런 짓을 한 사람도 아니고. 그런데 그렇게 나와. 이건 아니잖아. "내가 같이 다닌 건 맞다. 그렇지만 난 이건 아니다." 그래도 거서 인정을 안 하는 거야. "그럼 마음대로 해라. 내가 뭐 죽을죄 진[지은] 것도 아니고, 그런다 해서 사람 찔른 것도 아니고." 거기[공소장]에서는 들고 다녔다는 것만 나온단 말이야. 그럼 내가 뭐 사람을 찔른 것도 아니고. 그니까 마음대로 해라. '넌 나쁜 놈이다. 넌 언제고 나한테 걸리면 죽는다.' 내가 그런 생각을 했지.

*이○영씨하고는 원래 어떤 사이셨어요?*

그냥 알고, 한 광업소 다니니까 이래 술도 먹고 이러니까 아는 사이지. 그리 친한 사이는 아니야. 갸들[걔들] 형제가 다 그래. 가[걔] 형도 여기 있었는데. 그래갖고 결과적으로 제 명에 못 죽고[살고] 죽었어. 그래갖고 내가 항시 그러지. "저 새끼는 안 와도 된다."고. 저 새낀 반역자 같은 새낀데, 그 사람으로 인해서 여러 사람들 피해 본 사람 많아.

*잡혀갔을 때 참여했던 사람 사진 보여 주면서 "불어라." 이런 얘기 있지 않았어요?*

어, 사진은 보여 줬지. 사진은 그 지서에 가 있는 것도, 저기 그….

*사진 찍히신 거요?*

어. 찍힌 거 있고 다 있지. 거 가서 있으면 소리 지르고 뭐 그것뿐인데 뭘 어떡할 거야.

*잡혀갈 거라고 생각하셨어요?*

안 했지. 그래갖고 나는 그날 저녁에, 한 일곱 시나 이 정도 됐어. 자다 보니까 누가 와서 찾아. 그래서 그때 파자마 바람으로 나갔어. 나가니까는 두 사람이 탁 오더니 어깨 탁 찍으믄서 "저[기] 좀 가자."는 거야. 우리 집이 요래 있는데, 요리요리 찻길이 있어. 뒤에다 지프차를 갖다 놓고는 그러는 거야. 차에 태우자마자 막 쥐어패고 그러더라고. 여[사북] 지서는 다 부서지고 없으니까, 고한지서를 갔는데 내리자마자 워커발로 막 차고 그래. [맞아서] 이빨이 다 나간 거야. 아프다 소리도 못 하고. 각목을 갖고 막 패고 "이 간첩 같은 새끼들." 지금 간첩이 어딨어? 그길로 인제 버스에 태워 놓고 무릎 꿇고 딱 간 거야. 인나지도[일어나지도] 못 해. 고개도 못 들어.

*주변에 누가 있는지도 모르셨겠네요?*

모르지. 그래서 정선경찰서에 가서 15일인가 얼마, 거 있었지. 있으면서는 뭐 물고문 해, 뭐 별 고문, 고춧가루고문 다 받았어.

*이명득 어머님도 그때 같이 있었던 거예요?*

같이 있었지. 그거 여자들은 여자대로 데리고.

응. 따로 분류가 돼 있지. 진짜 뭐 전수[전부] 죽는다는 사람뿐이었었어. 그렇게 모질게 [고문했어]. 내가 무릎도 이게, 각목을 여기다[무릎 뒤에] 끼워놓고 워커발로 막 지그[짓]밟으니까 잘못된 거야. 그러니까 먼저 도, 도지사도 내 보여 줬어.[2]

이게 여기 물주머니 이런 게 생겼어. 뭐 어떡해, 그걸. 그래 병원에 가서 수술을 했지. 진짜 거기 있으면서 경찰들한테 우리가 폭행을 많이 당했어. 경찰도 뭐 경찰 같은 놈이야? 순경들한테 그랬지. 그래 많이 당하고. 그 뒤엔 군인들이 들어왔어. 군인들한테는 그렇게 안 당했어.

그럼. 군인들도 합동 조사를 하고 그랬지. 그래갖고 우리가 여기서 15일인가, 16일인가 있다가 원주에 [있는] 1군사[령부]로 넘어갔어. 1군 거기서 헌병대로 넘어가갖고 유치장에 있었지.

그렇지. "누구누구 그랬냐. 누구누구 그랬냐." 이런 걸 자꾸 대는 거야. 사진 갖다 주고 "이 사람 알아 몰라?" 이래 되는 거야.

엄청 많지. 그래도 [광부 생활을] 몇 년씩 했는데 아는 사람이 많을 거아니야. 그걸 진짜 바보 같은 놈들, 그걸 다 분다 해서 지 죄가 잘못되[거]나 까이는 거 아니잖아. "아니, 난 모른다." 그러면 될 거 아니야. 그거 다안다고 그러는 거야. 그럼 그 사람 다 잡혀 오는 거야.

---

2  2018년 4월 21일에 열린 사북항쟁 기념식에 최문순 강원도지사가 참석하여, 기념식 이후 '80년 4월, 사북민주항쟁 역사적 의의 제고와 기념일 제정을 위한 간담회'를 진행하였다. 이때 구술자가 본인의 부상 부위를 도지사에게 보여 주었다는 내용을 말하고 있다.

매일매일 막 사람들이 왔다면서요?

　그럼.

일하다가 잡혀 와서 워커 같은 게 막 쌓여 있었다고.

　그럼.

여자 분들은 어떠셨는지, 그런 얘기도 들으셨어요?

　아우, 여자 분들도 진짜 말도 표현 못 할 고문을 했다고. 젖꼭지를 다 쥐뜯질 않나, 음부 털을 다 뽑질 않나, 별짓을 다 했어. 진짜 말로 표현을 못 할 정도로 고문을 했어.

보셨어요?

　그럼. 아파 죽는다 그러고 막. 그 유치장 안에서도 이 새끼들이 와서 장난삼아 하는 거야, 나쁜 놈들이.

희롱하고요?

　응. 진짜 요즘 얘기하면 성추행, 희롱이지. 그래 그렇게 했어. 남자들 성기도 잡아 뽑고 이 지랄하고. 그게 진짜 말이, 내가 이걸 말로 할 수 없는 고문을 한 거야.

빨리 나가고 싶어서라도 그냥 아무나 불어 버려야겠다, 이런 생각은 해 본 적 없으세요?

　그런 생각은 안 했지. 뭐 내가 한 것만 하면 되지, 남의 거까진 내가 간섭할 일이 뭐 있어. 그 사람 불어 데리고 온다 해서 내가 죄가 가벼워지는 것도 아니고, 죄가 없어지는 것도 아니고.

이미 이원갑 선생님이나 신경 선생님은 잡혀 와 계셨죠?

　그 사람들은 먼저 [잡혀]갔지.

그럼. 왜냐하면 처음에 합의할 적에 우리를 법적인 책임을 안 묻겠다고 했어. 합의를 해 놓고는 이제 정리가 되니까 그때서부터 슬슬 하나 둘 잡아가기 시작한 거야.

◇ ◇ ◇
## 다른 광부들과의 관계

정선경찰서엔 이○영 씨는 없었어요?

있었지. 1군사까지 같이 갔다 나온 거야. 그러니깐 우리도 그럴 거 아니여? "너는 막 지서장을 패기도 했잖아." 이런 얘기도 약 오르니까 할 거 아니야. 그러니깐 난 아니래. 뭐 본 사람이 있는데 "너는 왜 인마 거짓말해." 이래 된 거지. 그러니 지도 빼도 박도 못하는 거지, 뭐. 나는 아닌데, 나를 뒤잡아씌워가지고서 나를 끌고갈라 그러는데 이왕 가면 지도 가야지, 그러믄.

공소장에 보면 도박을 했다는 게 써 있는데 이거는 뭐예요?

아, 도박은 했어. 도박이라는 거보다 모여서 고스톱 뭐 이런 걸 치다가 이제 걸린 거야. 누가 보고 신고를 핸 거지.

사북항쟁 당시에 고스톱 하다가 누가 그걸 본 거예요?

응. 신고를 해갖고, 뭐 고스톱 치는데 옆에 문을 열고 들어와서 "꼼짝 마라." 그렇게 된 거야. 돈은 별로 없었어. 그래하고 지서에 가서 또 조사받고 그랬어.

항쟁 날 당시에, 아니면 이전에요?

항쟁 당시인지 그 전인지 잘 모르겠네. 이전일 거야. 그래하고서는 어떡해. 회사에서는 날 도박꾼으로 몰은 거야. 그래갖고서는 말하자면 낙인이 찍힌 거지. 원주법원에 7만 원인가 벌금을 물었다고.

월급도 깎고 이런 징계도 있었어요?

징계는 내가, 박노연이라고 지금 그 사람이 죽었어. 걔가 내 앞가다[앞조]고 내가 뒷가다야. 그니까 걔도 오야[조장]를 했고, 나도 오야를 했어. 그 가다마다 생산량이 있어. 뭐 50톤이면 50톤, 100톤이면 100톤 이게 있는데, 지가 탄이 없으니 못 하겠으니까는 중간에서 탄을 빼먹었어. 근데 그걸 나한테 뒤잡아씌우는 거야. 다음에 들어가 보니까 그래 돼갖고 나는 거서 건드리지도 않았고, 그걸 도로 안전하게 막아 놓고 했는데. 그걸 낸 중에[나중에] "누가 도탄(盜炭)했냐?" 그러니까 날 보고 해먹었다는 거야.

박노연 씨랑도 사이가 안 좋으셨겠어요.

그래 내가 욕을 계속하지. "넌 새끼야 그렇게 하면 안 돼." 그걸 나는 아니라고 그랬[는데], 아닌 건 아니잖아. 그래도 그걸 날 징계를 준 거야.

회사에서?

어. 그래 하고 어떻게, 진짜 이게 이북 법이야. 그 조사실이 요래 돼 있어. 요래 돼 있고 양쪽으로 조사위원장이 여 있고, 이리는 조사위원들이 쭉 앉고, 여기는 이제 죄인이 가는 거야.

아, 끝에 이렇게 가만히 앉아서.

죄인이 가면 세멘[시멘트] 바닥에 무릎을 꿇으라 그래, 이 개새끼들이.

그 사람들은 의자에 앉아 있어요?

그렇지. 이래갖고 이거 잘못했다는 거야. 그래갖고 내가 징계를 받았지. 내가 아니라 그래도 안 되는 거야, 이게. "그러면 좋다. 우리 조합원들 불러 와라. 그 사람들하고 같이 해서 얘기하자." 그래 그 사람들이 [얘기]해도 아니라는 거야.

*그 사람들도 우리가 한 게 아니라고 했는데도?*

어. 했는데도 그래 하는 거야. 이게 맞잖아. "그 사람이 핸 거다. 박노연이 그 사람이 핸 거지 나는 한 거 [아니다]. 그 사람이 했는지 안 했는지 난 보진 못했지만은 내가 들어가 보니까 거[박노연이가] 했더라." 그런 얘길 했더니 그걸 믿어 주질 않는 거야.

*앞가다 뒷가다에 몇 명이에요?*

거진[거의] 다 비슷해. 한 40명에서 뭐 이래 되는데. 그때만 해도 그 캐빙을 치는[3] 게 많아. 그니까 그 굴 안을 아주 폭락을 시키면서 탄을 캔 단 말이야. 그걸 위에서부텀 해서 내려와야 되는데, 야[얘]는 중간에 해먹은 거야. 막장에 탄이 없으니까는 중간에서 해먹은 거야. 그게 위험하잖아. 그 위험한 짓을 했더라고. 씨, 엉뚱한 놈이 하고는 내가 뒤잡아쓴 거지. 그래갖고 몇 달 징계를 받았어. 감봉을 당해갖고 내가 몇 푼 손 봤지.

◇ ◈ ◇
## 원주에서 받은 재판

*박노연 씨도 정선경찰서까지 같이 있었죠?*

같이 있었지. 원주까진 같이 갔다[고].

*원주까지 간 분들이랑 정선경찰서에서 풀려난 분들은 어떤 차이가 있나요?*

차이는, 우리는 주도부고 그 사람들은 불구속으로 나온 거고. 우리는, 너는 죄가 많으니까는 [하고] 구속을 시켜서 넘겼는 거고.

---

3 굴진했으나 석탄이 없는 경우 발파하여 갱도를 폭파시키는 일.

정선경찰서에 잡혀 있을 때, 사모님은 어떻게 있으셨어요?

집에 있었지. 뭐 어떡해. 죽지 못하고 그냥 살은 거지.

그때 알아보러 다니고 하셨대요?

그럼. 이원갑 씨 부인하고 같이 면회도 오고 그랬지.

정선 말고 원주로?

원주도 오고 여기 정선경찰서도 [오고]. 와 봐야 면회도 잘 안 시켜 줘. 그냥 왔다가 "죽지 않고 살았구나." 그 얘기만 듣고 가고 그랬지.

갑자기 잡혀갔으니까 걱정 많이 하셨겠네요.

마음적으로는 엄청 타격을 받지, 안 받겠어? 아무 얘기도 없이 파자마 바람으로 붙잡혀 갔으니, 뭐 얘기할 것도 없지.

정선보다 원주 가셔서는 좀 나았어요?

원주 가서는 많이 대우를 받았지. 그 사람들도 우리가 나쁜 거라고 인정이 안 갔걸랑[생각하지 않았거든]. 경찰서에서 조사 잘못해갖고 온 거라고 인정이 돼 있어. 그래갖고 거서는 군부대 장교들이 와서도 위로도 해 주고.

뭐라고 위로해 줬어요?

아이, 고생하지 마라고. 고생되지만은 얼마 있으면 나갈 수 있으니까는, 그[런 말을] 한다고.

1군사령부는 좀 친절했어요?

그렇지. 또 변호사들이 와갖고도 나쁜 죄가 아니니까 얼마 안 있으면 나갈 거라고, 그런 위로도 해 주고 그랬어.

그 변호사는 누가 찾아준 변호사예요?

변호사는 그 교회 변호산데. 그 사람, 내 이름을 모르겠네. 잊어버렸어. 그 변호사가 몇 [명]이 우릴 봉사해서 해 줬어. 이게 국정[국선] 변호사 비슷하게 해 준 거야.

원주에서는 재판 한 번 받고 나오신 거예요?

몇 번 받았지.

몇 번 받으셨어요?

어. 다 포승줄에 묶여갖고 군법회[의]에서 재판을 몇 번 받았지. 그렇게 해서 조사받고 그랬지. 여 정선에서는 참 여자고 남자고 많이 붙잡혀 갔어. 진짜 공매 맞은 사람들 많아. 사진 보고 "아, 이 사람 알아." 그러면 그 사람 바로 잡아 오는 거야.

고문 받아서 생긴 부상은 치료 못 하고 재판을 받으러 가는 건가요?

원주서는 째져서[찢어져서] 피나고 이런 거는 치료를 해 줬어. 군부대에서 해 주고 그랬지만도 은절(隱節)[4] 들고 그런 건 해 줄 수가 없잖아. 그게 지금 우리 어깨, 다리, 허리 뭐 아픈 기 거진 다 그래.

거기서는 눈에 보이는 상처만 치료를 해 준 거네요.

그렇지. 몸에 전체적인 치료는 아예 엄두도 못 내고.

재판 받으실 때, 검사가 말도 안 되는 기소장 쓰면 그거 나 아니라고 하셨어요?

못 해. 변호사한텐 얘길 해도 우리는 거기서 말을 못 해. 검사들도 이제 단독 면담을 해. 그때는 얘기하지. 그렇지만 재판장 안에선 못 해.

발언할 수 있는 기회를 주거나 하지 않았구나.

---

4  보이지 않는 곳, 안쪽으로 부러지거나 다친 것을 지칭하는 것으로 보인다.

기회는 없어. 군법인데 무슨, 없어. 그러니까는 검사도 단독 면담을 하면서 조사하잖아. 거기서는 "우리가 그런 짓 한 거 아니다." 이런 얘긴 하지. 그렇지만도 법정에 들어가서는 못 해.

그래서 징역 2년에 집행유예가.

3년.

이원갑 씨랑 신경 씨는 구속이 된 거죠?

구속이 돼서 서울 무슨 형무소더라? 그 형무소로 가고. 영등포 뭐 어디 형무손가 거기.

나머지 분들은 집행유예 받아서 다 나오신 거죠?

31명은 바로 불구속으로 해서 나오고. 두 사람이 아니야. 신○이라는 사람이 있어. 신○이라고 나이 많은 사람 있어. 그 사람하고 조행웅이 그 사람도 갔지 아마? 몇 사람, 네 사람인가 다섯 사람인가 갔어.

◇ ◇ ◇
## 지부장 부인 사건에 대한 평가

신○이 그분은 왜 구속까지 된 거예요?

그 사람은 좀 잘못하긴 잘못했어.

그래요?

왜 잘못했냐면, 그거는 사람으로서 할 수 없는 짓을 했어. 이재기 부인을 갖다 묶어 놓고 몹쓸 짓을 했어. 그거는 아니란 말이야. 아무리 잘못했더라도 보라지[뺨] 한자리 때리는 건 낫지만, 그건 아니다라는 얘기야. 사람이 할 수 없는 짓을 한 거야. 그니까 그거는 죄를[벌을] 받아야 돼.

김○이 씨 린치 사건 났을 때, 남자 광부들도 김○이 씨 잡으러 같이 갔어요?

광부들도 가고. [또] 여자들이 가서 잡아 온 거야, 그것도. "야, 너 신랑 어디 갔나? 도둑놈의 새끼 어디 갔나?" 이러니까는 여자도 겁이 나서 침대 밑에 들어가서 숨어 있는 걸 잡아 온 거야.

혹시 잡혀 오는 거 보셨어요?

아이, 난 그거는 못 봤는데 언제 한번 가니까, 그 광업소 올라가는 정문에 경비실이 있어. 경비실 옆에 기둥에 갖다 묶어 놓고 그랬어.

근데 이재기 씨에 대한 원한이, 사실은 광부들이 갖고 있는 거지 아줌마들이 갖고 있을 필요는 없잖아요.

그[건] 좁은 생각이지. 왜냐면 "당신 남편이 그렇게 나쁜 짓을 하는데 왜 가만히 있었냐?" 이런 얘기란 말이야. 그래서 이제 여자들이 "너도 똑같은 년이야." 이런 식으로 몰아간 거야.

같이 책임이 있다?

그럼. 그래서 그렇게 몰아간 거지.

김○이 씨는 원래 알고 계셨어요?

몰라.

전혀 모르셨어요?

몰랐지.

경비실 앞에 묶여 있는 거 봤을 때 '저 웬 사람인가.' 했겠네요.

아니. 그거는 사람들이 말로 하니까 다 알지. "야, 그건 아니다." 이런 얘기는 했지. "저기 묶어 놓는 것까진 좋지만은 그런 행위는 아니다."

풀어 주자고 하는 사람도 있었어요?

　있지. 그렇지만 마음대로 가서 풀지를 못 해. 풀어 주다간 맞는단 말이야.

지키는 사람들이 그 옆에 있었어요?

　있으니까.

아줌마들이 지켰어요?

　아이, 여자들도 있고 남자들도 있고 그렇지. 그거 마음대로 가서 풀어 주다 보면 내가 맞아 죽어. 그니까 못하는 거여.

원주 같이 갔던 분 중에 전○자 씨라는 여자 분도 있어요?

　응. 전○자 있어. 저 인천에 있어.

전○자 씨도 그 린치 사건 때문에 거기까지 가신 거예요?

　그렇지, 맞아.

# 4. 사북항쟁 이후의 삶

◇ ◈ ◇
## 1군사령부에서 석방된 직후

원주에서 나오셨을 때가 8월, 9월쯤이었어요?

예. 가을경에 나왔어요.

집으로 바로 오셨어요?

예. 1군사령관이 윤성민 장군인데, 그 사람이 우리 [나]오기 전날 초대를 하더라고.

어디로 초대했어요?

그 1군사령부 뭐야, 사령관 공관. 저기 사무실이지. 그 사령부로 불러갔고, 커피 한 잔씩 주면서는 "아으, 고생 많이 했다."고 위로도 하고 "내려가면은 좀 쉬었다가, 다 복직되니까 복직 하라."고 해서 "일이나 열심히 하시고, 이제 그런 짓 하지 마라."고. (면담자, 구술자 웃음)

다 같이 불렀어요?

아, 나오는 사람만.

이원갑 씨나 신경 씨 같은 구속되신 분들 빼고?

그 사람들은 빼고.

그 서른한 명이 같이 나올 때 마중 나온 사람들이 있었어요?

마중 나온 사람도 그때 뭐 집사람밖에 더 있나. 딴 사람들은 나오지도 않고.

부모님은 사북에 같이 계셨어요?

그 당시는 청주에 계셨어.

어머님에게는 얘기 안 하셨나요?

안 했지. 우리 아버님이 법정에 오셨었어. 면회를 오셨는데 "니가 왜 그런 짓을 했냐?" 이러더라고. "아버지 이거 너무 걱정하지 마세요. 내가 조금 더 배웠다면 더 고생하실 거예요." (면담자 웃음) "내가 못 배운 게 [못 배워서] 이 정도니까 그래도 다행으로 생각하시고 걱정하지 마시라." 고 내가 그랬어. 왜냐면 내가 더 머리에 든 게 있으면 더 심한 거 했어. 서울뿐 아니라 뭐래도 안 하겠어, 응? "이 머리에 든 게 없으니까는, 이 정도니까 아버지가 잘하신 거예요." 내가 그랬어. (면담자, 구술자 웃음)

석방돼서 집에 돌아오셨을 때 아내분과 얘기를 많이 하셨어요?

많이 했지. 갔다 와서 진짜 약도 많이 먹었어. 우리 아버지가 그 뭐야, 산돼지 쓸개도 몇 개씩 사다 주고.

기력을 회복하라고?

어. 진짜 뭐 할 수 있는 거, 큰돈 들어가는 건 못했지만. 그래갖고 몸이 많이 좋아졌지.

집에서는 얼마나 쉬셨어요?

집에서 한 1년 가까이 쉬었을 거야.

그때 거의 누워서 지내신 거예요?

누워 있기도 하고, 그냥 조금씩 움직이기도 하고 그랬지. 그러니까 그 당시에 나와 갖고 우리 생활비가 없잖아. 돈을 못 벌잖아. 그러니깐 회사에서 쌀도 뭐 한 가마씩 갖다 주고 그랬어. 연탄도 갖다 주고.

그거 달라고 찾아가셨어요?

　찾아가진 않았지.

근데 그냥 가지고 왔어요?

　그럼요. 그거는 1군사에서 명으로[명령을 내려서] 그렇게 된 거야. "그 사람들 생활비를 대 줘라."

요양할 동안에.

　어. 그기 그래서니까 그랬지, 그 사람들이 자발적으로 할 사람들이 아니야.

이렇게 쉬실 때가 사북에 집 지어서 월세 줄 때예요?

　그럼.

큰애가 국민학교 다니고 있었죠?

　예.

보통 국민학교 다니면 막 놀리기도 했다고.

　그랬지. 큰애들은 초등학교 다니고, 하나는 중학교 가고 이래됐어. 어젠가 그제 여[기] 왔던 애, 걔가 막내야. 걔가 다섯 살 먹었어. 진짜 말도 못 했지, 뭐.

그러면 큰애가 막 울면서 들어오고 그런 적 없었어요?

　아이, 있지. 왜 없어.

아빠 놀렸다고?

　그럼. 그런 건 있지.

나는 잘못했다고 생각을 안 해. 그래갖고 내가 원주 가 있다가도 "내가 왜 이러냐. 어, 당당하게 살아야지. 내가 죄 진 것도 없이 죄인처럼 살 필요가 뭐 있냐." 이거야. 그래서 내 여기 와서 그냥 당당하게 사는 거야. 나쁜 놈은 나쁜 놈이야. 지금도 그래. 지금 그 이재기가 관두고 다음 후임으로 위원장 했던 사람이 있어. 홍금종[5]이. 그 사람이 광노위원장까지 했어. 이 새끼가 하는 얘기가 참 묘해. 왜냐면 그 원주 법정에 증인으로 와갖고 뭐라 그랬냐면 "이재기 우리 지부장이다." 이거야. "우리 지부장이다." 이거야, 이재기가. 지 아들이여, 지 할아버이여, 아니잖아, 어? 우리라는 말 아니란 말이야. 전(前) 지부장이다, 이건 맞지만도. 우리 지부장이란 얘기를 했어. "저 새낀 개새끼다." 그랬어.

◇ ◈ ◇
## 부인의 투병과 치료비 조달

우리 집사람이, 지금 이 사람 말고 본처가 내가 80년대에 사고가 나갖고 영창도 가고 이러게 되니까 속앓이를 했는가 봐. 그래갖고 만성 신부전증이 걸려갖고, 여기서는 의원에도 다니고 작은 병원에도 숱하게 다녀도 안 되는 거야. 그래갖고 원주 병원에 가니까는 급성이 아니고 만성이라는 거야.

예. 원주선 투석하는 기계도 없었어. 그래서 서울 신촌 세브란스로 가라 그러더라고. 세브란스도 갔어. 가서 수술을 했지. 복막 수술을 해갖고

---

5 홍금웅과 동일 인물임.

하루 네 번씩 복막 투석을 해야 돼. 약물 주머니 갖고 세척을 해내야 되는 거야. 여섯 시간마다 한 번씩 해야 돼. 그걸 그렇게 하고 살았어. 인제 거[기]서 약을 처방을 해 주면, 공장에서 가져오는지 어디서 가져오는진 모르겠어. 용달차로 한 차씩 오는 거야, 약이. 이만한 팩을 하루 네 개씩 갈아야 되니까 한 달 30일 쓸라 그러면 한 차여. 그러다 보니까는 내가 조금씩 모아 놓은 게 조금 있어. 그래도 그걸 갖고 버티다 보니까는 도저히 안 되는 거야. 또 사북사태 나서 내가 영창 갔다 나와갖고 한 1년간 놀았어요. 일도 하기 싫고 사람이 맥이 빠지는 거야. 그래 놀다 보니까는 뭐 돈도 없지 병원엔 가야 되지.

사모님 아프셨던 게 사북사건 직후예요?

예. 그래 하고 뭐 어떡해. 애들 보고 내가 그랬지. "야, 너 엄마를 저걸 고쳐야 되나 안 고쳐야 되나?" 애들을 모아 놓고 내가 물어봤어. 그러니까 애들이 뭐라 그러냐면 엄마를 고쳐야 된다는 거야. "그럼 고쳐야 되면은 누가 공부를 못 한다." 내가 그랬지. 그러니까는 좋다는 거야. 그래서 "그러면 낸중에[나중에] 가서 후회는 하지 말아라." 내가 그랬지. 그래서 이제 한 주에, 그때 돈으로 180만 원씩 나왔어. 병원비가. 그때는 의료보험도 없었잖아. 그래 뭐 어떡해. 돈 몇 푼 모아논 거 그거 돈도 아니더라고. 그래도 한 육칠 년 그걸로 살았어.

그랬는데 도저히 안 되겠는 거야. 낸중에는 골말에, 지금 워터파크 그자리 밑에 거기에 우리 집 터가 207평인데, 내가 일 다니면서는 여 와서 벌어갖고 그 땅을 사갖고 집을 지었어. 원주에서 기술자를 데려다 놓고 한 달간 지었어. 한 달간에 벽돌을 쌓아서 집을 진 거지. 우리 집에 몇 집이 살았냐면, 방이 한 20개 됐어. 그래 하고 열네 집이 살았어. 그래 살다 보니까는 뭐 마누라는 병원에 가야 되지, 돈은 자꾸 통장에 거 빼 쓰니까 금방 없어지더라고.

그래 처음에는 그 집을 사글세를 줘서, 월세로 받아서 우리가 생활을 하면 되니까 그렇게 할라고 그랬는데. 급하니까 병원비를 막아야 되잖아. 그러니 어떡해. 전세를 주고 돈을 받아가 그래 했어. 그러다 보니까 집도 다 날아가겠고 그렇더라고. "아, 큰일 났구나." 하고 도저히 안 되겠는 거야. 그래 하고 집을 넘겼어. 내 처남이 있었는데 처남한테 돈을 좀 빌려 썼지. 썼더니 이놈도 돈을 줘야 되잖아. 그래가 어떡해. "야, 니가 집을 맡아라."

그 처남은 어디 살았어요?

우리 집에 같이 살았어. 지금은 화성 가 살아. 화성 가서 그 사람이 지금 기아산업에 자동차 나오는 데 검사장에서 일을 해. 자동차 만들어서 나오면은 자기가 기계로 이래 검사를 해. 완품이 되면은 그 벨이 울리더만. 벨이 울리면 딱지 하나 붙여 주는 거 하는 거야. 그 사람도 [옛날에] 서울서 비닐 공장을 하다가 그게 또 실패하는 바람에 여기 광산엘 온 거야. 그래 내가 입사를 시켜 줘갖고 우리가 그 방을 하나 비워갖고 줘서 그 [거기] 살았어.

지도 누나가 자꾸 그러니까는 있는 대로 돈을 주는 거야. 그래 쓰다 보니까 꽤 많이 됐어. 그걸 그냥 내가 떼먹을 입장도 아니고, 지도 어렵게 사는데. 그래가지고 "집을 맡아라." 그랬지. 그러니까는 그럼 [나는] 어떡하겠냐 이거야. "니 보다시피 봐라. 내가 저 전세는 어디 가서 뭐 어떻게 빚을 내든 내가 그걸 막아 줄게. 막아 주고. 집은 네가 맡아라. 내가 다시 재기를 할 수 있다 하면은 그땐 날 돌려줘라." 이랬지. 그래 약속을 하고 줬어. 주고는 전세를 받은 걸 빚을 내면서 그걸 다 갚았어.

다 갚고 나니까는 병원비 갈 돈이 없는 거야. 야, 진짜 미치겠더라고. 그래갖고 그 서울 세브란스 내과 원장이 한○석 씨라고 있었어. 그 원장이, 그러니까 대학 교수면서도 과장으로 있었는데, 원무과에서 자꾸 독촉은 오지, 그 돈 안 주면 치료를 안 해 주는 거야. 그 과장도 아는 거야. 그래서 나를 한번 부르더라고. 어떻게 할라고 그러냐 이거야. 어떻게 하고 말고 나는 능력이 없어 도저히 못 하겠다고 [했어]. 이젠 집이고 뭐고 다 없어졌다고 그러니까는, "그럼 내가 방법을 가르쳐 줄 테니까 한번 할 수 있겠냐?" 묻더라고. "치료만 할 수 있다 그러면 뭔 짓을 다 하겠다." 내 그랬어. 그러니깐 그 양반이 메모를 하나 써 주면서는 [강원]도 복지계로 가라 그러더라고.

그래 그걸 가지고 가니까는 도지사한테 전화를 해 놨더라고. 그날 도지사는 없고 부지사가 있었어. 그래 나는 지사님 사무실 앞에서 진짜 세멘[시멘트] 바닥에 무릎을 깔고 앉아서 기다렸어. 기다리고 [있으니까] 왜 왔냐고 물어. "아유, 지사님 만날라고 왔다."고 했지. 그니까는 "왜 만날라고 그러냐?" [묻길래] "지사님 오시면 말씀드리겠다."고 그랬지. 지사님 출장 중이니까 언제 올지 모르겠다 이거야. 한 너댓 시간 그래 있었어.

그래 있다[보]니까 부지사가 진짜 딱했는지 와갖고 일어나라 그러고, 자기 방으로 데리고 가더니 커피도 타 주고 음료수도 타 주고 그러더라고. 그러면서 묻더라고 "왜 그러냐?"고. 사실 얘길 쭉 다 했어. 내가 강원도 정선 사북광업소에 있는데, 광부로서 살다 보니까 이래 됐는데, 집사람이 만성 신부전증으로 몇 년 동안 치료를 했다. 치료를 했는데 지금 돈이 없어갖고 서울 세브란스 병원에선 치료를 안 해 주니까 나는 지금 도저히 버틸 수가 없다. 지금 병원에 치료비도 많이 밀려 있다. 그러니까는 "그러냐?"고 그러더라고. 병원에서 전화는 왔는데 실제로 아닌지 맞는지를 알아야 될 거 아니냐[는] 얘기야. "사실입니다." 그러니까는 "그러면은 여기 있을 게 아니고, 우리가 전화를 해 줄 테니까 정선군으로 가라." 그러더라고.

그때 한 다섯 시나 여섯 시 됐을 거야. 밤에 가 봤자 뭐 만날 수도 없잖아. 그러니 버스를 타고 집에 와갖고, 그 이튿날 갔어. 가니까는, 군수님을 만나 뵙고 나니까는 "복지계로 가면 해결을 해 줄 거니까 복지계로 가라." 그러더라고. 복지계에 가니까는 1급 영세민 카드를 만들어 줘.

그 당시 신부전증 환자가 강원도에 한 사람밖에 없었어. 그리고 서울 세브란스병원 부원장 부인이 만성 신부전증으로 있었어. 그 양반은 미국에 가서 치료를 받고 온 사람이야. 그 당시는 여기서 치료를 못 해갖고. 그 사람은 우리보다 더 먼저 걸린 거야. 그래도 지금은 왜 저기, 피 거르는 그걸[투석을] 하잖아. 그때는 그게 없었어. 그 양반도 이 복막 투석을 하고 있었어. 그래갖고 그 병원에서도 도와주기는 많이 도와줬어. 이제 복지계 가니까는 1급, 그 치료하는 카드를 만든 거야. "고맙습니다." 하고 왔지. 왔더니, 그 다음서부턴 병원비는 안 들어가. 내가 오고가는 식대하고, 교통비 그렇게 [들어가고].

그게 몇 년도쯤이었어요?

90 몇 년도 됐을 거야. 지금 하마[이미] 오래 했지[됐지]. 80년대서부터 그렇게 됐으니깐. 연도는 기억이 잘 안 나.

사모님이 십 몇 년 계속 아프셨던 거네요?

십 몇 년, 13년 6개월 만에 죽었어. 세브란스를 한 10년 넘게 다녔어. 그러다가 원주도 다니다가, [나중에] 원주에 수술을 하고 투석도 하는 게 생겼어. 서울 세브란스[에서] 그걸 복막을 몇 년 하다 보니까는 투석 기계가 들어왔어. 그래갖고 투석을 할라 그러면 서울을 가야 되는 거야. 그러니까 그때만 해도 일주일에 두 번을 가야 되는 거야. 그 두 번을 하고 나면, 그 사람 진 빠지는 일이야. 피를 싹 거르는데 사람 아주 녹초가 돼서나와. 그래도 어떡하나. 그래[그렇게] 했지.

하다 보니까는 원주에 투석 기계가 와갖고 원주에서 투석을 [했어]. 그 복막염 그거 투석을 하면요, 자꾸 손으로 만지고 그러니까 균이 들어가. 감염이 돼갖고 수술을 몇 번 더 했는지 몰라. 여하튼 원주에 있다가 그게 또 태백에까지 발전이 된 거야. 그래 마지막엔 태백 장성병원에 몇 년 다

넸어. 이제 [집사람 혼자서] 기차 타고 갔다가 기차 타고 오고. 난 또 일을 해야 되니까. 그래 오다가 길에 쓰러지기도 하고 그랬어. 그래도 내가 인심은 안 잃었는가 봐. 그래 길에 쓰러지면은 막 연락이 오는 거야. 그럼 내가 쫓아가면 길에 쓰러져 [있던 것을] 사람들이 부축해서 앉혀 놓고 있고, 그러면 또 데려오고. 그래 살았어.

살다 보니까는 참 별 희한한 생각이 다 들더라고. 그래 살다가 결과적은 숨을 거두고 말았지. 어느 땐가 저녁인데, 막 아프다고 해. 그래서 내가 "어디가 그래 아프냐?" 이러니까 가슴이 답답하고 그렇다고 [하더라고]. 그래서 내가 침대에 앉아갖고 이래 끌어안고 있다가 숨을 거뒀어. 참 그러고 나니까 더 막막하더라고. 뭐 어떡해. 어쩔 수 없는 일이고 당한 일이니까, 어쨌든 사는 건 살아 보자 [생각했지]. 그래서 장례 치르고 애들 보고 내가 그랬지. 이왕 이래 [집안 형편이] 기운 거 화장하자 하니깐 애들이 못 하게 하는 거야. 그때만 해도 애들이 좀 성장을 했거든.

결혼은 언제 하셨어요?

나? 스물네 살에 했어요. 그래 하고 인제 뭐 어떻게 뭐 할 수가 있어? 선산도 없지. 그래서 제천 개나리공원이라고 있어. 거 갔다 이제 장례를 치렀어.

◇ ◇ ◇
## 자녀들 이야기

자녀분은 몇 명 있으세요?

딸 하나, 아들 둘.

나이 차이가 얼마나 됐어요?

지금 큰애가 마흔 아홉인가, 그리고 지금 둘째가 마흔 다섯인가 여섯

인가 나도 잘 모르겠어. (웃음) 그리고 그다음이 인제 마흔 너인가 서인가. 지금 여기 사북에 있어요.

세 명 다 사북에 살아요?

아니. 큰 애는, 딸내미는 저[서울] 중화동에 살아요.

아들들은 다 사북에 있어요?

있어요. [다 사북에] 있는데 아직 결혼을 안 하고 저래 살아요. 그래갖고 나하고 점점 더 갈등이 생겼지요.

80년에 사북사건 났을 때 제일 큰따님이 국민학교 다니고 있었죠?

아니요.

더 어렸어요?

어린 게 아니라 컸지.

이미 중학생이었어요?

어디 나왔냐면은 부산 그 사직동인가 거 실업계 산업체 고등학교 다녔어.

따님은 어릴 때부터 직장 생활 하셨어요?

직장 다니다가 서울 와서 일하다가 거서 만나갖고 결혼[했지].

큰따님은 가족들하고 좀 빨리 떨어져 있었네요.

그럴 수밖에 없지. 왜냐면은 내가 그 당시에 가르킬 능력이 없었으니까. 둘째는 인천 주안고등학교 나왔어. 셋째는 여기서 중학교 나와갖고 원주서 졸업하고.

고등학교까지 시키셨으면 많이 안 시키신 건 아닌 거 같은데요.

못 시켰지.

다 자기가 알아서 갔어요?

알아서 간 게 아니라 내 형편이 그러니까는 대학 간다는 소리 [못 했지]. 첨에 또 약속을 했고. 그러니까 저거가 실업계로 다 나가고.

자녀분들이 직장 생활하면서 집에 보탬을 좀 주셨어요?

아니. 나는 보탬을 받지는 않았어. 큰 딸내미는 지가 그러다가 시집가서 천상 그래 됐고. 둘째는 인천 주안고등학교 자동차과를 나와갖고 바로 군에 입대했어, 갸[걔]는. 군에 입대하고 한 칠팔 년 했을 걸.

직업군인 하셨던 거예요?

예. 그러다가 제대하고. 그때 내가 원주 있을 땐데, 자동차 검사원에 잘 아는 사람이 있었어. 그래갖고 검사원에 자리가 하나 나는데 그리 넣어 주겠다 그래갖고 서류꺼지는 다 넣었어. 넣었는데 그때가 뭔 때냐면, IMF. 그 IMF 딱 터지는 거야. 그때부터 인원 감축이 들어간 거야. 인원 감축이 되니까 안 된 거지. 그래갖고 뭐 어뜩해. 쟈[재]도 그러다 보니까 이 정비공장 저 정비공장 다니다가 결과적으로 그것도 힘들다고 [그만두고]. 그래 지금 여기 카지노에 와 있어. 카지노 하청에 와서 있지.

그럴 때 할머니가 집에서 밥이랑 다 해 주셨겠네요.

그래 나가 있으니까 저거가 저 대로 먹고 사는 거지. 나는 원주에서 혼자 해 먹고 있고, 어머니는 어머니대로 여 사북에 계셨고.

그때는 혼자 계셨구나.

그럼. 그러고 또 우리 둘째는 배관, 뭐 산소 이런 걸 실업계 나오다 보니까는 [할 줄 알아]. 그러다 보니까 부산서 배관 공사를 했어. 참 진짜 풍파 많이 겪었어. (웃음) 내가 어디 가 있었냐면 그때 의정부 들어가 있었어. 일을 하고 있다 보니까는 전화가 온 거야. 부산서 지금 화상을 입어갖고, 2도 화상을 입어갖고 비행기로 후송이 돼서 서울 온다 이런 거야. "부산서 안 되나?" 이러니까 부산서 안 된다는 거야.

직장에서 일하시다가 화상을 입으신 거예요?

어. 여기 서울 한림대병원으로 [왔어].

거기가 화상 전문이죠.

그니까. 그리 비행기로 후송이 돼서 온 거야. 그때 난 저기 전곡 들어가 있었단 말이야. 전곡 들어가 있다가 이제 나왔지. 나와서 만나 보니까 다 이래 붕대 감고, 사람 꼴 못 할 거 같더라고. 야, 참 미치겠더라고. 요즘 기술은 참 좋아. 그래갖고 거기서 몇 달 치료를 받으니까는 처음에 상처 있던 거, 지금도 상처는 있어요. 요리 요기 팔에도 좀 상처가 있고. 그래도 많이 좋아졌어. 그게 자꾸 없어지더라고. 그래갖고 이제 가[개]도 여와 있어.

카지노에 다니세요?

카지노 하청에. 나이가 먹어갖고 직영에는 못 들어가. 어쨌든 간에 먹고 살면 되지, 뭐. 돈 버는 건 다 팔자다.

◇ ◈ ◇
## 복직 후의 처우 변화와 퇴직 후의 삶

그럼 1년 동안 요양하고 다시 탄광으로 복직을 하셨던 거예요?

예. 복직이 돼서 그랬지.

그리고 다시 선산부로 가셨던 거예요?

그럼. 선산부로 다녔지.

일할 때 처우나 월급이 좀 나아졌어요?

처우가 많이 좋아졌지. 함부로 대하질 않았지.

암행독찰대 했던 그 세 명은 어떻게 됐어요?

그 사람들은 다 없어졌지. 그러고 그 사람들도 저기 붙잡혀서 맞기도 많이 맞았어.

항쟁 때요?

그럼. 그 사무실 직원들도 [맞고], 가만히 사진기 갖고 산속에서 사진 찍고 이러던 놈들 붙잡혀서 다 맞았어.

복직되신 후에는 그 사람들 아예 못 보셨어요?

아예 못 봤지.

아예 도망갔어요?

도망갔지. 여 있다 보면 언놈한테 맞을지도 모르지. 그러니까 도망가 버렸지.

회사에서도 유화했어요?

아유, 그럼. 그 전에는 뭐 이름 막 [부르면서] "윤병천이. 윤병천이 이리 와 봐. 저리 와 봐." 하더니, 못 그랬지. "윤병천 씨 뭐 좀 해야 되는데 어떡할까?" 이렇게 하고 그랬지. "아, 오늘은 어디로 가서 해요." 이러고. "어디 가서 해!" 뭐 이런 소린 못 했지.

부비끼(ぶびき)⁶도 좀 줄었어요?

그렇지.

---

6 分引き, 引き. 일본어 원어로는 '할인하다'라는 뜻을 가지고 있는데, 검탄원들이 실제 채굴량보다 채굴량을 적게 깎아 내리는 것을 의미.

어유, 인건비 완전히 많이 올랐지.

근데 왜 금방 그만두셨어요?

그냥 하기 싫더라고.

정이 떨어지신 거예요?

몸도 뭐 션찮지[시원찮지]. 하기 싫더라고. 그래갖고 좀 쉬었지. 쉬다가, 집사람 병 생기는 바람에 어쩔 수 없이 또 다시 했지.

그때 사모님이랑 같이 포장마차 하셨어요?

그럼. 그 포장마차도 왜 했냐면, 내가 하청에 다니다가 또 다쳤어.

하청은 언제 다니셨던 건데요?

그 동원탄좌 밑에 하청이 있어. 하도급 업체지. 거서 했어.

동원탄좌 그만두시고 나서요?

어. [그만두고] 나서 인제 한참 있다가. 그 집사람이 뭐 몸이 션찮고 이러니까 돈을 벌어야 될 거 아니야. 그래서 했는데, 거[거기서] 허리를 다쳤어. 허리를 다쳐갖고 여[기] 동원보건원이라고 있었어. 지금 정선군 군립병원 그 자리에 있었어. 거 가서 입원을 하고 있으니까는 한 달이 가도 안 되고 두 달이 가도 안 되는 거야.

보상이요?

아니, 치료가. 안 되고 다리는 자꾸 저리고 아프고, 걷지를 못 하고.

허리는 어쩌다가 다치신 거예요?

일하다가 폭락되는 바람에 떨어지면서 다친 거야. 그래 하고서는 어떡해. 병원에 있으미[있으면서] 휠체어 타고 다녔어. 그래갖고 회사에다 전화를 하고 "나 큰 병원으로 보내 줘라." [그랬는데] 안 된다는 거야. 그래서 나도 진짜 그때는 독한 마음을 먹었어. "느[너희가] 안 보내 주면, 난 내가 간다. 내가 간다." 노동부에서 승인이 안 떨어져서 못 보내 준다는 거야. "노동부고 다 필요 없다. 내가 간다." 그래갖고 내가 택시를 불러갖고 타고, 역에 와서 기차를 타고 서울 올라왔어. 집사람하고 올라가갖고 서울대학병원 갔지. 또 고려대학병원 갔지. 저기 뭐야, 한림대병원 갔지. 서울대학병원에 가서 검사를 하니까는 수술을 해야 된다는 거야.

그래갖고 또 딴 데 가서 해 본 거지. 또 딴 데 가서 해 보고, 그래갖고 내가, 서울대학병원에 그때 신경외과 과장이 태백 사람이야. 그 사람이 날 보고 그래. 이거 치료를 해야 되니까, "그럼 날 여[기]서 치료를 해 달라." 그랬어. 그러니깐 서울대학병원에선 산재가 안 된다는 거야. 그럼 어떡하냐니까 산재 병원으로 가야 된다는 거야. "난 가기 싫다. 그 사람들 뭐 치료도 제대로 안 해 주고. 다른 데 가도 그러는데, 산재 병원이고 그러니깐 난 가기 싫다." 그러니까는 가라는 거야. 그래 어떡해, 가라 그러는데. 또 그게 노동부에서 승인이 떨어져야 돼. 그래서 그 진단서하고 노동부 갖다 줬어. 갖다 주니까는 청주시청 옆에 청주대학병원이 있는데 거 가서 또 검사를 하라는 거야.

검사를 다 했는데 또 하라고요?

그러니까 그걸 못 믿겠다는 거지. 그래서 청주 그 병원에 가서 진단서를 내밀고 검사를 했어. 하니까 그 사람들도 서울대학병원에서 한 거 하고 똑같이 해 주더라고.

수술해야 된다고요?

어. 그래 또 갖다 들이밀었어. 그러니까는 한다는 얘기가 저 어디 병원으로 가라 그러더라고. "난 안 간다." 그랬지. "난 서울대학병원으로 간다." 고집을 씌운[피운] 거야. 거는 산재가 안 돼서 안 된다는 거야. "내가 병을 고치러 가는 거지. 내가 산재 되고 안 되는 게 뭔 필요 있냐." 그래 고집을 피우고 서로 간에 그랬어. 그래 그때, 서울대학병원에 있었어. 거기서 치료를 받고 있었는데, 수술은 못 해 준다는 거야. 우선 치료는 해 주지만, 약 주고 그건 하는데 [수술은] 안 된다는 거야. 그러면서는 그 과장이 하는 얘기가, 춘천에 한림대병원이 있어. 그때 생긴 지 얼마 안 됐어. "내 후배가 거 가서 지금 신경외과 [의사]로 있는데 그리 가라."는 거야. "내가 연락을 해 줄 테니까, 그리 가면 치료도 여기보담 못하지 않게 해 줄 수 있다." 그래 거[기] 가서 3개월 만에 내가 걸어 다닌 거야. 수술하고 3개월 만에 휠체어 안 타고 걸어 다녔어.

*그렇게 왔다 갔다를 1년 넘게 하신 거예요?*

그렇게는 안 걸렸지만도 그게 몇 달 걸렸지. 그래갖고 등허리 뼈가 요렇게 생겼잖아. 요거 한 개 잘라 냈어. 요걸 잘라 내갖고, 지금 요[요기가] 옴폭해. 이 뼈가 부서져 갖고 신경을 압박을 한 거야. 그래 요걸 잘라내고 들어냈단 말이야. 그래갖고 지금까지 견뎠는데, 그래 또 많이 움직이면 아파. 그 당시엔 다리를 못 썼다니까.

*탄광으로는 다시 돌아가기 힘들었겠네요?*

그렇죠. 그래갖고 내가 먹고살 길이 없는 거야. 병원에서 딱 나오니까. 그래서 뭐 어떡해. 그래 병원에서 나오면서는 그 장애 급수를 받은 게, 12급을 주더라고.

*산재 장애 급수 12급이요?*

그래 하고서는 내가 이의 신청을 했지. "이건 아니다." 이의 신청을 해서 산재 보상을 8급 받았어. 8급을 받아갖고 그 당시 돈이 한 4,000[만 원인가] 얼마 나왔어. 그 뭐, 돈도 아니잖아. 그것도 갖고 있다가 병원비로 다 쓰고 말았지. 몇 년 가니까 먹고살 길이 없어갖고, 동네 내려와갖고 그 이웃 형님들, 형수들 불러갖고 터를 닦은 거야, 여기다.

어디쯤이었어요?

골말이라는 데. 우리 집 옆에다가 터를 닦고 포장마차를 시작한 거야. 그걸 한 칠팔 년 했을 거야.

그때 이미 사모님은 신부전증 앓고 있는 상태였죠?

어. 앓고 있었지.

장사도 하면서 계속 투병 생활을 하신 거예요?

그럼. 병원도 가고, 그 병원비는 충당을 해야 될 거 아니야. 그래도 그 당시 포장마차를 하면서도 장사가 잘됐어. 왜 그러냐면 내가 동원탄좌 다닐 적에 나쁜 사람이 아니었다는 게 인정이 된 거야. 그때만 해도 외상이야. 한 달 외상 먹고 이제 한 달 봉급 나오면 외상값 갚고 이랬어. 근데 하루 거[기]서 장사하면, 포장마차 해도 그 당시 돈 100만 원씩 매상이 오르는 거야. 돈이 되더라고. 그 하다가 또 갤러그라고 100원짜리 넣고 뽕뽕뽕 하는 오락 기계 있어. 그걸 내가 서너 대 갖고 있었어. 어떤 친구가 "이걸 갖다 놓고 한번 해 봐." 그러더라고. 그 당시 한 대에 50만 원씩 주고 샀어. 그거 여 시내 다방에도 몇 개 갖다놓고. 집에도 내가 한 개 갖다 놓고 이랬어. 다방에 갖다 놓으면은, 만약에 뭐 만 원어치 팔면은, 5,000원은 [다방에] 주고 내가 5,000원 가져오는 거야. 아주 짭짤하게 되더라고. 하루 몇 십만 원 나오는 거 일도 아니야. 어떤 데는 [오락 기계] 세 대가 [수익] 나는 게, 100만 원 넘겨 한 200만 원씩 나와. 그래 하고 그 다방 [자릿세] 주고. 다방에도 가만히 그것만 놓고만 있으면 돈 되니까. 그래 인제 장사도 되지. 그래갖고 병원비 충당하면서 그렇게 살아왔지.

포장마차는 몇 시부터 하셨어요?

우리는 거진 24시간을 하다시피 하는 거야. 왜 그러냐면 갑을병반 다 [장사를] 해야 되니까. 그래 하고 이제 이 사람들 올 적에 전화도 하고 오고. "우리가 갈 테니까 술 한잔 먹게끔 좀 해 달라." 그럼 또 [준비]해 놓고 하고.

외상 해 놓고 떼먹는 사람들은 없었어요?

많았지. 떼이는 게 있어도 원체 잘되니까 돈이 남는 거야. 낸중에 내가 그 외상값 장부를 보니까 거진 한 2,000만 원 정도 있더라고. 몇 번 받으러 다니다가, 포기하고 불 질러 버리고 말았어.

(웃음) 그 장부를요? "이거 안 받고 말지." 그러면서.

그렇지.

외상 받으러 가면 잘 주는 분도 있는데 안 주시는 분도 있죠.

안 주는 사람 많지. 그런 사람들 지금도 있어. 그런데 별로 잘 살진 못하더라. 남의 거 해코지 해갖고 좋은 게 없어.

근데 포장마차 그렇게 잘됐는데 왜 다시 공사장으로 옮기셨어요?

집사람이 자꾸 심해지니까 못 하는 거야. 아픈 사람이 음식을 해 주면 먹는 사람도 부담 가잖아. 그래서 "아, 이거 치우자." 그래 된 거지.

자녀들한테 "엄마 고치려면 너희들 중에 누가 공부를 못 한다." 이 얘길 포장마차 할 때 하셨던 거예요?

그건 그 전에 했지. 하마[이미] 병원에 가기 시작하고 이럴 적에 그런 얘기를 했지. 병원에 돈이 꽤 많이 들어간 뒤에야, 모아 놨던 돈 거진 다 써 갈 무렵에 이제 그래 된 거야.

# 5. 과거의 평가와 미래의 바람

◇ ◈ ◇
## 1980년대에 대한 평가

포장마차 하실 때 즈음에 동원탄좌에서 노동쟁의가 있었는데, 포장마차에서 그런 얘기하는 거 보셨어요?

나는 저기 시위하고, 3 · 3투쟁하고 이럴 적에 술도 몇 잔씩 올려 보내 주고 먹을 것도 갖다 주고 그랬어. "어. 너 잘하는 거야, 그거." [라고 얘기해 주면서].

87년에도 좀 크게 있었고, 89년에도 한 번 했고.

그게 우리가 한 게 성공이 됐기 땜에 그 사람들이 그 하는 거야. 그 바람에 광주사태도 있는 거고.

심적으로도 지지하시는 입장이셨어요?

그렇지 그래갖고 난 시위할 때마다, 비록 포장마차는 할망정 술 몇 잔씩 막 올려 [보내] 주고. "가져가라. 음료수도 가져가라." 그랬지.

노동 쟁의를 같이 하는 거는 아니어도 마음을 같이하는 거네요.

그럼. 그래서 진짜 작은 거지만 그거를 도와주고 그랬지.

동원탄좌 계속 다니던 후배 세대들이 광부들 처우가 좋아진 거에 대해서 직접 고맙다는 얘기를 하기도 했나요?

그런 얘기는 안 해요.

안 해요?

네. 나이 먹은 사람들은 그런 걸 느끼지만 젊은 사람들은 저가 잘해서 그런 [줄 알아]. 지금도 내가 그래요. "야, 인마. 너그 그랬음 인마, 나한테 소주 한 병 사 줄 수 있고 밥 한 그릇 사 줄 수 있잖아. 너 그거 한번 해 봤어? 너 나쁜 놈들이야." 내가 그런다고. (웃음) 지금도 만나면 욕해. "너가 잘나서 그런 거 아니야. 세월이 좋아졌기 때문에 너가 그런 거야."

그때 사북에 전두환이 왔었다는데.

예, 왔댔어요. 80년도에 와갖고 그 갱도 안에 한 중간쯤 갔다가 나왔지. 그러고 그때 왔다 가면서는 저 지금 카지노 자리, 거 들어가기 전에 거기다가 국민학교 지어 줬어. 운락국민학교라고. 그 국민학교를 지어 주고, 거기다가 기념수도 심어 놓고. 또 [다녀간 마을에] 비석도 세워 놓고 그랬어.

근데 어쨌든 경찰이랑 군인들한테 시달린 입장이잖아요. 전두환이 와서 학교 세워 주고, 기념수 심고, 기념품 주고 할 때 느낌이 어떠셨어요?

아이, 좋았지. 왜냐면 우리도 좋지만은 [경찰서] 안 [붙잡혀] 갔던 사람들은 더 좋아할 거 아니야? "야, 이게 이래갖고 이렇게 되는 구나."

대통령도 오고, 이제 신경 쓰는구나.

그럼.

80년대 전두환에 대해서 특별히 불만은 없으셨어요?

우리는 불만이 없었지. 왜냐면 계엄하에서 그렇게 됐지만도 군인들이 우리를 뭐 그[해코지]한 건 아니까. 이 경찰들은 괜히 건방 떨고 까불다가 그런 거지. 군인들은 우리한테 해코지한 게 없으니까 그렇게 나쁘게 볼 일은 없잖아.

나중에 서울에서는 전두환 독재라고 엄청 데모 크게 했잖아요.

글쎄. 근데 그 사람이 나쁜 건 아니야. 그 사람이 깡패들, 폭력배들 많이 없앴잖아.

사북에서도 깡패들이 많이 없어졌어요?

아유, 많이 없어졌지. 여기서도 그런 사람들 많이 잡혀갔어.

진짜요?

그럼. 서울 거기 형무소에 많이 가 있었지. 남산. 거기 많이 가 있었어, 계엄하에서. 그 바람에 그 사람들이 많이 없어졌잖아.

80년대쯤에는 전보다 살기가 좋아졌다고 생각하셨어요?

좋아졌다고 생각을 하지. 당연히 좋아지잖아. 모든 게 새로 핸 게 나오잖아. 그러니까는 '좋아졌구나.' [하는 거지]. 이게 그러니까 내가 후회를 안 하는 거야. 왜냐면 나는 그 대가를 못 받더라도 딴사람이 그만한 대가를 받고 부를 누릴 수 있으니까. 하다못해 애들, 저기 학교 가는 장학금이고 이런 거 다 받을 째[때]는 얼마나 좋아. 몇 사람이 희생은 했겠지만은 전국적으로 다 좋아졌잖냐 이거야.

요즘 젊은 30대. 40대 지금 학생들은 그냥 '세월이 좋으니까.' 이렇게만 생각하는 거야. 어머니 아바이가, 할아버지들이 고생하고 피땀 흘려서 이렇게 만들어 놓은 틀이 있기 땜에 지금 자기네가 좋아진 건데 그걸 모르는 거야. 지금 애들이 그래. 지금 이래 보면은 대학 졸업맞고 그냥 실업자로 있는 사람들 많잖아. 그리고 또 어떤 데 취직을 하면은 한 달에 몇 백만 원씩 돈을 벌잖아. "나는 이렇게 벌 수 있는데 어머이 아버이는 뭐 해서 돈도 못 벌어먹고 있었어." 이런 생각을 갖고 있다는 얘기야. 돈 벌어 놓은 게 있으면 나도 좋게 좀 주고 그러면 좋잖냐, 이거야. 그 안이한 생각을 한단 말이야. 그래서 난 그게 싫다는 거야. 왜냐면 능력이 없고 어렸을 째는 어머이 아버이가 돌봐 주고 다 해야 되지만 능력이 쌓이고 생기면은 지가 벌어먹고 살아야 될 거 아니냔 얘기야. 남한테 얻어먹는 건 도둑놈이라고 그랬잖아. 그 도둑놈이야. 어머이 아버이 등치는 거지 뭐여. "[그건] 아니다."라는 얘기지.

특히 가족들을 위해서 많이 애를 썼으니까 더 억울하신 부분도 있겠어요.

억울함은 없어. 그런 생각은 안 해. 진짜 나는 "가족들이 저렇게 열심히 하고 살면 얼마나 좋겠나." 그런 생각을 하는데, 그걸 안 해. 우리 집 애들도 안 해. 왜냐면 힘든 일은 안 할라 그래. 어디 편하게 놀고먹는 게 [없나 하지]. 노는 것도 힘들어. 이런 게 싫다는 거야. 뭔 일을 하면 어떻냐 이거야. 자기가 만족하니 가정에 충실하면 그게 최고여. 뭔 일을 하든 돈만 벌면 될 거 아니여. 나쁜 짓 안 하고. 그러면은 그게 행복이여, 딴 거 없어. 꼭 뭐 좋은 직장 가서, 신경 쓰고 이래 사는 거보다 자기 하던 일을 열심히 해서 돈 벌어가꼬 살면 그게 최고지, 뭐. 꼭 대기업에 가서 직원으로 있고, 자가용 타고 다녀야 되는 거 아니잖아.

너무 좋은 직장만 가려고 하면서 노는 게 마음에 안 드신다는 거지요?

그니까. 지금 봐. 저기 검[사] 판사들 죽는 거. 왜 죽어? 그 사람들이 직책이 나빠서 죽는 거 아니야. 너무 스트레스 받아 죽는 거야. 편한 거는 자기 몸에 맞춰서 살으면 돼.

자기 분수를 알고, 능력을 알고.

그렇지. 뭘 하든 간에 자기 거 [하고], 기본에 맞춰서 살면 되지. 처음서부터 잘되는 게 없잖아. 한 단계, 한 단계 올라가며 살아야지. 돈이 어디 한꺼번에 뭉테기[뭉치] 돈으로 지금 생긴 거 아니잖아. 1전서부터 생긴 거 아니야? 1전, 2전 생겨서 100원도 되고, 1,000원도 되는 거야.

## ◇ ◇ ◇
# 1990년대 말 탄광 일을 그만둔 후의 생계

오랜만에 사북으로 돌아오셨을 때는 거의 탄광 폐광 될 때쯤이었죠?

그럼.

그때가 한 90년대 초였나요?

90년대 넘어서 왔지. 2000년대.

여기로 오셨을 때 이원갑 선생님은 해고되었고, 사북에서 보험 하셨다 들었는데 그때 서로 상부상조하거나 하셨어요?

아유, 서로 왕래하고 그랬지.

보험 좀 들어 주셨나요? (웃음)

그때만 해도 보험 들 여유가 없어. 병원에 가기 바쁜데 언제 보험을 들어. 그거는 생각도 못했어.

이원갑 선생님도 돌아오고 나서 사람들한테 비난받거나 그런 거 없이 잘 지내셨어요?

예. 비난 받을 일이 없잖아. 조합원들 위해서 일할라다가 그래 된 거지, 해코지하려다 그래 된 게 아니잖아. 그래갖고 보험도 많이 넣어 줬지. 또 그 양반이 노점 장사도 하고, 옷 장사 이런 것도 했어. 그러니까 그런 것도 이제 [팔아 주고]. 온 사방 다니면서 그래 하고, 참 고생 많이 했어.

사모님 돌아가시고 나서, 빚을 갚으려고 들어가셨던 데가 동원탄좌였어요?

동원탄좌 하청. 그게 89년도인가?

98년도 아니고요?

98년도인가. 그때까진 내가 일을 했어. 하다가, 90 몇 년도일 거야.

그렇지. 그때 닫기 시작할 때. 내가 다시 들어가갖고 뭘 했냐면, 빔이라고 있어. 브이(V) 자로 된 철근인데, 그걸 갖고 갱도 지주목으로 썼단 말이야. 그걸 철수하는 걸 내가 했어. 사람 몇 사람 데리고, 그 철거 작업 하다가…. (혀를 차며) 지금 이 안에 광물이 엄청 많이 묻혀 있어. 권양기라든가 뿜뿌실이라든가 이런 기계가 지금 엄청 많이 묻혀 있어.

그럼, 불법이지. 동원탄좌에 이 사람들, 진짜 조사할 사람들이야. 왜 그러냐면 그게 국가 자원이야. 국가에서 그냥 대 준 거야. 옛날에는 왜 대 줬냐면은, 참, 땅 짚고 헤엄치기라는 얘기가 나오는데. 그 당시 광부가 없으면 정부에서 모집을 해 줬고, 또 장비가 없으면 정부에서 그냥 갖다 줬어. 왜냐하면 탄 생산을 해야지 우리나라 경제가 돌아가니까. 그거 때문에 보조를 해 준 거야. 그 보조 받았다 해서 지꺼[자기 것] 아니잖아. 장비를 안 쓰면 돌려내줘야 돼. 지금 철광석이 얼마나 귀한 거야? 다 꺼내 줘야 된단 말이야. 근데 그걸 다 묻어 버린 거야. 이거 잘못된 거야, 이거.

돈이 들어도 꺼내야 되는 거 아니야? 이 자원을 땅속에다 묻으면 그거 영원히 없어지는 거야. 그거 없어지는 게 문제가 아니고 땅을 망치는 거야. 자연을 손실 주는 거잖아.

그렇지. 그거는 그냥 땅으로 묻히는 거지만은 기계를 거기다 묻어 놓으면 기계는 영원히 거기서 썩고 있을 거 아니야.

철근을 빼낼 때 기계가 남아 있는 걸 보신 거예요?

많이 봤지. 그걸 내가 할 째는 한 개라도 다 꺼내 왔어. 아주 붕락이 돼서 못 꺼낼 때만 묻어 놨지. 이거는 그냥 고의적으로 묻은 거란 말이야. 그래서 이거는 정부에서 캐내야 돼. 그래갖고 저 사람한테[사장한테] 손배를 받든지 해야 되는 거야.

다시 파내려면 엄청 깊게 파야겠네요?

엄청 어렵겠지. 그러니까 그거는 보상이 아니라, 재산을 몰수시켜도 해야지.

동원탄좌에서 돈을 대서 하도록.

지금 그걸 다시 꺼낼 순 없잖아. 그니까는 거 보상을 받아야지. 그 사람한테 받아내야 되는 겨.

98년도쯤에 다시 돌아오셔서 철근 빼는 일을 한 1년 정도 하셨던 건가요?

아니야. 1년도 넘게 했어.

돈이 너무 적어서 그만두셨다고.

그때는 빚을 갚기 위해서 이걸 한 거란 말이야. 빚을 갚고 나니까는 이거보다 딴 걸 하면 돈 더 안 벌겠나 싶어서, 이제 그래 된 거지.

그즈음에 '아, 여기가 곧 전부 폐광을 하겠구나.'라는 거를 이미 아셨겠네요.

그럼, 알았지. 여기 고한 사북에 광산이 거진 한 200여 개 가까이 있었어. 하청, 뭐 쫄닥[구덩이],[7] 작은 광산이 그때 많았다고. 그런데 그기 다 서서히 [석탄산업]합리화로 들어가면서는 없어지고, '언젠가는 여기도 문 닫을 기다.' [생각했지]. 그땐 대한석공도 문 닫았었단 말이야. 영월도 그렇고, 화순이고 문경이고 다 문 닫았었단 말이야.

---

7 '작은 구멍'이란 뜻으로 영세 또는 하청 탄광을 일컫는다.

자꾸 빠져나가지. 지금 여기도 인구가 그래 빠지지 않을 건데, 기관장들이 잘못 계산을 해서 이래 됐어.

진짜 그 사람 숨 거두고 나니까 빚만 딱 남는 거야. 참 같잖더라고. 어머니하고 나하고 상의를 한 게, 우리 집에 방이 몇 개가 놀았어. 그걸 [처남한테] 넘겨줬지만, 내가 사용을 하고 있었단 말이야. 그거 어머니 보고 하숙을 치라 그랬어. 이제 광산에 조합원이랑 [들여서] 하숙을 한 여나믄 [명] 쳤어, 어머니가. 나이가 그때만 해도 꽤 많으셨는데.

그리고 내가 광산에 다시 들어가서 일을 하는 거야. 일을 하면서는 그 이우재[이웃에 사는] 선배님들 보고 내가 부탁을 했지. "이 사채로 이래 쪼달리니까는 참 나도 못 살겠으니까, 저기 뭐야, 보증을 좀 서서 은행 대출을 좀 내게 해 달라."고 그랬어. "그걸 어떻게 갚을래?" 그러는 거야. 돈 없는 건 빤하니까. "보다시피 우리 어머니가 하숙을 하면은 우리가 먹고사는 건 먹고살 거 아니냐. 그럼 내가 일을 한다. 월급 받는 건 농협은행으로 다 넣어 주겠다." 그렇게 계산을 맞춘 거야. 그래하고서는 대출을 내갖고 그 시장 외상이고, 사채 빚 남은 거는 우리 어머니보고 "어머니 돈 들으라. 난 돈 들기 싫다."고 [하고] 그래 어머니 가방에다 넣어갖고 다니면서 다 갚은 거야. 싹 갚고 [나서]부텀은 그렇게 쪼달리는 게 없는 거야. 뭐 일만 나가면 빚은 조금씩 조금씩 계속 갚아 나가니까. 그렇게 살았어. 그렇게 살다 보니까는 어머니도 참 힘들었지. 그렇게 해서 몇 년 안 하니까는 그런 빚이 다 넘어가더라고.

광산에서 내가 일을 해 보니까는 그래 벌어갖고는 도저히 뭐 어떻게 재기가 안 될 거 같아. 그래서 광산 안 한다고 때려 치았어[치웠어]. 때려 치았고 노가다를 했어, 내가. 막일을 하러 나가갖고, 그 경부고속철도 닦는 거 있지? 거기 가서 일을 했어. 그 길 닦는 거. 천안, 평택, 오산 이쪽으로 그 기업이 굉장히 컸어. 그 회사에 들어가갖고 일을 하니까, 내가 뭐 용접도 하고 철근도 하고 산소도 하고. 그래 하다 보니깐 거기서도 신임을 얻은 거야. 그 당시만 해도 일을 엄청 많이 했어요. 한 달에 한 50공수씩 막 했어요.

그러려면 하루에 두 탕, 세 탕 뛰는 거 아니에요?

그렇지. 평일 날 낮에는 철근을 가공하든가 아니면 철근 조립을 하든가 이래 하고. 어디 뭐 공구리 치고[콘크리트 작업하고] 이런 바쁜 일 있으면 날 야간을 시키는 거야. 공구리 박스 같은 거는 레미콘으로 한 500대, 600대씩 들어가는 게 있어. 그거는 공구리 치다가 말면 안 돼. 계속 다 칠 때까지 쳐야 되걸랑. 그니까 어떤 때는 24시간을 할 때 있어.

잠 안 자고 꼬박 하는 거예요?

그럼. 나는 나가면 관리 감독을 해 줘야 되니까. 그니까는 하루 24시간을 하면 네 공수 주는 거여. (웃음) 그래 주간에 했지. 주간엔 정식 시간을 다 해. 그렇지만 야간하면 세 공수를 주는 거야. 그래 하고 그럼 또 주간을 못 하잖아. 그러면 나보고 "아, 자넨 저[기] 가서 좀 자고 오라."고 그래. 가서 좀 한숨 자고 나와서 좀 못 하는 게 있으면 거들어 주고 하라 이거야. 그러니까 계속 풀가동이 되는 거야. 뭐 비 오고 일을 못 할 째[때]는 어쩔 수 없지만, 하면 그렇게 되는 거야. 그래 하다 보니까는 돈이 좀 모이더라고. 살금살금.

인제 거 살다 보니까는, 그 평택, 화성 이런 거[곳에] 내 아는 사람들이 더러 있었어. 내가 광산에 가 있는 줄 알았는데 거기서 노가다를 하니까 이 사람들이 만나면 아주 좋아하는 거야. 닭 농장 하는 사람도 있고, 또 과수원 하는 사람도 있고 그래.

그렇죠. 아는 사람들이지. 그래갖고 내가 인제 거[기서] 일한다 그러니까는, 그러면 배 파지 나오는 거 많잖아, 그거 줄 테니까 그냥 현장에 가져가서 먹으라는 거야. 수박 농사짓는 사람도 수박 따 가라고 그러고. 닭 키우는 사람은 또 폐계라고 있어. 폐계 갖다 삶아 먹으라 그랬지. (웃음) 그니까는 나만 현장에 나가면 다 좋아하는 거야. 먹을 거 그냥 굴러오니까. 그 농장에 갈 째 그냥은 못 가잖아. 술 한 박스 사 가지고 가는 거야. 갖다 주면 또 그 사람들은 좋다 그러고. 그래 저거가 잡아서도 갖다 주고, 아니면 내가 갈 새가 없다 그러면 자기네 차로 한 차씩 실어다 주는 거야. 그럼 거 노가다 함바집[8]이라고 있잖아. 함바집에 갖다 부려 놓으라 그래. 함바집에 갖다 놓으면 거 인원이 다 먹는 거야.

아이, 좋았어요, 그때만 해도. 그러니 뭐 나는 그런 것만 가져와도 된다는 거야. 일 안 해도 된다는 거야. (웃음) 참 그랬어. 그러니 일하는데도 진짜, 우리 또 빈틈없이 하걸랑. 그러니까 그 회사 사장도 신용을 해 줬고. 또 일하는 사람들도 내가 뭐 어디 놀러간다 해서 나빠할 일이 아니걸랑. 노는 날 오라니까[오라고 해서 가니까] 폐계를 열 마리씩 먹으라고 가져가라는 거야. 잡아서까지 줘. 그럼 가져와서 삶아 먹기만 하면 되는 거야. 그 사장은 술만 사 주면 돼. (웃음) 그렇게 내가 한 5년 가까이 했어. 그니까 뭐 돈도 되더라고. 뭐 밥도 그냥 회사에서 주지, 잠 재워 주지, 내 쓰는 건 어디 가서 술 먹고 담배 피우는 거밖에 쓰는 게 없는 거야.

아유, 제일 좋았지. 돈 많이 벌지, 대우받고 미움 안 받고 살면 좋은

---

8 공사 현장 인부들을 위한 간이식당.

거 아니야? 그래 내가 어디 간다 그러면은 "아, 가지 마라."고 그러고. 사장도 그랬어. 내가 일할 때까진 같이 하자는 거야. 그래 나도 손[손해] 나는 게 없으니까는 그래 하고. 그러다가 돈이 좀 생겨갖고 처남 빚을 다 갚았어, 내가. 다 갚고 나서 그 집을 찾았지. 집을 돌려받고.

지금 사모님은 그때 만나셨어요?

아니, 그 후에. 인제 그기 정리가 되고 내가 여 사북이 싫었어. 그래 하고서는 원주 단계동에 아파트를 쪼마난 거 하나 샀어요.

그때 공사장은 원주에서 계속 왔다 갔다 하셨던 거예요?

여기 [사북에] 있었지. 그래 하다가 여기에 있기 싫더라고. 괜히 내가 죄도 안 졌는데 죄진 것처럼 느껴지고. "에이씨, 뭐 안 살면 되지." 하고 원주에 가서 몇 년 살았어. 거[기]서 살면서도 그 철도 일을 관두고 노가다 일을 계속 나갔어. 그래갖고 아파트 짓는 데도 다니고 단독 주택 짓는 데도 하고 별짓 다하고 다녔어요. 어머니가 여기[사북] 계시니까, 어머니를 그리[원주] 나오시래니까 안 나오시는 거야. 어머니 나이도 그때 하마[벌써] 70이 넘어 80이 다 돼 가는데 혼자 계시니까 답답해서 도저히 안 되겠는 거야. 그래서 내가 어머니한테 졌어. 져갖고 [사북으로] 들어온 거야.

여서는 그렇게 일할 게 없잖아. 그래 먹고는 살아야 되고. 그래가 어떻게 했냐면 배추 작업을 또 했어. 야채 작업. 참 별걸 다 하고 다녔어. (웃음) 그 배추 작업, 무 작업 이런 걸 했어. 그러면서는 진짜 전국 팔방을 다 돌아다니는 거야. 진도로, 해안으로 다 다녔어요. 그것도 해 보니까 강원도에서 작업을 하면은 돈이 되는데 저 아래 지방으로 내려가면 돈이 안 돼. 일곱이서 한 조가 돼서 작업을 하는데, 어떤 때는 다섯 대씩 하는 거야. 작업을 다섯 대씩 해도 세어 보면 한 20만 원 벌이밖에 안 되거든. 힘만 들고 그것도 못 하겠거든. 그래서 때려치우고. [그냥] 있으니까 또 안 되겠어. 그래하고 내가 인제 그 석축 공사 있지? 돌 쌓는 거. 그걸 이제 맡아갖고 다니는 거야.

반장 같은 거 하시는 거예요?

내가 모작으로 만들었지. 맡아갖고 우리가 양구, 화천, 원주 이래 다니고 많이 했어요. 그 수해 복구 사업으로 많이 했어.

이거는 몇 명이서 움직여요?

이거는 대중없지. 내가 일 양이 많으면 20명도 되고 30명도 되고.

아까 배추 작업을 한다는 게 배추를 뽑는 일인 거예요?

이 밭에다 재배해 논 걸 뽑아서 차에 실어 줘야지. 상차. 지금 말하자면 상차지.

상차 작업을 하러 전국으로 다니셨어요?

그럼. 광양도 가고 안 간 데 없어. 그러다 보니까 여러 가지 다 했어. 먹고살래니 안 할 수가 없는 거야. 그러다가 그것도 이제 나이 먹으니까 힘들어서 못 하겠다고. 나도 내가 맡았던 거 맡았지만도, 나도 같이 작업을 해야 되는 거야. 일꾼만 쓰게 해 놓으면 일이 안 돼. 내가 같이 해야 되는 거야. 그래갖고 하다 보니까 체력도 달리지, 이 눈금도 잘 못 보겠지. '에이 씨, 안 되겠다.' 싶어서 저 사람[부인] 만나갖고 이 장사⁹를 시작했던 거야.

예전에 공사장에서 일하실 때 반장이 횡포를 부린다든지 일을 누구한테 몰아준다든지 돈을 안 준다든지 이런 건 없었어요?

아이, 그거 우리 돈 받는 데는 또 기가 막히게 받아. 진짜야.

(웃음) 어떻게 기가 막히게 받아요?

내가 화천서 석축 공사를 한 4개월 했어. 사람 한 20명 데리고 했는

---

9 구술자는 현재 정선군 남면에서 식당을 운영하고 있다.

데, 엄청 많지. 보통 그 당시에 석공들 하루 인건비가 얼마냐면 25만 원, 20만 원 이래 줘야 된단 말이야. 거기다가 잡부들은 돈 10만 원씩 주고 이래 했단 말이야. 그럼 몇 달을 했으니 엄청 많잖아. 아니, 이 자식이 기산구[10]가 끝났잖아? 한 군데 다 하는 게 아니고 토막토막 기산구가 끝나잖아. 그럼 돈을 줘야 되는데 돈을 안 주는 거야. 아직 기산구가 안 나왔다는 거야. "그래 좋다. 뭐 어쨌든 간에 일은 내가 맡았으니까 일은 끝내준다." 했어. 다 끝내 줬는데, 준공 검사를 맡았는데도 안 주는 거야. "그래? 가만있어." 냅두고 저 또 철원 들어가서 일을 했어. 일이 또 있어 갖고. 그 돈 많다고 저기 매달려 있을 순 없잖아. 일꾼들 놀리면은 그 사람들 다른 데로 일하러 가 버릴 거 아니여. 그럼 일꾼 비지, 뭐 안 되잖아. "에이씨, 냅두면 언제 받을 거 받겠지." 하고선 냅두고 양구 가서 한 6개월 했어. 집사람이 거 가서 참도 해 주고 밥도 해 주고. 방을, 그 전에 여관 하던 집인데 그걸 얻어갖고. 세탁기 싣고 다니미[다니면서].

세탁기를 싣고 다녀요?

어. 일하고 나면 땀 나잖어. 땀 나면 빨래해야 되잖아. 거 일하던 사람보고 하라 그러진 못 하잖아. 나는 다 해줬지. 팬티까지 다 빨아서 줬어. 저녁에 널어놓으면 여름에 잘 마르잖아. 그렇게 했는데도 배신 때리는 놈들이 있어요. 점심, 오전 참에는 뭐 국수 삶아 준다든가, 또 아니면 뭐 수제비 국을 끓여 준다든가, 아니면 뭐 돼지머리를 갖다 삶아 놓고 그걸로 해서 밥을 말아 준다 이래 하는 거야. 처먹기 싫음 안 먹으면 되잖아. 그때 그 하천 공사에 논이 막 수해 나가지고 복구 작업인데, 먹기 싫으면 안 먹으면 되잖아. 논에 갖다 버리는 거야. 모가 이렇게 크는데, 벼가 이래 크는데.

---

10 일정한 기간이나 공사 구간을 정해 놓고 대금을 지급하는, 건설 현장에서 흔히들 말하는 '기성'을 이르는 듯함.

거기다 그런 거 버리면 안 되잖아요.

거 갖다 버리면 어떻게 돼? 빵 먹다 버리면 빵이 둥둥 떠다녀. 국수 먹다 버리면 [국수 떠다니고]. 제일 보기 싫은 게 음식물이야.

논도 상할 텐데.

상하고말고. 그까짓 게 문제가 아니고, 버리는 거야. 그래 나는 보면 다 묻었버리지[묻어버리지]. 묻었버리면 거름이 돼. 뭐 떠가면 그 보기 싫은 거야. 안 되겠더라고. "일하기 싫고 먹기 싫음 먹지 마라. 너 같은 사람은 일할 자격도 없고 먹을 자격도 없는 사람이야. 가." 농협에 가서 바로 돈 찾아가 보냈어.

그럼 돈은 못 받은 상태에서 선생님 돈으로 주신 거예요?

내 돈 갖고 하는 거지, 내 돈 갖고. 요즘 오야지들도 돈 없이 하는 사람들이 많아. 몸만 갖고 다니면서 오야지 하는 사람들. 그 도둑놈들이야. 난 도둑놈이라 그래. 왜 도둑놈이라 그러냐면 지 돈은 안 들이고 돈을 벌려고 그러는 거야. 일 시켜갖고 기산구가 나와야지 돈을 준다는 거 말이 안 되는 거야. 일하는 놈이 돈 있으면 뭐 하러 일하러 가. 지 돈 갖고 먹고 살지.

일 끝났으면 돈을 빨리 딱 줘야지.

그렇지. 그래 내 도둑놈이라 그래, 그런 놈들. 두 사람을 딱 보냈더니 다시 안 그래.

그 전에 공사 마무리하고 돈 못 받은 거는 어떻게 하셨어요?

그거는 내가 항시 전화를 하지. 전화를 하면 "아직 안 나왔어요." 내가 "아, 그래? 넌 언제고 한번 걸리면 넌 죽는다." 그랬지. 그리고 양구서 일을 다 끝내고, 그 사장은 신 사장이라 그랬는데 준공 검사 끝나니까 그 돈을 바로 넣어 주더라고. 그래서 고맙다고 밥 한 끼 하고 술 한잔 먹고 그러고는 이제 나왔지. 화천을 나와 갖고, 나오니까는 어디 있다 그러더라고. 어디 현장에 있다고. "그래?" 그리고 얘기도 안 하고 현장에 갔어. "아직 준공 검사 안 끝났소?" 내 그랬거든. 그러니까 아유, 안 끝났대. "아, 그래? 참 그런데 준공 검사 그거는 그렇게 늦게 끝나는가?" 그리고선 "그러면 저기 군청에 한번 가 봅시다." 그랬어. "그러면 그 군청 그 직원 언[어느] 놈인지 좀 만나 봐야 되겠네, 응? 군수 놈도 만나 봐야 되고." 내가 욕을 했지. "군수 놈도 만나 봐야 되고 담당 직원도 만나 봐야 되겠네." 그랬어. "가자." 메가질[모가지를] 바짝 들고 씨팔 나왔어. "가자."

그래 가지고 나오니까 저 변두리에서 일하다 말고 화천까지 데리고 나와서, 사무실에 가재. 가자[고 했지]. 거기 가니까 커피 한 잔 타 주고 뭐 어쩌고저쩌고 그래. "아니, 그거 다 필요 없고 군청에 가자. 나는 군청에 가서 군수를 만나든지 직원을 만나든지 해결할 테니까, 당신은 가서 일했다는 증거만 대면 돼. 딴 거 필요 없어. 내 군수한테 받을 거니까. 니한테 안 받아 씨발." 그땐 사장이 아니라 니야, 바로. "까불면 넌 죽어." 그리고 그 군수한테 가면은 가[그 사람]는 다시 공사를 못 해. 왜냐면 임금착취법으로 해갖고 공사에 부당 점수가 가. 그래서 고렇게 했지. 그러니까는 가만있으라 이기야. "왜 가만있어? 돈을 줘야지 가만있지. 돈을 안 주는데, 군수한테 가 받을 건데. 왜? 당신 돈 안 줘도 돼. 뭐 아직 준공 검사도 안 나온 거돈도 없을 거 아니야. 어디서 돈 줘?" 빈정거리는 거야. 그게 뭐 경리를 이리 보내고 저리 보내고 하더라고. 그러게[그러더니] 돈 가져왔어요.

돈 만들어 온 거예요?

응. "이래 주면 되지 뭘 그렇게 어렵게 그래. 사람 그러지 말어. 하루 보고 처음 보나? 다음에 안 보나?" 내가 [그랬지]. "뭐 군수한테 받으면 더 나은데 아이 씨." (웃음) 그래 바로 주대. 그라고 "알았어. 술 한잔 하자." 그러니까 안 한대. 술 한잔 먹으면 나는 지보고 물으라[계산하라] 그러지 나 안 물지.

*그 후로 그 사람은 종종 봤어요?*

그러고는 안 갔어. 그 사람 일 있다 그러면 "아유, 안 해. 안 해. 여도 일이 바빠 못 해. 안 해."

*음식점 하신 지는 얼마나 되셨어요?*

오래됐죠. 저 사람[구술자 부인]은 뷔페식당에도 오래 했고. 또 저기 카지노 지을 적에 함바에도 오래 했어.

*지금 사모님 만나셔서 시작하신 거지요?*

예. 노가다도 이제 못 하겠다 싶어갖고, 그럼 이거를 하면은 좀 안정되게 같이 안 되겠나 싶어서 사북에서 세를 얻어가지고 해 보니까는 또 안 되는 거야.

*월세 때문에요?*

응. 세는 비싸지, 참 같잖더라고. 그래갖고 어떡해. 돈은 없고. 집 하나 있는 그거 팔려야지 돈이 되든지 말든지 할 거 아니야. 그러다 보니까는 카지노에서 그걸 매수를 하겠다고 제안이 [왔어]. 그래갖고 고거를 진짜 그냥 준 거야. 그냥 주다시피 했어. 그걸 200 몇 평을 1억 6,000인가, 뭐 1억 7,000인가 받고 줬 버렸어. 주고서는 이거를 산 거야. 이 집을 사기 위해서 그걸 준 거야. 그래도 돈이 모자라갖고 사채를 내갖고, 헌집을 사갖고 장사를 했지. 장사를 하다가 도저히 안 되겠어. 그때 저기 도로 나는 바람에 요기 귀가 나간 거야. 요 쯤 들어갔어. 그래갖고 그 뜯기는 기 보상이 나오고, 집 철거하니까 보상이 나오더라고. 그래갖고 "아, 이거 안되겠다. 그냥 집을 올리자." 그래갖고 요거 올린 적은[지는] 지금 5년 좀 넘었어. 그래 뭐 빚져갖고 갚고, 올리고 나니까 얼마 안 하고 빚은 갚게 되고. 그래 지금까지 이래 사는 거야. (웃음)

◇ ◈ ◇
## 노동에 대한 생각

여태 하셨던 일들이 많이 달랐어요?

다 다르지.

어떤 게 달랐어요?

광산 다니는 건 광산 일만 열심히 하면 되는 거[라]고 생각했고. 이렇게 살면은 낸중에[나중에] 애들 크는데도 별 지장 없고.

안정적인 거죠.

예. 일만 나가면 안정이 있잖아. 또 노가다도 해 보니까 할 만하더라고. 자기만 부지런하면, 뭐든지 자기만 열심히 하면 돈은 다 되는 거야. 요즘 세상에 돈 어렵다고 해서 끙끙거릴 일이 하나도 없다고 난 생각해. 여기도 그래. 지만[자기만] 열심히 하면 얼마든지 살어. 지금 여 노가다 가도 최하 임금 13만 원, 12만 원이야. 12만 원에 점심 주지, 참 주지. 아침, 저녁만 안 주는 거야. 그럼 이제 아침, 저녁 집에서 먹으면 되지.

요새는 또 6시 되면 딱 끝난대요.

그렇지. 그거 하다가 뭘 하냐면, 임금을 현찰 받을라면 현찰 받고, 월로 받을라면 월로 받고 맘대로 되잖아, 요즘. 일당 떼일 염려가 없고, 또 거기다가 고용보험 넣어 주고. 그거 지도[자기도] 넣고, 회사에서도 넣어 주잖아. 내가 일하기 싫으면 그거 받아먹을 수 있고 얼마나 좋아? 그러고 요즘 쌀 한 가마니 20만 원 안 간다고. 그런데 이틀만 [일]하면 한 가마잖아. 한 가마면, 두 부부 산다 그러면 1년 먹을 수 있는 거야. 나가서 먹는 시간이 더 많으니까. 그런데 왜 돈을 못 벌어? 그지?

농사하는 거랑 탄광일 하는 거랑 어떤 게 더 힘드셨어요?

농사 하는 게 더 힘들지. 농사짓는 거는, 내가 이런 얘기하면 표현이 어떻게 될런지 모르지만, 지금 농사짓는 사람들 진짜 굉장히 어려운 거야. 진짜 죽기 직전이야. 왜 그러냐면 나도 농사짓지만, 농사지어서 하루 쌀 반 가마 번다 그러면은 대부자 돼. 대부자 돼. 근데 지금 노가다 하면 쌀 반 가마 무조건 벌잖아. 최[가장 낮은] 잡부가 무조건 벌어. 그럼 1년이면 몇 가만지 계산해 봐. 200가마는 그냥 벌어. 200가마가 뭐야. 365일이잖아. 그거 50으로 곱해 봐. 얼마야?

근데 공사장에서 하는 일이 농사보다 더 힘들진 않아요?

덜 힘들지. 농사는 눈뜨면 잘 때까지 해야 돼, 농사일은. 과수원도 그렇고. 과수원도 아침에 눈뜨면 겨울이고 여름이고 다 해야 돼. 순 쳐야지, 꽃 따야지, 거름 줘야지, 다 일이야. 그것도 보통 일 아니야. 농사는 그거 일이 엄청 많은 거야. 노가다 일은 일도 아니야. 시간 돼서 끝나고 집에 오면 지 시간이잖아.

농사를 하다가 광부 일을 처음 하셨을 때 너무 힘들지 않으셨어요?

농사일보단 수월한 거지. 농사일 보다. 농사일에 비하면 반도 못 하는 거야.

빚을 안 갚는 사람도 많은데, 왜 이렇게 다 갚으셨어요?

내가 편하잖아. 사람이 내께 아닌 게 있다 그러면 싫은 거야. 나는 그런 게 싫어, 아주. 지금 내가 이래 살아도 10원짜리 [하나도] 외상이 없어. 여 지금 물건 들어오는 것도 [다들] 카드 결제를 하는데, [나는] 카드 결제 안 해.

현금으로 다 하시는 거예요?

현찰로 다 줘.

카드 쓰는 것도 별로 안 좋아하시는 거예요?

안 좋아하지. 그거 왜 안 좋아하냐면, 내가 지금 불만이 많은데. 카드 쓰면은 1,000원짜리를 쓰든 10,000원을 쓰든 좋다 이거야. 근데 카드 회사만 좋은 현실이야. 소비자들[은 괜찮아도] 영업집은 10%는 까잖아. 그럼 10% 손[손해] 보고. 1,000원짜리면 900원만 받는 거야. 왜 이런 짓을 하냐 이거야. 맞잖아? 카드기 회사 먹여 살릴 일 있어? 그 사람들 그거 아니라도 먹고 살 거 꽉 찼어. 요식협회 가면 난 그 얘길 한다고. 이건 아니잖나. 말단 소상인들만 잡을 일이 있냐. 잡을라면 큰 걸 잡아라.

◇ ◇ ◇
# 2000년대 동지회 활동

경찰서도 가시고 재판까지 받고 왔으니까, 사북에 있는 다른 주민 중에 선생님 무서워하는 사람도 있지 않았어요?

무서워할 건 없고. 내가 뭐 한 게 없고 그러니까.

사람들이 혹시 '빨갱이'라고 하지 않았어요?

빨갱이 짓을 한 게 없는데 뭘. 되려 그 사람들이 위로해 주고, 고생했다고.

잘해 줬어요?

그럼. 사람 됨됨이 된 사람들은 그래 했고. 그러지 않은 사람은 지나가는 개 보듯 하고 그랬지만은. 그 사람들 보면 지금도 그래. "당신들 뭐 잘나서 애들 대학 보내고 그런 거 아니잖아. 우리가 있었기 때문에 당신 자식들 대학 가고 다 그랬어." 지금도 [석탄산업]합리화하고서도 돈을 엄청 받았어. 또 마지막까지 있던 사람들이 그 회원으로 해서 복지재단을 운영하고 있다고. 하고 있는데, 추석, 구정 연 2회지. 요때 돈을 얼마씩, 그 이익분을 갖고 몇 십만 원씩 나누기도 하고 그래. 원갑이 형이나 내나 그러걸랑. "우리를 거 직원으로 써 줘라. 정회원으로 해 줘라." 그니까 비회원으로 한대. "야, 내가 그 돈 100원, 1,000원이가, 그거 받기 위해서 비회원하나. 정식회원으로 해도 할지 말진데. 너는 다 나가야 돼." 내가 [그러지]. "너가 핸 거 아니잖아. 우리가 복지재단이고 다 만든 건데. 너가 핸 거 아니잖아. 너가 왜 주인 노릇해. 너 도둑놈들이지."

왜 정회원을 안 해준대요?

회칙에 그렇게 만들어 놨어요. 그래갖고 안 된다는 거야. 회원들이 다 동의를 해야 되는데 다 반대를 하는 거야. 왜냐면 우리가 가면 단돈 100원이라도 뺏기잖아. 그러니까는 우리가 거[기] 가면 그냥 안 있지. 우리가 대장노릇하지. 안 그래?

지금 후배 세대들이 하고 있다고 들었는데.

그래서 지금도 만나면 내가 욕하고 그래. "너 이 새끼들은 나쁜 놈들이야. 막 우리를 밀어내고, 너는 남의 거 빼앗아갖고 있는 거야. 뭐 돈 몇 푼 난 그거여, 거기 해서 그런 게 아니다 이거야. 우리 명예가 있기 땜에 하는 거야." 내가 그래고 온다고.

폐광하고 카지노 세워질 때 여기 계셨어요?

그때는 여기 와 있었지.

카지노 세워진다는 소식 들었을 때 어떤 기분이셨어요?

그거는 알았는데. [석탄산업]합리화 들어갈 적에 지금 안경다리 밑에 사북시장 상가가 사오백만 원씩이면 살 수 있었어. 내가 그 당시에 원주

가서 아파트 사는 돈이면은 그걸 몇 개를 사는 거야. 근데 그 생각을 못한 거야. '이게 뭐 여기에 카지노가 오겠나.' 이런 생각에. 꿈에도, 누구도생각을 못 한 거야. 그래서 이제 그리 간 거지. 나는 광산에서 이래 됐지만 애들이라도 벌어먹고 살으라고 그래 한 건데 그것도 다 허사로 넘어갔어. (웃음) 넘어가고.

카지노 들어오는 거 자체에 대해서는 찬성하는 입장이셨던 거죠?

그렇지. 그때만 해도 여기가 개발이 되는 거니까. 여기 고한, 사북에전당포가 한 600개 있었어.

지금은 줄어든 거예요?

아유, 다 없어지다시피 한 거지. 전당포가 한 600개 있으면 얼마나[많이] 있은 거야. 지금 여기 땅도 보통 한 300만 원씩 가. 17년 전에 이땅을 300만 원씩 주고 산 거야.

2000년대 들어서 이원갑 선생님 주도로 재심 요청하는 데 같이하자는 제안 받으셨어요?

했지. 그거 땜에 전국 대학교를 한 30여개 다녔을 걸, 우리가.

동지회 사무국장도 하셨죠?

예.

지금도 하고 계신 거예요?

안 해요.

언제부터 하신 거예요?

그게 2002년도인가?

동지회 세워지면서 바로 시작하셨네요?

세워지고 한 2년 후에 그렇게 했어.

사무국장 하실 때는 주로 무슨 일을 하셨어요?

우리가 돈이 없었잖아. 그러면 그 회원들이 얼마씩 걷어갖고 쓰고 그러면 정리를 해야 되잖아. 또 어떤 때는 대학교 가면 광부 자녀들이 대학교 교수로도 더러 있더라고. 그래 하고, 학생들이 또 모금해서도 주고, 사회단체에 가도 모금해 주고. 이러면 우리가 똑바로 써야 될 거 아니야. 우리가 또 가니까는 침식(寢食)을 해야 될 거 아니야. 그런 것도 이래[정리]하고.

회비와 장부 관리를 하신 거네요?

그렇지. 그래 했지. 그리고 연락도 내가 하고 그러다가, 화가 나서 안하는 거야. 왜 안 하냐 그러면, 항시 행사를 하게 되면은 하루 전에 모이라고 그러는 거야. 그럼 모이면은 여관도 얻어 줘야 되고 술도 먹어야 되고 밥도 먹어야 되잖아. 그러면 어떡해. 돈이 없으니까는 어디 딴 데 가선 못하는 거야. 그럼 내가 장사를 하니까 주로 여기서 많이 먹었지. 그렇다해서 그걸 내가 돈을 받을 거야, 뭐 할 거야? 돈이 없는 거 빤한데 언 놈한테 받아.

행사할 때마다 손해네요.

그렇지. 또 여기 카지노에서 방을 줘. 대여를 해 준다고. 그러면 와서또 먹고 해야 될 거 아니야. 그래서 내가 많은 건 못 내놔도 소 대가리라도 갖다가 삶고. 원갑이 형네 집에서 삶아. 삶아갖고 그놈을 수육으로 다썰어갖고 술이고 뭐고 전부 싣고 가는 거야. 거[기] 가서 인제 하룻밤 자미[자면서] 먹기도 하고, 또 외부 민주화운동에 관련된 사람들도 오고 그러면 같이 술도 한 잔 하고, 한번은 내가 줘 팼[패] 버렸어. 카지노에서 회의를 하고, 술을 먹고 이러는데 의정부 무슨 민주당, 무슨 당원이래. 이 새끼가 건방을 떨고 헛소리를 하는 거야.

무슨 헛소리해요?

　뭐, 글쎄 이상한 소리를 하더라고. 민주당 무슨 사무총장이라던가 뭐 그러대. 이놈이, 나이도 한 40대 된 놈이 그래. 그래서 "그런 소리 하지 말어, 당신들 여기 왔으면. 여기서 하는 걸, 뭘 나쁜 짓도 안 하고 그러는 데 왜 그런 헛소릴 하냐고. 그럼 오지 말지 왜 왔냐고." 그러니까 뭐 어 쩌고 그래. 바로 씨발 [그러면서] 싸다구 후려갈겨 버렸어. "이 새끼. 이 런 새끼가 있냐. 너 같은 새낀 민주화운동 할 자격도 못 해[돼], 이 새끼 야. 그 저기 뭐 무슨 당인지는 모르겠다만은, 너 인마, 사무총장이 뭔 필 요 있어, 이 새끼. 너 같은 새끼가 사무총장 하면 회원들 다 떨어져 이 새 끼야."

그러고 나서 기념식 안 가신 거예요?

　안 갔지.

작년[2017년]에 안 가셨죠?

　그래갖고 안 간 거야. 꼭 이상한 새끼들이 와서 그따우로 하는 거야. "나 는 너 꼴 배기[보기] 싫어 이 새끼야." 그래가 술 한잔 먹고 한쪽 방에 가서 잤는데, 여[기] 있는 후배가 그놈을 불러다 아주 뒤지게 팼[패] 버렸어.

그러고 나서 또 팼어요?

　"이 새끼가. 너 임마, 진짜 나쁜 놈 새끼야." 콘도 지하에 가갖고 뒤지 게 패갖고 쫓아 버렸어, 가라고.

엄청 심한 헛소리를 했나 봐요?

　그놈도 듣기 아주 거북했었는데, 내가 그러니까 같이할 순 없잖아.

무슨 헛소리를 했을까요?

아유, 몰라. 하튼 그래갖고 그래 쫓았다니까.

그러고 나서는 아예 안 와요?

안 오더라고.

사북항쟁도 민주화운동으로 인정 받아야 된다는 생각을 하셨어요?

그렇지. 그래 생각을 했기 땜에 그리 같이 다닌 거지, 안 그랬으면 같이 다닐 이유 없지.

어떤 점에서 민주화운동으로 인정을 받아야 한다고 생각하세요?

아니, 생각을 해 봐. 쉽게 생각하면 그 당시만 해도 계엄하에 있었단 말이야. 계엄하에 있었는데, 어디서든지 민주화라는 거는, 진짜 학생들이 많이 울부짖고 했잖아. 그런데 감히 그걸 얘길 못하고 있었는 거야. 끙끙거리고 있었는데 사북항쟁이 일어나면서는, 여기서 그걸 일어나리라고는 어느 사람도 생각을 못 했을 거야. '그 무식한 광산쟁이들이 뭘 하겠나.' 이래 생각을 해. 이게 무식하기 땜에 된 거야, 이게. 머리에 든 게 있으면 못 했어.

무서워서요?

무서워서 못 했지. 지금 여기도 그래. 그 당시도 배운 사람들은 다 도망갔어. 못난 사람들이 핸 거야. 우리 역사에도 왜정 때나 6·25나 이래 보면 못난 사람이 나랄 지키겠다고 했지, 잘난 사람은 외국으로 [도망가]. 지금도 전쟁 나면 도망갈 사람들 꽉 찼어. 솔직히 그래. 지금도 자녀들 전수[전부] 미국이나 카나다나 가 있는 사람들 엄청 많잖아. 그런 사람들 다 도망갈 준비한 거여. 전쟁 나면 도망가지 그놈들이 있을 거 같아? 안 있어.

우리는 그래서 우리 노동자의 권위를 찾아야 되겠단 생각이 들어서 그래 한 거야. 해갖고 이게 인제 민주화로 가는 길이구나 [생각하고], 그래서 전국 대학교를 의례 쫓아 다니[고], 진짜 고생도 많이 했어. 굶기도 많이 굶고, 여의도 국회의사당 앞에 가서 일인 시위도 하고, 단체 시위도 하고, 그 땡볕에 가서 진짜 많이 했어. 그랬는데 안 되는 거야. 안 되니까 우리가 지풀에 죽는 거지. 제풀에 지쳐갖고 있다 보니까는 이미영 감독이 이걸 한번 해 보자고, 다큐멘터리도 찍고 좀 했지.[11] 뭐 진짜 전국을 거진 헤매고 다녔어. 그랬는데 그것도 참 지치더라고. 성과는 없지, 돈은 자꾸 들어가야지. 없는 돈 누가 주는 것도 아니고, 어디서 보조받는 것도 아니고, 찬조하는 사람도 없지. 뭐 어떡해. 그래갖고 결과적은 이래 했어. 여기에 지역 단체에서 협조를 해 줘서 행사를 하는 거야. 공추위[12]니, 카지노에 하청 업체들이 많잖아. 거기에서 구걸을 하는 거야. 우리가 가서 하는 게 아니고 공추위에서 구걸을 하는 거야.

이거를 참, 내가 지금 생각해도 안이한 거야. 이건 아니다 이런 거야. 우리가 있었기 땜에 하청업도 하고 카지노도 하고 공추위도 있고, 저 단체가 있는 거야. 그러면 자발적으로 행사 지도부를 만들어갖고, 얼마를 걷든 간에 자발적으로 내서 해야 되는데 "좀 얼마 줘." "얼마 줘." 이럴 때까지 있다는 자체가 난 틀렸다고 봐. 그래서 원갑이 형한테도 내가 그 전에 그랬어. "우리가 이걸 남한테 구걸해서 할 게 아니고 하청업이라도 하나 하자. 어? 사업을 하나 하자. 어디 은행에 가서 대출을 내더라도." 그 사업장 허가를 받으려면 최하 5,000만 원 있어야 돼. 그러니까는 "우리가 벌어서 우리가 하자. 그러면 우리가 당당하지 않나." 그랬는데 돈이 없으니까 못 한 거야.

---

11  다큐멘터리 영화, 《먼지, 사북을 묻다》, 이미영 감독, 2002년 작.
12  정선 고한 · 사북 · 남면 · 신동 지역살리기공동추진위원회.

**어떤 사업을 생각하셨어요?**

아무 거[나]. 아무래도 인력을 하든가, 하다못해 청소하는 걸 하더라도.

**종류는 상관없이 일단 하나 하자는 거죠?**

그렇지. 회사 명칭을 하나 걸어 놓고 카지노에 "돈 좀 달라." 그래도 될 거고. 이놈을 고용할라 그러면 돈을 받아야 될 거 아니야. 그럼 우리가 할 만치 하고 돈도 받자 이거야. 그래 하면은 우리가 당당하지 않냐 이거야. 그래 내가 "그지[거지] 같은 행사를 하기 때문에 난 싫다." 이러는 거야. 내가 왜 그지냐 이거야. 응? 이거는 엄연히 이 지역 주민들이고, 대한민국 사람이 좋은 거 아니냐, 이거야. 그럼 우리가 대우받아야지, 왜 그지 같이 행사를 해. 그지 아니잖아.

**올해[2018년] 기념식은 어떻게 하셨어요?**

안 갔어.

**올해 오셨지 않아요?**

아, 맞아. 갔댔어. 작년에 안 가고. 안 간다 그러니까 하도 오라 그래서 내가 갔어. [처음에는] "그지 짓 하려고 가냐고. 안 간다." 그랬어.

**올해는 좀 어떠셨어요?**

올해도 그래. 맨[마찬가지로] 그지여, 우리는. 동냥해서 하는 거야. 왜 그 짓을 하냐 이거야. 거기 가면 열 받는 거야. 에이씨, 좋은 일 하고 왜 그 짓을 해야 돼. 그때 기업을 하나 쪼만하게라도, 한 200명이라도, 100명이라도 쓸 수 있는 기업을 만들었으면, 우리도 돈 벌면 할 거 아니야. 우리 인력, 우리도 관리를 해야 될 거 아니야. 그럼 우리가 돈 버니까는 우리 돈으로 써도 되지 않냐, 이거[야]. 그러면 말하기도 좋아. "야, 우리가 돈 벌어서 우리 행사하는데 너 올라면 오고 맘대로 해 인마. 돈 줄라면 주고 맘대로 해." 그렇잖아.

이원갑 선생님이 그 정도로 적극적인 성격이 아니어서 그런 건가요?

모르겠어. 그 양반도 여느 머리는 잘 돌아가. 그런데 고런 머리를 돌렸으면은 [좋을 텐데], 우리 회원들도 지금 못사는 사람들도 많아. 그럼 그 사람들 "야, 거[기] 그래 있지 말고 여기 와서 경비도 하고, 저기 직원들 몇 데리고 좀 같이 지휘도 하고 감독해라." 이러면 되잖아. 그런 게 지금 원망스러운 거야, 나는. 진짜 우리 그 할 때는[사북항쟁 때는] 코 찔찔 흘리고 다니던 놈들이 지금 사장이라 그러고 건방 떨고 다니잖아. 그러니까 그런 걸 생각 했으면은 우리가 이런 그지 짓 안 해도 되는데, 한다는 게 진짜 아쉬운 거지.

◇ ◈ ◇
## 앞으로의 바람

최문순 도지사가 기념사업회를 만들겠다고 약속했잖아요.

약속했는데, 그거 어느 천년에[어느 세월에] 될 줄 알아.

만약에 만들면, 어떻게 만들었으면 하세요?

만들면은, 최문순 지사가 그랬잖아. 도 행사로 하겠다고 그랬잖아. 지금 도에서 행사하는 게 광복절하고 6·25 행사인가, 두 갠가밖에 없다더라고. 참전 용사 행사한다든가 뭐 그것도 하고. 몇 가지 없다고 그러더라고. 그러면서는 이걸[사북항쟁을] "민주화운동을 도 행사로 해서 치르겠다." 그런 얘기를 했어. "그래, 난 좋다." 그랬지. 모두가 다 좋다 그랬잖아. 그런데 그게 언제 이루어지냐가 문제란 말이야. 그것도 한두 푼 들여 가지고 하는 게 아니여. 행사를 할라면 민주화 항쟁 사무실도 만들어야 되고, 그것도 관리도 해야 되고. 또 행사 준비를 한다 그러면, 돈은 거[기]

서 주지만은 행사 준비는 또 우리가 해야 된단 말이야.

그러니까 문제가 많아. 없는 건 아니야. 그날[사북항쟁 기념식]은 뭐 듣기 좋게 하느라고 그랬는지 몰라도. 뜻이 있어서 말씀은 하셨지만도, 그게 언제 어떻게 빠른 시기에 이루어지냐가 문제란 말이야. 몰라. 뭐 군수도 그렇게 해 준다 그랬지만 임기 끝나서 딴사람이 왔으니까 또 그것도 문제고. 요번에 지사님은 다시 재선됐으니까 거기에는 우리가 할 얘기 있지. "아, 지사님 해 준다 그랬으니 좀 해 주세요." 이렇게 보챌 수도 있어. 근데 먼저 한번, 원갑이 형님하고 가서 만났을 거야. 만난다고 갔어. 근데 뭐 노력은 한다 그랬다고 그러더라만은. 공추위하고 몇 사람이 바뀌었어. 나도 어떻게 될지 [모르겠어]. 그게 그렇게 쉽게 될 일은 아니야.

민주화운동으로 인정받아서 도에서 기념하는 것과 경제적 보상 중에서 어느 쪽을 더 빨리 진행해야 한다고 생각하세요?

행사를 빨리 해 주는 게 더 낫지. 빨리 해 주는 게 낫고. "지금까진 보상을 해 준다." 그럼 뭐 어떻게 해 줄 거여? 해 준다 그래도 문제가 있어. 말하자면 "매를 몇 대를 맞았어?" 할 거여, 어떻게 할 거여? "매를 맞을 쩨[때] 어떻게 맞았어? 고생할 쩨 어떻게 했어? 영창을 며칠 살았어?" 조사할 때 이게 참 문제란 말이야. 이런 것도 다 나올 거 아니야. 나는 그럴 거 같아. 기준이 영창 살고 우리가 수감되면서는 그거 핸 거[수감된 기간]. 그걸 갖고 기준할[기준으로 삼을] 거라고 생각해. [그렇게] 할 건데, 그 사람마다 다 틀릴 거 아니야. 그러니까 그것도 참 문제가 있어. 그렇다 해서 100원을 줄 거야, 1,000원을 줄 거야? 진짜 그거는 돈으로, 액수로 해결이 안 돼.

지금 우리가 이래 여지껏 아프고 골병들어서 일하는 걸 어떻게 보상을 할 거야. 지금까지 아파서 골골하고 항시 밤으로 끙끙거리고 앓고 그러는 걸, 누가 어떻게 보상을 하냐고. 이원갑 씨도 갈비인가 툭 뿌러[뜨려] 놨어. 갈비 뿌러져갖고 제대로 안 붙어 갖고. 그런 거 다 어떻게 보상해. 그거 진짜 그냥, 약도 안 쓰고 그냥 아물어 붙은 거야, 이게.

어차피 제대로 보상 안 될 거면 기념식이라도 도 차원에서 했으면 하시는 거네요.

그렇지. 보상은 난 어렵다고 봐. 그거는 만족할 수 없어.

사북항쟁이 도 차원을 넘어서 더 많은 사람이 기억하길 바라시잖아요.

아, 이건 영원히 남아야지. 광주도 기념회가 있고 공원도 만들잖아. 그러면 거기보다 여기가 시발점이야. 여기가 더 먼저 돼야 돼. 근데 여기는 진짜 뚜렷한 사람이 없는 거야. 거는 김대중이도 있고 뭐 여러 사람이 있잖아. 그래서 그렇게 됐지만도. 그럴 거 아니래도 정부 차원에서도 이걸 해 줘야 되는 게 원칙이야.

사람들이 기억을 하려면 민주화운동이고, 노동운동인 점도 있지만 뚜렷한 인물이 한 명 두드러져야 한다는 생각이세요?

그렇지. 그게 없으니까 이렇게 가는 거야.

어떤 역사적 사건으로 기억됐으면 하세요?

역사적으로는 우리가 그러잖아. 유관순 누나가 태극기 들고 가서 나라 지킨 것처럼 우리도 민주화운동의 시발점으로 우뚝 서야 된다는 얘기야. 광주보다 여기가 더 먼저 됐으니까 먼저 서야 된다는 얘기야. 아버지가 있어야지 아들도 있고 엄마도 있을 거 아니야. 아버지도 없이 어디 주서다[주워다] 키우나? 아니잖아. 여기가 먼전데 왜 거[기]부터 먼저 하냐 이거야. 입김이 없으니까 그런 거야. 잘못된 건 잘못된 거야. 잘된 게 아니라고. 광주 사람은 좋아하겠지만은 전체적으로 봤을 째는 여기가 먼저니까, 여 먼저 해야 되는 거야. 그렇죠?

네. (웃음)

아니, 대답만 할 게 아니고. 사실 맞는 건 맞다 그러자고.

혹시 마지막으로 남기고 싶은 말씀 더 있으신가요?

여러분들도 고생하지만도 우리 관련자들, 그 하던 사람들이 진짜 어떤 때는 너무 많이 고생을 하고, 골병들어서 죽은 사람도 많아요. 그 사람들이 무슨 뭐 웬수가 져서 그거 한 거 아니잖아. 다 본인이 살기 위해서 했고, 당당하게 살기 위해서 한 거고. 기념회라든가 기념공원이라든가 이런 것도 빨리 좀 만들어졌음 좋고. 또 그 고생하는 사람들이, 많은 건 모르겠지만도 인정을 해서 국가가 사과할 건 해야 되고, 또 보상할 건 해야 된다고 난 믿어요. 믿고. 그래야지 좋은 일 하는 사람도 힘이 날거고, 또 그걸 '아, 내가 했지만도 과연 내가 잘못핸 건 아니구나. 참, 국가를 위해서 하다 보니까는 이렇게 됐고.' 이런 걸 [생각하고]. 또 그 사람들도 반성을 해야 되고. 꼭 폭력으로 해서 안 되고 우리가 대화를 통해서도 얼마든지 할 수 있는 건데. 폭력을 한다는 건 서로 간에 의견이 안 맞았기 땜에 이래 된 거야. 그니까는 의견을 서로 조절을 해가미[해가면서] 이런 걸 했으면 앞으로는 더 많은 발전이 안 올까 생각해요. 예.

오늘 이렇게 긴 시간 말씀 감사합니다. 좋은 역사적 자료가 될 거라고 믿습니다.

고맙습니다. 수고하셨습니다.

# 최돈혁

1945년 강원 태백 출생
1969년 대한석탄공사 장성광업소 임시부
1974년 동원탄좌 사북광업소 입사
1980년 사북항쟁 참여로 고문 및 수감
1987년 동원탄좌 퇴사, 식당 운영 및 공사장 등 노동
1995~99 한보광업소 근무

# 1. 사북광업소 입사 이전의 삶

◇ ◈ ◇
## 출생과 성장 과정

먼저 간단하게 여쭤볼게요. 생년월일이 어떻게 되시나요?

예. 제가 47년 6월 20일생입니다. 그런데 이 나이가 두 살이 줄었어요.

늦게 출생 신고를 하셔서요?

아니요. 출생 신고를 늦게 한 게 아니고. 그 당시에 출생을 신고를 했댔는데, 부모님께서. 언젠가 장성읍사무소가 화재를 봤어요. 화재가 나니까, 전부 다 호적 같은 서류가 소멸이 되고 하니까. 그 장성읍사무소에서 강릉 가 가지고 사본을 해 왔어요. 그렇다 하더라고요. 그래 사본 해 왔는데. 그다음에 내가 성장하면서 호적 등본을 떼어 보니까, 내가 원래는 최돈화인데.

그게 다른 사람, 저 우리 형제간의 이름이 맞는 사람도 있고 틀린 사람도 있고 이렇게 돼 있더라고요. 어쨌든 간에 거기서 나왔는 게, 그게 [원래 이름은] 최돈화인데 최돈혁이라고 나와 버렸어요. 그래 그 아들 누구 몇 째, 이게 나오니까 나를 지목했는 거고. 그래서 나이가 보니까 그게 47년 6월 20일생으로 나왔어요. 내 원래 생년월일은 45년 9월 7일생입니다. 이거는 내가 닭띠고, 내가 철암국민학교 다녔는 저 [졸업이] 13회라는 게 이게 있기 때문에 45년생이라는 것은 여기서 증명할 수 있는 일이거든요. 그러나 이걸 가지고 호적을 다시 고친다는 것이 쉬운 일이 아니고. 그래서 그냥 무마해가지고 이때까지 그냥 최돈혁이로, 47년생으로 두 살 줄은 나이로 [살고 있어요].

더 젊어지셨네요.

이때까지 그냥 살고 있는 거지요.

가족끼리는 그냥 "돈화야." 이렇게 부르셨어요?

네. 돈화라 그래 많이 하는데, 그래가지고 내가 사북 들어가기 전에는 거의 다 여기 친구들도 그렇고 돈화, 돈화 이랬거든요. 얘기가 다 그게 됐는데, 통솔이 됐는데, 내가 사북 들어와가지고 뭐 직장 잡고 하다 보니까 그건 돈혁이라 해야 되잖아요. 그래 이제 그때부턴 돈혁이, 돈혁이 [하는 거죠]. 그다음에 나와가지고도 내가 돈혁이, 돈혁이라 하니까 그렇게 그 식으로 다 됐죠.

형제들이 돈 자 돌림이에요?

예.

태어나신 곳은 이 근처인가요?

여기서 [거리가] 1키로[킬로미터]가 안 됐는데, 그 농공단지가. 거기서 제가 태어났어요. 그게 옛날에 말하기를 늪바다라고 호칭이 돼 있었어요. 고 늪이 옛날에 쭉 있었으니까. 그래가지고 거기서 늪바다라고 그랬는데 내가 거기서 태어났거든요.

원래 아버님, 할아버님 때부터 계속 태백에 사셨던 건가요?

내가 여기 태어날 적에 아버지는 같이 계셨댔고. 저기 큰아버님이 계시고, 그다음에 아버지고, 밑에 삼촌이 계시고 이렇게 돼 있었어요. 그래 가지고 그 태백산에서는 할아버지, 큰아버지, 삼촌, 이분들이 거기서 살고 계시고, 아버지도 살다가 장가를 가면서 일로 넘어왔는 거 이렇게 됐습니다. 늪바다에 장가를 가고, 처갓집이 있으니까, 또 뭐 살아 보니까 좋은 거고. 그러니까 살다 보니까 어머니께서 3남 5녀, 8남매를 낳았습니다.

그럼 형제분들 중에서 몇 째세요?

제가 셋째입니다.

위에는?

누님이 두 분 계시고, 내고, 밑으로 여동생이 두 명 있고, 남동생이 있고. 가만있어 봐. 이렇게 되면 어떻게 되냐, 계산이 좀 틀려지나. 누님이 두 분, 내가 장남이고, 그다음에 둘.

여동생 두 분?

예. 고 밑에 또 남동생 하나, 그 여동생 하나.

남동생 막내?

남동생 막내이. 네. 이렇게.

지금도 8남매 형제분들이 태백에 살고 계세요?

예. 우리 삼형제는 다 태백에 살고 있고. 그리고 내 밑에 여동생이 맨 태백에 살고 있고. 다른 형제들은, 누님들은 풍곡 살고, 서울 살고. 서울에 둘이 살고 저 경남 합천에 하나 살고, 이렇게 살고 있어요.

전쟁 때 가족들이 태백산에 올라갔다고 말씀하셨던 거 같은데, 그때 기억이 좀 나세요?

45년생이니까, 6 · 25 때가 내가 다섯 살 정도 되잖아요. 기억을 못하지요. 내가 어머님인데[한테] 그리고 우리 종백 씨 형님인데[한테] 그런 얘기를 듣고 그랬다는 얘깁니다. 나는 그 기억을 할 순 없는 거지요.

아버님께서 여기 장가 오셔서 계시다가 전쟁 때는 산에 올라가셨다가 다시 내려오시는 건가요?

아니에요. 아버지는 전쟁 때, 하여튼 그 무렵에 태백산에서 할아버지하고 같이 사시다가 장가를 가면서 이리로 넘어왔거든요. 여기 넘어와가지고는 태백산 안 들어갔댔어요. 부모님 있는 데로 안 들어가고 여기서 그냥 우리들 낳고 생활했는 거지요.

전쟁 때는 그냥 마을에 가만히 계셨던 건가 봐요. 따로 피난이나 이런 거는 없으셨나 봐요?

피난 그런 거는 잘 기억 안 나요. 기억 안 나는데. 삼촌께서는 저 태백산 들어가도 군에 갔댔어요. 나이가 많아서 그런지 큰아버지는 거기서 그냥 계셨고. 삼촌께서는 군에 가 가지고 군 복무를 하고, 다 마치고 왔댔어요. 그리고 할아버지께서는 거기서, 그 태백산 들어가는 게 백천동이라 그래요. 저쪽으로 현리 쪽으로 들어가는 게 아니고, 이쪽에 대현 현불사로 들어가는, 태백산 올라가는, 경북 쪽에서 올라가는 그게 있어요. 막 바로 올라가면 맨 태백산으로 올라가요. 그래 거기로 올라가가지고 사셨던 거지요.

부모님이 태백에서 8남매 다 낳으시고 사셨고, 어린 시절 때나 초등학교 다니실 쯤에 생각나시는 일이 있을까요?

국민학교까지는 여기서, 집에서 1키로가 좀 넘었어요. 걸어 다니고 그랬는데, 큰 뭐 별다른 기억은 별로 없고. 살다가 아버님이 돌아가시니까 가정이 나빠지고, 어머님이 자식들 키우느라 고생 많이 했죠.

어린 시절 때 외사촌들도 같이 계셨을 거고, 그렇게 좀 비슷한 나이 또래가 많았었나 봐요?

에, 그때 외갓집 쪽에 외사촌들이, 큰 외갓집에는 내 나이 또래 되는 형제가 없었어요. 그리고 좀 거리가 떨어져 있는데, 백산이나 요게 이쪽에 하고, 거기는 사촌들이 그때 좀 살고. 그때는 여기 집이 그렇게 없었어요. 없어도 요기에 내려와가지고 만나가지고 놀고, 요기서 요기 형제들이 올라와가지고 만나서 놀고. 참 좋았지요. 그때 살아 갔는 게 지금보다 훨씬 좋다고 지금 느끼고 있어요.

지금은 이래 보면은, 형제들도 저 한 집에서 살고 이랬는데, 형제들도 만나기 좀 [힘들고]. 가까워도 만나게 잘 안 되더라고요. 뭐 큰일 때나, 제사 때나 이럴 때는 좀 모여가지고 인제 얘기를 하지만 그전에는 뭐 크게 만나는 일이 별로 없고. 그리고 요 친구들도 그래요. 친구들도 전에는 만나가지고 뭐 성장하면서 얘기하고, 술 한잔하고, 이래 노는 게 엄청 지금 생각하면 좋았는데 인제는 그런 게 없어요. 매너가 없어요. 어떻게 돼 갔는지 뭐 다 헤어지고. 그리고 전에는 뭐 이 집 저 집 놀러 그렇게 많이 다니고 했는데 인제는 옆집 있어도 놀러가고 이런 게 별로 없거든요. 아파트에 뭐 1, 2층에 놀러 안 다니는 식 끝이[같이] 맨 뭐 그렇게 되니까 옛날보다 쓸쓸하고. 그렇게 생각하면 옛날이 참 좋았지요.

나오신 국민학교 이름은 어떻게 돼요?

철암. 그때는 철암국민학교고 이제 초등학교니까.

네. 철암국민학교 졸업하시고, 중학교는?

중학교는 가정 형편이 안 좋으니까 못 가고. 저 밑에 야간 중학교가 생기더라고요. 고등공민학교라고 그게 야간 중학교 생겼는데, 그때 거기 야간 중학교를 한 1년 좀 넘게 다니다가 안 다녔어요.

혹시 안 다니게 된 이유는 설명을 해 주실 수가 있을까요?

글쎄 그거 뭐 더 다니다 보니까 좀 그렇고, 또 뭐 그땐 약간 철이 들고 하니까 또 내 맘대로 뭔 일이라도 하고 싶고. 이러다 보니까 그렇게 되더라고요.

학교를 그만두시고는 뭘 하셨어요?

그때 그랬는데 여기에 농촌 새마을운동 많이 할 적이었어요. 여[여기] 조합장이라 이분이, 참 농사에 대하고 젊은 사람들에 대해서 생각을 많이 갖고 있었댔어요. 그래 그 당시 거의 학생 정도 될 이런 연령인데 "너들끼리 한번 오라." 그래가지고 모였댔는데, 친구들하고 모였댔는데 "야, 너들이 4H구락부를, 그걸 조성해 와라. 이게 농촌에 발전성이 엄청나게 좋은 거니까 4H클럽을 해가지고 하라." 그래가지고 우리 그러면 해 보자 해가지고, 우리 친구들이 한 10여 명 이러고 인제 구성을 해가지고 농사에 대한 지식을 좀 많이 배웠댔어요.

4H구락부 하시면서 농사일 하는 거를 배우신 거고. 직접 농사도 지으시고?

예, 그렇지요. 그때는 뭐 나이가 좀 그렇고, 집에 가정 형편도 그렇고 이래가지고. 내가 농토가 또 많은 것도 아니고, 농토도 없고. 그때 농토가 한 500여 평. 그거도 농사짓는 게 500여 평인데, 그거도 인제 다른 사람 토지를 세내가지고 그렇게 심고 이랬는데, 그땐 뭐 희망이야 많았지요. 그래 하고 친구들하고 모여가지고, 하룻밤에 앉아가지고 병아리를 까 봤어요. 병아리 까 보니까, 이게 1년, 1년 따따블이로 넘어가니까 그게 나중에 엄청나더라고요. 닭 숫자가 이거 계산적으로는 말도 못 해요. '야, 이거 한번 보자.' 그런데 이게 집에 형편이 안 좋으니까 그것도 또 안 되더라고요. 이러고 또 어머님이 그런 것들 하지 마라 말리시고. 이러니까 그거도 성공을 못 했지요.

어머님은 그걸 왜 하지 말라고 하셨어요?

형편이 쪼들리니까 쓸데없는 거 하지 마라 얘기지요.

그렇게 학교를 그만두시고, 4H구락부나 활동을 할 때가 이미 아버님 돌아가신 이후의 일인 거예요?

예, 예. 그럴 땝니다.

아버님께서 몇 세 때 돌아가셨어요?

그때가 내가 기억이 한 열일곱 정도 되지 싶어요.

선생님께서 열일곱 살이셨고, 돌아가신 아버님은 그때 마흔일곱?

예. 마흔일곱에 돌아가셨어요.

◇ ◈ ◇
## 군 복무와 원양 어선 경험

태백이 광업소도 많았다고 하셨는데, 학교 그만두고 광산 일을 해 봐야 되겠다고 혹시 일찍부터 생각을 하신 게 있었어요?

그러니까 한 스무 살 정도 되니까 일을 해야 되거든요. 그래가지고 요 광산 큰 데는 못 들어가고. 그건 들어가는 비율이[경쟁이] 세가지고 들어가지 못하고, 저 하청 같은데 가서 이제 주로 좀 많이 했지요.

광업소에 직접 들어간 건 아니지만, 하청에서 하는 일들은 이제 스무 살 이후에 조금씩 해 보신 경험이 있으신 거고. 군대는 어떻게 다녀오셨어요?

군대는 제가 방위 근무했습니다. 보충역.

근무도 태백에서 하셨어요?

예.

스무 살에 바로 가신 건가요?

그때 방위 근무 들어갈 적에 나이가 지금 기억이 잘 안 나요. 안 나는데. 하여튼 그때 스물이 넘었을 거래요. 스물 몇 살 정도 돼가지고 방위 근무를 했는데.

농사일 하시거나 하청일 하시는 거 외에 특별하게 직업을 갖진 않으시다가 방위 근무 끝나고 다시 또 무언가 일을 생각해 보시게 됐겠네요?

방위 근무 끝나고, 그 당시에 그게 한창 유행이 됐댔어요. 서독 광부. 여기 대한석탄공사가 있었으니까, 여기서 서독 광부를 많이 갔어요. 그땐 나이가 조금 내가 어린 편이 됐고, 형들 친구들이 그때 많이 가더라고요. 그래가지고 나도 서독 광부로 한번 가 볼까 해가지고 [지원]해 보니까 그때 안 되더라고요. 그래가지고 누가 그러는데 "야, 여기서 우리 그러지 말고. 우리는 부산 배 타러 간다." 배 타러 간다 하더라고요. 그래가지고, '에이 씨, 나도 그럼 여기 이 산골에서 살다가 이제 너른 바다에 가서 배도 한번 타 보는 게 뭐 괜찮이[괜찮겠다].' 생각 들더라고요. 그래가지고 그 사람들을 따라 내려가가지고 부산 가서 배를 탔어요.

뭐 하는 배를 타신 거예요?

그 마구로[참치] 배. 참치 잡이 [배] 그걸 탔는데, 우리가 거기서 갈 적에 선주가 우리 선원과 3년 고용 계약을 써요. 3년 그 계약 써 놓고, 그때 저 소련 캄차카반도 뭐 일로 빠지는 배들도 있었고, 인도양으로 빠지는 배도 있었고. 나는 그때 저기 대서양으로 빠졌어요. 그 배 이름이 아주 잊어먹지 않고 있구만.

배 이름이 뭐예요?

'인도양 38호'라고. 부산서 타고 나갔는데, 그래 대서양으로 가 가지고 조업을 하는데, 이 조업이 말이 아니래요.

힘드시죠?

응. 이게 하루에 잘 자야 네 시간 자고, 아니면은 못 자는 거지요. 24시간 꼬박이라. 이러고 작업이 심해요. 그래 대서양에 우리 기지가 있어요. 그 들리는[들르는] 기지에 [머무르고]. 원래는 고기 잡는 기간이 6개월 정도 잡거든요. 6개월 정도 잡는데, 6개월 동안에 바다에 떠있는 거지요.

부산에서 배 타고 대서양 가서 참치 잡이 하고 6개월 동안 바다에 나가 계신 거예요?

예.

*6개월 후에 다시 돌아오는 일정이에요?*

아니에요. 고게 기지기 때문에, 기지만 들어가지 한국은 못 와요.

*그 참치 잡이를 얼마 동안 하신 거예요?*

그게 저 3년.

*3년 계약한 걸 다 채우셨어요?*

그렇지요. 그리고 하다 보니까 고기잡이 그물 이게 손에 익숙해지니까, 그다음부터는 이제 다섯 시간 정도 잠을 잘 수 있겠더라고요. 그러니 이제 조금 나아졌다는 얘기지요. 그래 고기 잡는데, 2년째 이렇게 하는데 우리들은 몸에 피부병이 생겨가지고 못 견디겠다고 [했지요]. 이래저래 하더니 막 피부병이 생겨가지고. 뭐 해수독이라 하기도 하고 고무독이라고도 [하는데], 장화 신고 갑바 입고 이렇게 작업하니까, 물 만지고 하니까 인제 피부병이 그렇게 심해지더라고요. 온몸에 막 그 피부병이 생기더라고요. 그래가지고 대서양에 세티마틴[세인트마틴, Saint-Martin]이라고 그 기지에 한 번 들어오게 돼 있었어요. 그러는 와중에 내가 선장인데 [한테]다가 "나, 이 피부병이 이렇게 심해가지고 도저히 이제는 더 이상은 배를 못 타겠다." 그 당시에 배를 타면 작업하면서 그만한[그만큼] 피부병이 심하다는 것을 선장인데 얘길 했기 때문에 배에서 그런 걸 다 알고 있는 처지였거든요. 그런데 그 기지 들어간다고 했기 때문에 선장인데 "아우, 나 이래가지고 피부병 때문에 도저히 이 배를 더 이상 못 타겠는데, 한국으로 귀국을 좀 시켜 주시오." [했더니] 안 된다 이거예요. 그럼 안 된다니 어떡해요.

나는 배를 더 타다 보면 이게 피부병 때문에 사람이 망치지 싶어가지고 거기서 하선을 했어요. 배 입항했을 적에 난 배에서 내렸어요. 선장은 선원수첩을 줘야 [되는데], 그게 여권이거든요. 선원수첩을 안 내려줘요. 그리고 안 내려주니까, 그럼 나는 도저히 못 견디니까 그걸 해야 되겠다고. 하여튼 어떻게든 귀국해야지 도저히 배는 이래가지고는 못 탄다고. 거기 부두에서 한 두어 달 정도 있다 보니까, 선장이 돌아와가지고 귀국하라고 얘기하는 게 아니고, 기지에 기지장이 있잖아요. 글로 연락이 돼가지고 귀국하라 해가지고 귀국했어요.

그 배는 다시 또 조업을 나간 상태이고 부두에서 그 선장을 계속 기다리신 거예요?

네.

일한 거 돈은 제대로 다 받으셨어요?

그게 거기서도 이래 보니까, 우리가 고기 잡는 게, 이래 잡아가지고는 참 이게 뭐 솔직히 돈이 안 되겠더라고요. 그래서 내가 하선한 건 아니고, 피부병 때문에 하선했는 건데. 그래가지고 좌우간 그건 뭐 나중에 일이고. 그래 김포공항에 내리니까, 김포공항에서 대번[곧바로] 입건시키더라고요.

입건시켰다고요?

예. 대번 입건시켰어요. 그래가지고 거기서 영등포경찰서로 입건되어가 가지고, 거기서 조사를 받고 검찰에 송치돼가지고 판결을 받았댔어요.

계약 사항을 안 지켰다는 이유로 입건이 되셨던 거예요?

예. 그렇지요.

계약서에 뭐 아플 때 어떻게 해 주겠다 이런 내용은 없었어요?

아니, 물론 있었겠지요. 있었는데. 있겠지만 내가 뭐 진짜 배운 게 없고 상식이 없으니까 그런 걸 내가 못 따져 한 거지요. 내가 돈이나 있으면 변호사 사가지고 거기서 어떻게 했을 건데 그것도 아니고. 그래 그 영등포구치소, 거기서 판결을 받았어요.

어떻게 받으셨어요?

에, [징역] 1년에 집행유예 2년을 거기서 받아가 나왔어요. 그러고 됐는데, 그때 1년에 2년 집행유예를 [받고] 나오는데, 내가 변호사 살 그런 능력만 된다면은 내가 한 번 더 해보겠는데, 나는 도저히 이거는 하마 입건돼가지고 구속되는 자체가 이해가 안 되는 얘기라 이거예요. 나는 몸이 아파가지고 왔는데, 이게 구속이 되니까 참 이해 안 가더라고요. 하여튼 간에 그 판결 받고 뭐 더 이상 내가 할 힘이 없으니까 하질 못하고, 그래 이때까지 그냥 뭉개가지고 나가는 거지요.

판결을 받고 나서는 다시 태백으로 오셨어요?

예. 맨 여기로. 그래 와가지고 거기서는 문제가 있으면은 회사 측에서 그걸 답니다. 청구를. 자기네들 손해난 걸. 비행기 여권 오고가고 이런 거 다 계산해가 청구를 하는데, 우리가 갈 적에 재산 보증인을 다 세우고 가거든요. 그다음에 이래 있다 보니까 그게 없어요. "저 선박에서 선주가 그런 손해 배상 청구를 할 거다." 이 생각을 좀 가졌는데 안 하더라고요. 거시기 [손해 배상 청구]되면은 그때는 뭐 하다못해 어떡하든지, 뭐 변호사라도 사가지고 대처를 했겠지만. 뭐 고만 그러고 마니까, 에이 나도 그만 뭐 더 해볼 힘도 없는 거고. 그러고 뭐 말은 거지요.

그래도 2년 동안 일한 거 돈은 받고 오신 거예요?

없어요. 그거는 없고.

돈은 없으세요?

돈도 없고.

2년 동안 일한 거는 그냥 하게 된 거네요?

그렇지요. 그게 고기를 잡으면은, 선박과 선원하고 몇 프로 몇 프로

갈라 먹게 돼 있어요. 뭐 3 · 7제라든가, 선원이 7을 먹고 선박이 3을 먹고 그런 게 있는데 원캉[원체] 뭐, 난 나중에 그 선원들 만나 보지도 못했고. 아마 돈벌이가 안 됐을 거라고 그렇게 생각 들어요.

처음에 부산으로 같이 가셨던 분들은 이 동네 친구셨어요?

그 당시에 친구도 있고, 형뻘 되는 사람들도 있고 그랬댔지요.

그분들도 같은 배를 타셨던 거예요?

아니래요. 배를 따로 따로 많이 탔어요.

서로 어떻게 됐는지는 알기 힘들었겠네요?

예. 갔다 와가지고 그다음에 만나게 됐지요. 만나게 됐는데, 그 보면은 전부 원양 어선이라 그러는데, 원양 어선 같은 게 전부 다 그 모양이더라고요. 돈이 안 돼요. 돈 되는 배가 없었더라고요.

그렇게 원양 어선 타고 돌아오신 때가 대략 몇 세 정도 땐지 기억나세요?

그때 몇 세 됐는지 그게 기억이 잘 안 생기는데.

방위를 얼마 정도 하셨어요?

방위 근무를 그때 2년 얼마지 맨.

한 스물넷, 다섯, 여섯 그쯤 되셨겠네요?

그렇게 되지 싶어요.

## ◇ ◈ ◇
# 결혼과 사북광업소 입사

태백 오셔서는 뭐 하셨어요?

그때 와가지고 이 석공에 뭐라도 해야 되고. 그때 석공에 임시부로 취직이 좀 됐어요. 그래 석공 선탄공에 하고 또 항내에도 좀 들어가 가지고 탄발공이라고 그런 것도 있고. 임시부직으로 선탄공 하고, 항내 하고, 그때 한 5년 했댔어요.

5년 동안 정식으로 일하는 거라기보다 임시적으로 일 돕는 역할들 위주로 하신 거네요?

예. 정식부나 임시직이나 그 일은 비슷하지요. 그런데 돈 차이는 엄청 많았고. 그래 인제 거기서 일해가지고 장성광업소에서 한 5년 하다 보니까 정식부가 됐으면 좋겠는데 정식부가 안 되거든요. 그래가지고 내가 그때 "사북으로 가야 되겠다. 동원탄좌로 가야 되겠다." 그래가지고 내 그다음에 동원탄좌로 들어가게 됐어요.

나이가 서른 정도 돼서나 사북 가시는 거 같은데, 그럼 부인과 결혼은 언제 하셨어요?

아, 그게 까딱하면 인제 나이 계산이 나오겠네요. 내가 사북광업소 들어가가지고, 거기가 취직이 됐어요. 취직이 돼가지고 한 1년 했나? 이러다 보니까 여 철암에 있는 외사촌 매형이 "아우, 처남 빨리 장가가야지. 안 가면 안 돼. 안 되잖아." 뭐 장가갈라 그러면 색시가 있어야 장가가지 혼자 장가갈 수가 없잖아요. "내가 그럼 중신 한번 해 보겠다." 이거예요. 그래가지고 매형이 중신을 했는데, 내 지금 이 사람이랑 이게 또 연결돼가지고 결혼을 하게 됐어요.

그전에는 한 번도 만난 적 없으셨겠네요?

예. 그렇죠.

사모님도 태백 분이세요?

아니, 아니에요. 대구예요.

어떻게 중신이 연결됐던 거예요?

대구인데. 원래 상주 점촌인데, 그 부모님들이 문경 [그 어디 출신이야]. 그런데 부모님들이 같이 대구 서문시장 부근으로 [이사 가서] 그쪽으로 살면서 나를 만나가지고 결혼하게 됐어요.

매형이 사모님의 부모님들하고 아는 사이였던 거예요?

그러니까 그때가 내가 서른 살에 했나, 서른한 살에 결혼했나 그렇고.

사모님하고 나이 차이는 얼마나 나세요?

그러니까 여덟 살 차이예요.

선생님이 여덟 살이 더 많으세요?

네. 본 나이로 따지면 45년생이고, 그게 열 살 차이나[차인가]?

사모님이 55년생이신 거죠?

아, 53년. 53년생.

아, 53년생. 본래 나이로 따지면 여덟 살 차이 나는 게 맞는 거네요.

예. 여덟 살 차이거든요.

그 당시에 보통 그렇게 나이 차이가 났었어요?

아니, 그런데 나이 차이는 있다고 생각했는데, 저 사람이 또 그때 좋다 하고 그러다보니까 결혼하게 된 거지요.

동원탄좌에 입사하고, 사북으로 이미 가 계신 상황에서 매형분이 연결을 해 주셔서 결혼을 하신 거예요?

사북광업소 다니면서 한 1년 됐을까, 이래가지고 그 얘기 돼 가지고 결혼하게 됐어요.

사모님께서는 대구 서문시장에 있으시다가 결혼하면서 사북으로 오시게 되신 것이고? 선생님은 사북에서 결혼 전에 이미 사택에 들어가 있는 상황이셨나요?

예.

독신자 합숙소에 계셨어요?

지금 저 강원랜드, 그 자리가 사택이 됐거든요. 그래 거기 들어갔댔어요.

그러면 사시던 그 방에 사모님만 들어오신 거예요?

예. 그렇지요. 그래가지고 거기서 결혼하고는 사북 이 앞에, 그 밑으로 방을 얻어가 이사하고 내려왔댔어요.

사택 말고, 그 독신자 합숙소 말고 밑으로 내려오셔서 방을 얻으셨어요?

예.

# 2. 점차 누적되는 불만들

◇ ◇ ◇
## 사북광업소의 근무 조건

사북에 가고 나서 어머님 생계는 어떻게 하셨어요?

그땐 밑에 동생이 내보다 직장을 먼저 잡았어요. 그래가 함태광업소에서 직장을 잡고 일했어요. 걔가 그러다 보니까, 물론 어머니가 혼자 여기서 사시다가 나중에 저 밑에 동생네 거기 사니까 거기로 들어갔댔어요. 거기로 들어가고. 그다음에 저 동생이 어머니를 많이 모셨지요.

동생도 결혼을 좀 일찍 한 거였어요?

동생이 결혼을 내보다는 어찌됐든 간 늦게 했댔어요.

동생이 혼자서 어머님을 모시다가 결혼해서 같이 모셨겠네요?

예.

장남이시고 사북에서 결혼도 하셨는데 '어머님을 사북으로 모셔와야겠다.' 생각을 하시진 않으셨어요?

그거는 그렇게 했는데 어머님이 그거는 반대를 해가지고 오시게 안 됐습니다. 안 됐는데, 그래 그 밑에 동생네하고 또 동생하고 그래 있으니까 마음이 더 편했던지.

사북 동원탄좌에 가야 되겠다라고 생각하시게 된 계기는 뭐였어요?

그러니까 장성광업소서는 정식부 안 되고 임시부로 계속 있으니까, 이거 찜찜하잖아요. 그때 여기에 형님뻘 되는 분들이 사북에 가서 먼저 시작하고 있었댔어요. 그래가지고 그 형님뻘 되는 분인데[한테] "나도 좀 들어가면 안 되겠나?" 하고는 "아, 들어올라면 들어온나." 그래가지고 이제 들어가게 돼 있었고. 여기[장성] 아는 분들이, 사북에 내가 친한 분들이 꽤 여러 사람 들어가 있었어요.

처음에 들어갔을 때는 생활이 어떠셨어요? 장성광업소에서 임시로 하는 거랑, 동원탄좌 들어가셔서 정식부로 일을 시작하신 거랑 대우가 확실히 좀 달랐나요?

대우보다도 그 임금 차이는 조금 나았지요. 여기[장성광업소]는 임시부 생활을 했고, 거는[거기는] 그래도 정식부 생활을 하니까 돈은 좀 다소 낫지요. 그때 장성광업소나 사북광업소나 이 후생 같은 건 비슷했어요.

장성에서 사택이 임시부한테도 다 나오는 거였어요? 임금 차이 말고는 별 다른 차이 없었나요?

여기[장성]서는 임시부 일할 때니까 사택 같은 건 주질 안 했고요. 거기[사북] 가니까 동원탄좌에선 사택을 줘가지고 들어가서 생활을 했는데.

동원탄좌가 커서 다른 조그만 데보다는 확실히 낫다 싶은 그런 것들이 좀 있었어요?

네. 좀 그런 생각을 했었지요. 사북에 동원탄좌, 고한에 삼탄[삼척탄좌], 이게 그때는 비슷비슷했거든요. 비슷했는데, 사북으로 가게 됐어요.

역시 아는 분들, 형님 분들이 먼저 가 계셨기 때문에 사북으로 좀 더 쉽게 선택을 하신 거네요?

예.

일할 때 작업복이나 헬멧이나 이런 것도 사북 쪽이 좀 더 좋았어요?

아니, 그거는 장성광업소나 사북 동원탄좌나 거의 비슷했어요.

제일 차이가 있었던 건 임금이었다는 느낌이셨겠네요?

그건 임시부 생활해선 그 봉급이 얼마 될랑가 기억을 못 하고 있는데요, 그 임금은. 우쨌든 그건 정식 됐고 이거는 임시부고 그러는데 나슨[나은] 거는 맞았다 봅니다.

정식부로 일을 하게 되면 몇 세까지 계속 일을 할 수 있는지, 그런 규정이 있었어요?

그런데 그땐 젊은 나이에 내가 그런 생각을 못 해 봤지요. 그래서 이석공 같은 데를 보면은 지금 정년이 55세로 보고 있지요 아마. 55세로 있는데, 그때도 사북도 맨[마찬가지로] 그렇지 않았나 그래요.

사북은 전국 각지에서 사람들 많이 모였잖아요.

그렇죠.

혹시 같이 일하셨던 분들 중에 좀 독특했다거나, 출신이 신기했다거나 그런 사람들은 있나요?

그게 보면은 전국이 다 모여, 광산에는 이래 보면 다 전국에서 모여가지고 섞여 있더라고요. 사북뿐만 아니고 다 그래요. 그런데 그때는 그냥 일하는 데 신경 쓰고 뭐 하다 보니까 그냥 한 블록에 일하는 사람들은 다 알지요. 블록은 자주 만나니까 다 알고, 얘길 해 보니까 다 좋아요. 다 좋고. 퇴근 때 내려가다가 한잔한다든가, 일요일 날 또 모여가지고 한잔하든가 이거는 자주 되지요. 그러니까 자연적으로 친밀감은 이루 말할 수 없이 좋은 거고.

그래도 같이 일하는 사람들 중에 이상한 사람 없었어요? 혹시 좀 다투셨다거나 기억나시는 거 없으세요?

약간 못된 사람이라든가?

그렇게 생각 들었던 사람.

그런 건 별로 기억이 안 나요. 그리고 내가 동원탄좌 들어가서 그 후에 결혼하고, 큰 불편 없이 작업을 하는데, 우리 항에, 우리 개소에 감독이 누구였댔나 하면은 이원갑 씨라. 그래 이원갑 씨를 만났으니까요. 저기 이원갑 씨가 선배거든요. 여기 맨 태백 출신이란 말이요, 이원갑 씨가. 그래가지고 이원갑 씨인데[한테] 참 좋은 얘기 많이 들었어요. 많이 듣고. 재밌었지요.

이원갑 선생님께서는 주로 어떤 이야기를 해 주셨어요?

뭐 이 작업하는 데, 보통 그 굴 감독이라면 대한석탄공사는 반장이지만 사북광업소는 감독이래요. 감독이라면요, 조합원들 우습게 취급하고 "야, 이 새끼 빨리 못 해?" 그런 건 뭐 깔려 있거든요. 그런데 이원갑 씨는 그런 게 없고, 또 이게 같은 태백이라고 생각해서 좋느냐 이러고 생각할 수도 있는데, 봐가지고는 그렇지도 않은 거 같아요. 그 모든 사람들 같이 일하는 사람들인데[사람들한테], 밑에 일하는 사람들인데 하는 게, 이게 참 경우 있게.

욕하거나 이런 거 없이 챙겨 줬어요?

네.

감독이 돌아가면서 사람이 바뀌고 이러는 게 아니고 이원갑 씨하고만 계속 하신 건가요?

아니, 그게 매년마다 바뀌어요. 그래가지고 한 1, 2년 될라는지. 그러니까 감독이고 우리는 그 밑에 감독 지시를 받는 사람이고, 이렇게 작업을 했는데, 작업 지시 뭐 이렇게 하는데 그게 반감이 가고 그런 게 못 느꼈어요.

어떤 분은 감독한테 반감이 생기면 좀 싸우는 일도 있었어요?

어, 그렇죠. 그런 거 많죠. 그런데 그 시절에는 감독 걸어가지고는 득 볼 일 없거든요. 하여튼 감독이 뭐 얘기해가 무조건 따라야 되고.

약주를 많이 즐기는 편이셨어요?

예.

술 많이 드셨어요?

예, 예. 지금도 뭐 먹고 있습니다.

(웃음) 첫째는 언제 낳으셨어요?

첫째, 결혼하고 한 1년 돼가지고 낳았어요.

둘째 셋째 계속 나이 차이가 좀 많이 나는 편인가요?

예, 맨 두 살 차이 되니까요.

세 남매가 첫째 있고, 2년 차이 있고, 또 2년 차이 있고 이렇게?

예.

애기들 걸을 때 되면 또 애기 생기고 바쁘셨겠어요.

그거는 (웃음) 나는 뭐 일하고 술 먹고 하느라고 힘들고 그건 크게 못 느꼈지만은, 이 사람은[부인은] 많이 힘들었지요. 지나가고 와가지고 내 생각해 보면 이 사람[부인]도 참 고생 많이 했어요.

사모님이 혼자서 집안일을 다 하셨었나 봐요?

그렇지요. 아니 뭐 그때는, 다섯 식구 아닙니까? 다섯 식구 이 정도는 아무것도 아니래요. 전에는 농사짓고 일곱 여덟 다 키우고 이런 거, 우리 한 대[세대]도 아니래요, 반 대 우로는 다 그 고생을 [했지요].

예. 이원갑 선생님만 해도 엄청 많다고 그러셨지요?

그때 그게요. 저 이원갑 씨는 딸을 떼고 놓으니까 무조건 아들을 낳아 야 된다 이거지요. 그래 낳다 보니까 여덟 낳고 아홉째 아들을 얻었단 말이에요. 이게 하튼 대복이지요. 그리고 보통 사람들, 그때 산아 제한이 있었어요.

네, 맞아요. "둘만 낳아 잘 기르자."

　둘만 낳으라 해가지고.

셋째까지 낳으셨고 첫째가 바로 아들 낳으신 거죠?

　예.

장손이니까 할머니가 많이 좋아하셨겠네요?

　예. 장손이죠.

◇ ◈ ◇
## 사북광업소에서 맡은 일

사북에서는 어떤 일을 맡아서 하셨어요?

　그때 그 굴진(掘進)이라고, 암석 캐는 거. 그 일 들어갔댔어요. 그 일 들어가가지고, 그 일도 해 보고. 또 보수라고, 갱도 지주대 이런 거 보수도 하고 주로 그런 것들 하고 있었댔어요, 거기에.

보통은 3교대인데 일은 어떠셨어요?

　그렇죠. 3교대지요.

아까 암석 캐는 일 같은 것들도 3교대로 그랬어요?

　갑을병 3교대죠.

거의 선두로 들어가 계셨겠네요? 굴진도 해야 되고. 동발도 보수하셔야 되니까 계속 첫 번째 작업장에 들어가 계셨겠어요. 제일 끝에 있는 작업장으로.

　첫 번째, 대번 저 굴진하는 데 글로 배치가 돼가지고 일했어요. 거기서 일하다가 나중에 동발 보수하는 데 그쪽으로 일하다가.

굴진은 다이너마이트도 써야 되는 작업일 텐데 위험한 작업 아니에요?

맨 위험하죠.

일하시면서 사고는 안 겪으셨어요?

내 부서에서는 큰 사고 없었댔어요. 이런 광도 같은 데서 뭐 중상, 사망 일어난 거는 많았지요.

일하시면서 아파서 일을 쉬거나 이러지는 않으셨어요?

크게 아파가지고 쉬고 뭐 그런 건 별로 없었지 싶어요.

주변에 아파서 일을 쉬거나 사고 나서 일을 그만둬야 되거나 그런 분들은 많이 없으셨어요?

글쎄 오래 돼가지고 뭐. 그런 게 여럿이 있었다고 봐요. [여럿 있었다고] 보는데. 지금 뭐 기억이 안 나니까 말씀드리기 뭐하고.

◇ ◇ ◇
## 임금 문제에 대한 불만과 광노 방문

노조 활동도 하셨어요?

아니, 난 노조 활동 그런 거는 안 했습니다.

동원탄좌에 74년에 들어가신 거 같은데, 그때 이후로 일만 꾸준히 하시고 계신 상황에서 80년에 사북항쟁이 일어나게 되는 건가요? 그 과정에서 특별하게 역할을 했던 거는 별로 없으시고요?

이게 보면은, 그러다 보니까 거기서 이원갑 씨하고 뭐 얘기를 하고, 또 자주 만나게 되고. 그때 이원갑 씨는 노조 대의원이 됐거든요. 노조 대의원이 됐는데, 노조에 대해 가지고 얘기를 주로 해요. "지금 현 지부장이 직선제 선거를 해야 되는데 이거를 안 하고 있다." 그런 식으로 우리가 앉아가지고 술 한잔 먹으면서 한다던가, 기억에선 앉아가지고 그런 얘기 오가거든요. "그런데 그거는 해야 되는데 왜 안 했느냐?" 이런 식이 되고. 그때 사건 발발 직전에 한참 전이죠. 한참 전에 이원갑 씨가 "이거는 지부장이란 사람이, 임금 인상을 우리가 지부에서 상정을 했는데, 지 맘대로 지 독단적으로 회사하고 결탁을 해가지고 우리가 40 몇 프로를 신청했는데, 지 이미지대로 20프로만 주면 된다. 달라. 이거를 회사하고 결탁해가지고 그러한 관계가 생긴다. 이거는 말도 아니다." 이런 식으로 이원갑 씨나 그 신경 씨나 대의원이니까 그런 얘기를 해요. 우리는 그거 모르고 있었던 얘긴데 그런 얘기 하니까 "아, 그런 게 어딨느냐." 그 열 받는 일이 아니야 이기예요. 그래가지고 "이거는 그러면 안 된다. 이러다 보니 나중에 이걸 갖고 극단적으로 이걸 해야 되겠다." 그래가지고 광노까지 갔던 일이 있는데.

그런 얘기는 주로 어디서 모여서 들었어요? 술 같이 드시면서 얘기한 거예요?

그런 게 많지요. 휴일 때나, 뭐 어떤 땐 퇴근 때나. 그래가지고 얘기가 주로 오고가고. 또 현장에서도 그런 얘기가 주로 또 오고가고.

그럼 이원갑 선생님이 얘기하는 임금 얘기를 듣기 전에는 돈이 나오면 "이렇게 나오나 보다." 하고, 그 월급이 얼마나 오르는지는 별로 신경을 안 쓰셨어요?

실은 그렇지요. 신경 안 썼는데, 나중에 지부에서 그 대의원들이 하는 얘기에서 그런 식의 얘기가 나오니까 그건 아니다 이거지요. 줄 거는 주고 해야 되고 후생 복지 같은 것도 좀 해야 되고. 그 당시에도 목욕탕이 없어가지고 집에 가서 목욕했어요. 빨래도 집에서 뭐 빨래하고.

그래서 물을 다 길어다가 했어야 되겠네요?

예. 그러한 환경에서, 또 지부에서 지부장이란 게 그런 식으로, 이 조합원 [임금] 인상을 한 푼이라도 더 받아 줄 생각을 해야 될 사람이 이걸 가지고 삭감시키고, 이딴 건 아니다 이거야 이거는.

아까 사택에 안 살고 내려와서 살고 계셨다고 하셨는데 그게 어떤 집이었어요? 월세를 내면서 계신 집이었어요?

그렇죠. 월세 내고.

월세도 내야 되고, 생활비는 생활비대로 들어가야 되고, 애들도 크고 있고. 광산 일하시면서 아버님 혼자 돈을 버신 거죠? 사모님께서 따로 뭐 수입 있는 일을 하신 거는 아니고 살림만 하셨어요?

없지요. 수입은 내뿐이고.

수입으로 월세 내고, 생활비 쓰고, 자식들 키우고 하는 게, 이게 다 할 수 있을 정도였어요?

그러다 보니까 좀 어려움이 말할 수 없어지는 거지요. 말할 수 없는 거지요.

월급만 가지고 먹고살기 힘들다는 생각을 하셨을 때는, 다른 걸 해 봐야 되겠다거나 돈을 좀 더 불릴 수 있는 걸 고민해 봐야 되겠다거나 이런 생각 해보셨어요?

글쎄 뭐 배운 게 없으니까, 이 노동밖에 없잖아요? 그러니까 뭐 어떡하든지 그냥 주면 주는 대로 받는 거고, 뭐 시키면 시키는 대로 한다는 얘기지요. 그런데 나중에, 그 노조에서 얘기가 이런 식으로 대두가 돼 나오니까 기분 좋은 사람이 없다 이거지요.

그런 얘기는 이원갑 씨한테 처음 들으신 거예요? 다른 사람들은 얘기를 안 했었나요?

아, 맨 그 이원갑 씨가 접촉을 자주 하니까 먼저 이원갑 씨한테 들었지요. 또 중간 중간에 그 대의원들이 있고, 그 지부에서 흘러나오는 얘기들 뭐 이런 거 듣다 보니까 사람이 실은 편치 않았지요.

이원갑 씨가 "우리가 뭔가를 해 보자." 라고 이제 제안을 한 거예요?

그렇죠. 이게 "그 지부장이라는 게 이런 식으로 하는데 이건 안 되겠다." "이게 뭐 하다못해 저 광노에 올라가가지고 광노위원장인데[한테] 가가지고 이걸 가지고 따지든지 해 봐야 되겠다." 이런 식으로 얘기가 대두가 되니까 다 좋다 이기지요. 가자고.

서울에 있는 전국광산노조에 몇 명이나 같이 갔었어요?

그때 확실하게는 잘 모르겠는데 한 15명 정도 됐지 싶어요.

그날 같이 광노에 찾아가셨던 거예요?

예.

광노에 올라갈 사람들은 어떻게 뽑은 거예요? 갈 의지가 있는 사람들 다 가자 한 건가요?

그렇지요.

누가 가라 이렇게 한 건 아니고요?

아니, 그런 건 없고 본인들이, 하여튼 이 얘기가 이렇게 되니까 가서 따지고 오자고.

광노에 누구누구 같이 가셨는지 혹시 기억하세요?

그때 이제 보면은 이원갑 씨, 신경 씨, 그리고 어떻게 된 게 그 나머지 사람들은 다 내가 잘 아는 사람들인데 지금 그 이름이 기억이 안 나가지고.

서울에 올라가기 전에 좀 같이 알고 지내던 분들 위주로 올라가셨나 봐요?

예. 그러한 사정을 [알고], 그거 모인 사람들은 그런 얘기가 돼 있었어요. [얘기가] 돼가지고 "그러면은 내일 올라가자" 이런 관계로 해가지고 그러고.

*그때 가셨던 분들은 거의 같은 작업장에서 일을 하던 한 반 분들이셨어요?*

아니래요.

*여러 반이 모였던 거예요?*

예. 그게 사북광업소 보면은, 저기 화절령에는, 거기가 몇 항이냐? 거기에 있고, 그 밑에 820, 우리 항도가 760, 그 밑에 620. 항도가, 갱도가 들어가고 나오고 하는 데가 네 군데가 있었어요. 네 군데서 있는 사람들이, 그 뜻이 있는 사람들은 여기저기서 다 모인 거죠.

*일을 빼고 나온 사람들도 있고 그랬겠네요?*

네.

*이원갑 선생님 선거 운동 같이하던 분들끼리 좀 해서 광노에 올라가셨어요?*

그렇다고 보지요. 그렇다고 보는데 선거 운동을 한다는 거보다도 그 당시에 노조 집행부가 상당히 껄끄럽게 나오잖아요. 이원갑 씨가 저 직선제 선거를 하자 이러니까 이거를 가지고 저들 쪽에는 반대를 하고, 그렇게 나오고. 임금 협상을 한다 하면서 임금 협상을 한 결과가 그때 대의원들이 40프로 정도 [임금 인상]를 요구 걸었는데 그 지부장이 이걸 가지고 일방적으로 회사하고 합의를 해가지고 20프로로 결정해 놨어요. 그런 와중이 되니까 조합원들은 듣기가 참 싫지요. 그리고 대의원들이 이거를 가지고 40프로 추진했는데 이런 결과가 나오니까 이게 좋지 않은 감정이 남았던 거지요.

*광노에 같이 가실 때 조금 무섭지는 않으셨어요? 전에 재판도 한 번 경험이 있으시고 해서 좀 겁이 났을 수도 있을 거 같아요.*

아니, 그거는 뭐 겁이란 거보다도, 이거는 성격이 안 좋은 이런 타입이 아니래요. 이래선 안 된다 이기지요. 왜 지부장이란 것이 임금을 갖고, 그리고 그때 곁들여가지고 나온 얘기가, 저기 지부장 선거 이래 가지고 또 "이거는 이재기는 그니까, 선거를 하자. 이거는 안 된다. 광노에서 이 선거 말린다." 이런 식이 돼 놓으니까 이게 그 얘기가 점점 야박해졌지요. 야박해져, 그렇게 가는데.

광노에 올라가서는 주로 어떤 걸 요구하셨어요? "직선제랑 임금 인상 40퍼센트를 해야 된다." 그게 주된 요구 사항이었나요?

예. "20퍼센트란 것 가지고는 이건 무효다. 광노위원장아 이거는 시정하라." 그리고 사북 지부장 선거 이거를 빨리 저거[실시]하도록.

노조원들이 직접 뽑을 수 있게 하자는 거죠. 그런 요구를 했을 때 광노 측에서는 어떤 입장이었는지 기억나세요?

그때 그래가지고 이제 광노 사무실에 우리가 들어갔댔는데, 그때 광노 직원들이 몇이 없었어요. 자세히 뭐 직함이나 이름이나 지금 기억이 안 나는데 거기서가지고 이렇게 되니 "좌우간 그러면 이거는 광노위원장이 책임질 일이니까 우린 아니다."[라고 해서] "그러면 광노위원장을 데리고 온나." 이런 식으로 돼가지고, 거기서 [광노위원장을] 안 데리고 오니까 우리 거기 갔던 사람들 거기서 좀 농성이 심해졌지요.

결국 위원장은 못 만나 보셨어요?

예. 그래가지고 위원장이 오라고 그러니까 안 오고, 거기서 뭐 웅성웅성하고, 그거 뭐 책상도 들먹거리고 이런 상황까지 있었댔는데 결과적으로는 최정섭이가 안 나타났어요, 그때 광노위원장이.

못 만나 보시고 그냥 사북으로 내려오시게 된 거예요?

그 와중에 그게 그러다 보니까 오후가 되겠지요? 오후인데 회사 보안부장이라고, 이름 모르겠는데 보안부장이 올라왔어요.

보안부장이 그게 노조 보안부장이지 싶어요. 노조도 그런 그 부서가 있어요. 보안부장이니 오래 돼가지고 그런 확실한 건 내 잘 모르겠는데, 이 사람이 올라왔댔는데 "올라와가지고 이러지 말고 그만 내려가자. 내려가가지고 회사 가서 우리가 얘길 하자. 회사 내려가면 지부장을 저 만나게 해 줄 테니까." 그러니까 회사에서 그 지부장을 만나자 하니까 지부장이 안 만나 줬어요. 어디로 갔는지, 어디 있는지 그거를 모르는 상황이고. 그래 "델꼬 온나. 만나야 된다." 하니까 지부장이 안 나났댔거든요. 그런 결과가 되기 땜에 광노에 올라갔던 건데, 그래 인제 그 보안부장이 와가지고 "그러면은 내려가자. 내려가면 지부장 만나도록 해 줄게. 내려가서 우리가 가가지고, 노동조합에 가가지고 이걸 가지고 논의를 하자. 내려가자."고 [한 거지요]. 그때 보니까 그 보안부장이 상당히 내려가는 권유를 많이 종용을 했어요. 그러니까 마지못해가지고 이원갑 씨는 그때 가기는 같이 갔는데 그 사무실에는 없었어요. 바깥에 있었는 거 같은데요.

들어갔댔는데요. 그리고 거기에서 신경이가 그 앞에서 얘기를 많이 했어요. 컨트롤 많이 했어요. 그래가지고 거기서 이원갑 씨하고 그 보안부장하고 같이 앉아가지고 그런 얘기를 했는지 안했는지 그건 잘 모르겠는데, 좌우간 그래가지고 결정은 그렇게 났어요. 그럼 내려가자고.

예, 예.

그렇지요.

　예. 내려올 적에 다 같이 내려왔지 싶어요. 올라갈 적에도 다 같이 올라갔고. 그런데 그 사무실에서는 좀 많이 안 있었어요. 우리들이, 그 올라가는 동료들이 거기서 상당히 웅성거렸지요. 그래가지고 내려왔는데, 시간상으로 봐서 그날 저녁에 노조 사무실에 들어갈 시간이 아니지 싶어요. 그러면 그 다음날에 우리가 또 노조 사무실에 갔는 건지. 그 아침 차에 올라갔다가 그러면 오후 차에 우리가 내려왔다는 얘긴데. 내려오면 내려오는 시간이 있고 이런데, 그러면 밤이 됐다고 볼 수 있는데, 그때 밤에는 노조 사무실 그날 들어갔는 건지, 아니면 그 다음날 우리가 모였는 건지. 그게 지금도 생각이 좀 미비해요.

# 3. 사북항쟁 당시의 모습

◇ ◈ ◇
## 경찰 개입에 대한 불만의 축적과 폭발

광노 사무실에 갔다가 다시 사북으로 오신 거네요.

그래 내려왔는데 그전부터 뭐가 이 사람을 속을 긁어 붙이냐 하면은, 사람을 열 올리냐면은 파출소, 정선경찰서, 모든 이 형사들 어꼇하면은 [걸핏하면] 노조 사무실에 나타나가지고 "당신, 이러면 안 된다 말이야. 해 줘라." 이런 식으로. 노동조합 사무실에는 대의원들이 주로 있겠지만은 그 사람들도 마찬가지로 그런 식으로 취급하고. 거기서 조합원들 있는데도 관여를 해가지고 그 사무실 들어와 있으면, 빨리 가라[는] 말이에요. "당신네들 뭐 하는데 여기 와가지고 이러느냐?" 이거예요. 이 사람들이 거기서 엄포를 주고 겁을 줬단 말이에요. "이게 씨, 뭐 어떻게 된 게 이게 말이 아니지 않냐." 이거예요. 노사 협정을 하는데 경찰관이 왜 와가지고 그러고 다니냐 이거지요. 이게 얘기가 되다 보니까 사람들이 감정이 안 좋아지면서 같이 동참하는 사람들도 엄청 많아지게 생겼지요.

장성광업소에 계실 때에는 경찰이 별로 안 보였었나요? 사북이 특히 그런 게 심했나요?

그렇지요. 장성광업소에서는 경찰이 오고가고 뭐 이런 거 없었고. 사북에서 하는 그 행세들이, 물론 노조 지부장도 문제지만도 거기서 하는 짓들 경찰관들이 사사건건 타치(touch)를 하고 들어왔어요.

경찰에 대한 불만도 이제 막 점점 쌓이는 거죠?

그렇지요. 그게 어마어마해지는 거지요.

처음에는 노조 활동 같은 거 안 하셨다고 하셨으니까. 그냥 일하다가 근데 얘기 들어보니까 이건 좀 잘못된 거 같다고 생각하게 되신 거죠?

그렇지요.

그러고 서울에 갔다가 왔는데 또 경찰들이 노조 사무실에 들어와 있고, 이런 것들을 보면서 점점 감정이 많이 안 좋아지셨겠네요?

그렇죠. 그때 그러고 다니는데, 저 뭐야, 홍 뭐야? "내려가자. 가서 회사에 가서 해결하자." 그래요. "가면은 이재기를 만나게 해 주겠냐?" 그러니까 "해 준다." 그래요. 그래 내려오니까, 이재기 데리고 오라 하니까 이재기도 안 나타나지요. 거기서 경찰관들은 막 와가지고. "이거는 불법 집회니까 당신들 가라. 다 빨리 해제[해산]하라." 이기예요. 그게 그 관계가, 그 앞에서 파출소장이 "집회허가를 해주겠다." 이 얘기를 한 상황이 됐어요. 그런데 와 보니까 이것들이 "당신네들 이[이거] 불법 집회다" 이거예요. 그럼 그 서장이 집회 허가를 안 내줬다는 얘기예요. 그러니까 "너희들이 뭔데 이 모양 하느냐? 지부장 데리고 온나." 그러다 보니까 사람들이 점점 고마 그 [분위기가] 안 좋아졌지요.

그러다가 경찰들이 도망가다가 사고 낸 게 그때예요?

그때는 하마[이미] 우리들 서울 갔다 온 사람들도 거기에 있었고, 또 하마 일부 조합원들도 퇴근 시간이 돼가지고 많이 들어왔댔어요.

노조 사무실에요?

예. 노조 사무실에 들어왔는데, 그때 경찰관 들어와가지고 "이거 불법 집회니까 해산하라." 이렇게 하니까 우리 조합원들은 가만있어요? "당신들은 뭔데? 이 씨, 집회허가를 내주겠다 해 놓곤 내주지도 않고 이게 불법 집회다 뭐다 씨부리고 들었냐." 이런 식의 감정이 돋치니까 거서 이제 큰소리 나가는 거지요. 그러다 보니까 사람들이 언사가 많이 안 좋아지거든요. 안 좋아지니까 경찰관 하나가 가만있다 보면 안 되겠거든요. 그래가지고 이게 튀어나오더니 그 지프차 세워 놨는데 타더니, 그냥 출발을 한다고. 그때 앞에, 그 사람 이름이 원일오지요?

예. 원일오 씨.

원일오라고, 원일오. 앞에 원일오뿐만 아니고 몇이 가로막았었어요. 가로막아 섰는데, 아니 시동 걸어가지고 그냥 출발을 하잖아요. 이거는 말도 아니라. 그냥 뭐 원일오가 그 차 밑에, 차바퀴에 깔려가지고 넘어가 버렸어요. 차가 딛고 넘어가 버렸단 말이에요. 이러니까 열이 안 받는 사람이 어딨어. 그래 나도 거 옆에서 있다 보니까 이거는 미칠 지경이지요. 사람이 죽었다 이거예요.

그 상황을 옆에서 보신 거죠?

내가 봤어도 사람이 죽었어요.

사람이 차에 치여 죽은 것처럼 보였었어요?

그렇지요. 그거 뭐 차가 깔고 타넘고, 넘어갔으니까 이건 죽었다 이거예요. 사람 얼마나 이거 당황스럽소? 그래가지고 거기서부터 많이 악화가 됐지요.

그게 예상치 못한 상황들이라서 좀 당황하셨겠네요?

예. 그렇죠. 이게 경찰관이라는 게 차를 몰고 사람을 죽였다 이기래요. 그게 죽은 게 맞았어요. 물론 이것도 그 당시에 본 견지에서는. 그래 나중에 병원에 가가지고 보면서 죽진 안 했더라만은. 그런 상황이 되니까 사람들이 보면 대번 뭐 악이 받쳐가지고 파출소 다 몰려가 버렸지요.

그때 파출소로 가신 거예요? 사북지서로 가신 거죠?

예. 사북지서지요.

그때는 어지러워가지고, 하여튼 간에 사람들이 거기서 "경찰관이 사람을 죽였다." 이 얘기가 나가면서 지서 쪽으로 사람들이 그땐 하마 꽤 많이 모였어요. 그 행진을 빡빡하게 행진해서 "경찰관 사람 죽였다." 이러니까 막 조합원들은 들은 사람들 다 동조해가지고 나와 가지고 파출소 가니까 막 빡빡해져 버렸지요.

파출소 안에까지 다 들어가셨어요?

예, 예.

파출소에 가셨을 때 기억나는 장면이 있으세요?

그때 들어가가지고 "집회 허가를 해라. 이재기를 델꼬 온나. 지부장 델꼬 온나." 이게 뭐 말할 수 없이 뭐 마.

파출소에 갈 때 행진 대열의 좀 앞에 계셨나요?

갈 적에는 앞이 아니고 한 중간 정도 되지 싶은데, 파출소 안에 들어갔댔어요. 파출소 안에 들어가가지고 거기서 나도 난리쳤지요 뭐.

그 난리친 게 나중에 경찰관들 때렸다고 재판기록에 들어가 있는데, 맞아요?

그게 저 공소장에 이렇게 쭉 나오고, 보면은 내가 파출소장 멕아지를 [모가지를], 멱살을 거머쥐었더라고요. 그래서 공소장에, 사진이 나와 있는 거이 내가 뭐 거짓말해도 되지도 않는 거고. 아니, 나는 그 열 받아가지고 이재기 델고[데리고] 오라고 내가 멱살을 거머쥐었어요. 아, 사실은 맞고.

광부들끼리 싸움이 난 거에 비하면 멱살 잡는 거는 그렇게 센 폭력은 아닌 거죠?

그건 검찰에서 폭력이라면 폭력이고 (면담자 웃음) 장난이라면 장난이지요 뭐. (웃음).

옛날 탄광촌이 와일드했다는 얘기를 들어서, 그게 어느 정도였어요?

그러니까 이게 회사에서 종업원들을 그렇게 만들었어요. 약이 오르도록. 그리고 거기서 약이 더 올라온 거는 지부장 [때문]이고. 그리고 거기서 약을 더 올렸는 거는 경찰관들이고. 사사건건 와가지고 타치를 했거든요. 그러니 조합원들은 점점 열이 더 받지요. 그때 확산된 저 파출소에서 끝까지, 그날 저녁에는 그때는 확산되는 아주 완전히 초기지요.

서울에서 내려온 뒤 밤에 모였을 때는 무엇 때문에 사무실에 모여 계셨던 거예요?

그래 이제 내려와가지고 사무실 안 갔지 싶어요. 그 상황이 지금 기억이 잘 안 나는데, 그래 내려와 가지고 "이게 그 하여튼 간에 이재기를 만나[게 해]준다니까 만나가지고 이거를 결정을 지어야 된다." 그래 이제 이런 의사를 가지고 그날 저녁에 헤어졌는 건지, 아니면 그 이틀날 모였는 건지.

어쨌든 다음번에 모였을 때는 "이재기를 불러 와라. 이재기를 만나야 되겠다." 이렇게 요구를 하신 거네요?

그렇게 됐지 싶어요. 그 다음날에 노조 사무실에서 같이 다 모인 것 같아요.

그런데 결국 이재기 지부장은 만나 보지 못하신 거죠?

예. 그리 내려와 가지고 "그럼 이재기 데리고 온나." 그 보안부장보고 얘기하니까, 이재기가 안 나타난다 이거예요. 어째 됐든 안 나타나니까 이게 좀 좋지 않은 얘기고. 그 당시에 그걸 가지고 그날 집회를 한다는 걸 가지고 저기 파출소에 신고가 돼 있었는 모양이더라고요.

그러니까 파출소장이 "집회 허가를 내주겠다." 이 상황이 돼 있었는 거 같아요. 그런데 그날 모이니까 사람들이 꽤 많이 모였어요. 거기서 이제 "이재기 델꼬 온나." 이런 상황이 나오니까, 이재기는 안 나타나고, 이 상황 좀 안 좋고. 이런 와중에 경찰관들이 왔댔어요. 경찰관들이 와가지고 "이거는 불법 집회다. 다 해산해라." 이 식이 나오니까, "이게 뭐냐" 이거예요. 파출소장이 집회 허가를 내주겠다고 했는데, 이거 안 내주고 지금 불법 집회라 해가지고 해산하라면 또 뭐이냐고. 이게 이제 말씨름이 되는 거지요. 그래서 상당히 그 얘기가 대두되면서, 조합원들하고 그때 그 대의원들도 물론 거기 있었을 거고 조합원들도 또 하마 거기에 많이 왔댔어요. 그래 이제 이렇게 됐는데, 경찰관들이 불법 집회니까 빨리 해산하라 강요를 많이 해요. 그러니까 우리 조합원들은 상당히, 그런 상황이 가니까 인제 거기서 얘기를, 언성이 높아지는 그거지요.

그러니까 그 경찰관이 가만 생각해 보니까 이게 까딱하면, 저들 뭐 하여튼 간에 좋지 않은 생각을 좀 가졌겠지요. 그러니까 경찰관 하나는 나와 가지고 저기 지프차를 세워 놨던 데 거기 가가지고 올라탔어요. 올라타는데, 그때 그 바깥에도 주변에도 조합원들이 많았거든요. 그래가지고 "차 막아라. 차 막아라." 이렇게 상황이 나오니까 조합원들이 차 앞에 가로막아 버렸어요. 한 서너 사람이 직접적으로 보드에 이런 [식으로] 쥐고 막은 거 같은데, 그때 이 차가 시동 걸고 출발을 해 버렸어요.

차 출발하는 그 장면을 직접 목격하셨어요?

예. 바로 나 그 옆에 있었으니까요. 출발하니까, 아니 사람이 밑에 하나 들어가 뭐 깔려 버리는 거예요. 차바퀴는 넘어가고. 하이고, 이런 깜짝 놀라 일이 또 어디 있어요? 그래가지고 차는 치고 넘어가가지고 내려가 버리고. 우리는 보니까 사람이 죽었어요. 죽었더라고. 아이고, 이제 거기서 대번, 이게 고만 폭발이 생기는데. "경찰관이 사람 죽였다." 그러니까 치인 사람은 그 무슨 차로 저기 병원으로 데리고 갔는지 그게 좀, 경찰차가 와가지고 데리고 갔는지, 하여튼 뭐 주변 차인지 회사차인지 그건 좀 기억 안 되고. 어쨌든 간[간에] 그 죽은 사람은 병원으로 데리고 갔어요.

데리고 가고 사람들이 그 다음에는 "아, 이게 경찰관 사람 죽인 거 아니냐." 거기서 대번 마 불꽃이 튀어 버렸어요. "경찰관이 사람 죽였다." 그래가지고 거기서 다들 아우성치면서 있는데, 그때 모인 거이 한 500명도 넘지 싶어요.

노조 사무실 근처에 500명 정도 이미 모여 있는 상황에서 그렇게 불꽃이 튀었어요?

그 안에 있던 사람들하고 다는 안에 못 들어가니까 바깥에 있었던 사람들이 많았거든요. 그래가지고 그 상황이 되니까 전부 다 "가자. 경찰관이 사람 죽이니 파출소로 가자." 그래 인제 그 시내로 행진해 가면서 손흔들고 "경찰관이 사람 죽였다." [소리친 거지].

다른 건 또 어떤 걸 외쳤어요?

거기서는 하여튼 간에 그런 얘기만 나왔지 싶어요.

"차로 사람 치고 간 경찰관 데려와라." 이런 얘기는 안 하셨어요?

그러니까 '이건 사람 죽였으니 우리 파출소로 가야 된다. 파출소 가면 만날 거고 해명 받지 않겠느냐.' 이 생각 했댔지요. 그래 파출소 갔는데, 거기서 그 파출소장이 있었어요. 그런데 거기서 "왜 집회를 허가를 해 준다 했는데 왜 안 내줬냐. 파출소장 나와라." 그 안에 소장실에 있었던지 뭐 바깥에서 왔는지 그래가 나중에 파출소장이 왔는데, "집회 허가를 내준다 했는데 왜 안 내줬느냐. 이런 결과가 나왔지 않냐, 응? 경찰관 너희들이 사람을 죽였지 않느냐? 이게 무슨 일이냐, 이게. 경찰관 사람 죽이게 돼 있나." 거기서 이제 사람들이 흥분 많이 된 상태지요.

파출소 갔었을 때는 몇 분 정도 계셨어요?

그때 간 사람들이 한 500명 정도 된다고 봐요. 시내로 가면서 그 행진해 가는데, 그 사람들이 파출소로 다 갔던 거지요.

그 파출소장한테 요구하고 이렇게 하는 건 누가 주도했어요?

그 다 마찬가지지요.

웅성 웅성대면서 이 사람도 얘기하고 저 사람도 얘기하고 그런 상황인가요?

예, 예. 감정이 폭발되어 있는 그런 상황이니까. 거기 들어가서 니나 나나 할 것도 없이 "이 뭐냐?" 이거야. "경찰관이 사람 죽였다. 너거가 죽였지 않냐. 사람 죽이게 돼 있느냐. 그리고 파출소장 니는." 반말 다 나가는 거지요. "니는, 이 새끼. 니가 집회 허가를 내준다 했는 새끼가 왜 안 해 주고 그랬냐? 지부장 델꼬 온나. 이재기 델꼬 온나." 하니까는 "아, 지금 이재기 없는데, 내가 이재기 델꼬 오겠다."

파출소장이 이재기 씨를 데리고 온다고 그랬어요?

응, 파출소장이 [그랬어요]. 이 얘기가 거기서 나와 가지고. 그래 인제 사람[들로부터] "당신들이 집회 허가를 안 내주고 사람까지 죽였지 않냐. 이거 어떻게 할 거냐, 너거?" 이게 대두되면서 "이재기 데리고 오겠다." 이런 얘기를 했어요. 파출소장이 그랬는데, "지금 연락처가 없고, 뭐 좀 시간이 걸리겠다." 이 식이 돼 가지고. 거기서 델꼬 오겠다 하니까 그 정도로 그냥 거기서 말씨름 하고 있다 보니까 저녁이 돼 가는데, 이재기를 못 데리고 와요. "델꼬 온다 그래 놓고 안 델꼬 오냐." 이 상황이 이제 점점 나빠졌는 거지요.

거기서 몇 시간 정도 기다리고 계셨던 거예요?

아니죠. 당장 데리고 온나 하니까, 데려다 주겠다 이기예요. 그렇게 파출소장이 얘기한 거예요.

파출소장은 자기가 책임도 못 질 말을 막 한 거네요?

아니, 지도 거기서 뭐 와크덩 덜컹 하니까요. 뭐 겁이 났던지 우옜던지 데리고 오겠다[고 했고]. "이재기를 니가 감싸가지고 돌아친 게 아니냐? 니가 그랬으니까, 니가 감싸고 돌아있었으니[돌았으니], 그럼 니가 이재기 지부장을 데려다 놔야 될 게 아니냐?" 이렇게 닦달을 하니까 파출소장이 "그럼 데리고 오겠다, 내가 데리고 오겠다." 그러니 "빨리 데리고 온나." [했는데] 안 오드라고요. 그러다 보니까 저녁이 되고 뭐 이렇게 됐는데.

저녁이 되고 밤이 되면서 사람들이 더 화가 난 상태가 됐겠네요?

이런 상황이 벌어지니까 퇴근한 사람들도 집에 들렀다가 점점 모이고 을반 입항했던 사람들도 작업을 멈추고 다들 퇴근해가지고 이제 막 모이는 거지요. 그러다 보니까 그 주변에는 사람들 엄청 많아졌어요.

사람들이 더 계속 불어났어요? 사람들이 계속 화가 나고 폭발을 해서 밤에 어떻게 그 상황이 전개가 됐어요?

거기서 이제 그 식으로 극한적인 폭발이 일어났어요. 결국하니까는[오죽하면] 내가 멱살을 거머쥐었겠소?

파출소에 들어가서 파출소장 멱살 거머쥔 게 그 밤에 그러신 거예요?

그렇지요. 그리고 "이재기 델꼬 오라는 데 안 델꼬 오냐? 집회 허가 니가 내준다 그랬는데 왜 안 내주냐? 안 내주는 게 [이유가] 무엇이냐?"

지서로 들어갈 때 이원갑 씨는 없었죠?

네. 거기는 그렇게 [없었어요].

이원갑 선생님은 뭐 하고 계셨어요?

글쎄 그거는 노조 사무실에 있었는지.

파출소 갈 때는 같이 안 가셨던 거죠?

예. 파출소는 없었어요.

신경 선생님은 같이 가셨어요?

　신경이, 신경 씨도 같이 안 간 거 같아요.

그럼 파출소 갔었을 때 상황이 이원갑 씨나 신경 씨가 "우린 이걸 할 테니 당신들은 이걸 맡아 주십시오." 이렇게 나누는 상황은 아니고, 그냥 선생님이 그 상황에서 하다 보니까 파출소까지 가신 거예요?

　예. 그 뭐 이원갑 씨나 신경 씨나, 조합원들이 그분들한테 많이 따라요. 그 먼저부텀 얘기가 진정성이 있고 이러니까 따르는 편인데, 그 당시에는 당신네들은 파출소로 가고 너들은 뭐 하고 그런 지시는 없었어요. 그랬는데, 전부 다 개인적인 생각으로 다 같이, 내 생각같이 그런 생각이 있어가지고. "이거는 뭐 파출소장을 거덜을 내든지, 이재기를 거덜내든지 내야 되겠다. 가만두면 안 되겠다." 이런 심정이 있었기 때문에. [난] 그렇게 보아요.

어쨌든 사북파출소에서 원하는 바를 얻지는 못하신 건데 어떻게 사람들이 해산했어요?

　이제 그러다 보니까 밤이 늦어지고 하니까 내 자신도 "더 이상은 기대를 못 하겠다." 이 생각이 있었겠지요. 그러니까는 집으로 가게 됐고, 다른 사람들도 생각이 거의 그렇다고 보는데.

그러면 귀가하셨어요?

　그러다 보니까 일단은 파출소에서 거의 다 해산했지 않느냐 이 생각이 [생각을] 지금 하고 있어요.

파출소장 멱살까지 잡았으면 그 사람을 더 끌고 나온다든지 아니면 뭔가 더 행동을 했을 수도 있는데, 그걸 더 하지는 않으셨네요?

　예. 그거는 파출소장 보고 "이재기 뗄꼬 온나. 너희들이 사람 죽였지 않냐. 왜 죽였냐." 이런 감정으로 실지로는 멱살까지 잡게 돼있었는[되었던] 거지요. 그러고 내만 멱살을 잡은 게 아니고 그런 게 주위 사람들이

팔 잡고 등허리 두드리고 이런 경우 뭐 많았죠.

파출소 계시다가 그냥 댁으로 가셨어요?

　예, 예. 물론 중앙사택 가게 들어가서 막걸리 한잔 했댔어요.

그날은 그냥 집에서 주무셨어요?

　예.

◇ ◈ ◇
## 항쟁 초창기의 상황

파출소 가서 그렇게 한 번 뒤집어엎고 난 후는 어떻게 했어요? 다시 다들 돌아오신 건가요?

　거기에서 상당히, 그거 파출소 안에서 시간이 많이 걸렸어요. 사람들이 들어가서 뭐 두드려 엎고 무지 난리법석 났지요. 뭐 그런데 거기서는, 그리고 일단 어쨌든 간에 그 시간이 많이 걸리니까 뭐 헤어진 사람 많겠지요. 나도 그러고 맨 나와가지고 헤어졌지, 집으로 갔지 싶은데요.

파출소에 가서 뒤집어엎었지만 그래도 일단 다 "해산을 하자."라는 분위기였던 거예요?

　그때 그게 끝에는 우예 됐는지 [기억이 안 나고]. 어찌됐던 간 파출소장보고 "니, 이재기 델꼬 온다 그랬으니 이재기 찾아내라. 델꼬 온나. 이재기 델꼬 올 때까지 우린 여기서 농성하겠다." 이런 식이 됐지요.

4월 21일에 파출소 갔다 오고 나서 거기서는 상황 종료가 되는 건가요? 아니면 그 다음날부터 다시 사람들이 모이기 시작하는 건가요?

　그렇죠. 그 다음날부터 이제 전 조합원이 다 일어나는 거지요.

어떻게 사람들이 모이게 됐어요?

거시기 되니까 다들 알고, 거기에 지장산사택 같은 거는 이렇게 보면은 그 방송실이 있어요. 방송실이 있는데, 그칸[그렇게 한] 사람들은 방송을 디립다[들입다] 해 버리니까. 이렇게 된 이상 "자, 광업소로 가자. 다 가자." 막 이런 식이 되는 건데. 하여튼 간[에] 그게 한마디 해서 사람이 동요가 되기가 쉽지 않아요. 그런데 그 당시에 하여튼 한마디 딱 하니까 전부 다, 다 막 다 이러고.

어떻게 한마디에 그렇게 사람들이 다 일어날 수 있었다고 보세요? 모이자 했는데 사람들이 다 모일 수 있었던 이유는 뭐라고 생각하세요?

그러니까 이게 하마 저 지부장이 임금 협상 같은 거, 지부장 선거 이런 거도 차일피일 미루고, 20프로 한 거는 지가 잘났다는 식으로 나오고 이러니까 그걸 곱게 봐 줄 사람이 없잖아요. 그리고 그 당시 이원갑 씨가 대의원 하면서 노력을 많이 했어요. 이런 건 이렇게 해야 되고, 저런 건 저래가 이러면 안 된다고.

선생님은 광업소 밑에 따로 살고 계시다가 사람들 모인다는 소식을 듣고 가신 거예요? 아니면 그냥 출근해야 되니까 갔는데 사람들이 이렇게 모여 있게 되었던 건가요?

출근은 아니죠. 하마 이렇게 확산이 되니까 '이거는 시위에 동참해야 되겠다.' 그런 의식으로 갔는 거지요.

파출소 갔다 온 다음날, 4월 22일에는 이제 출근이 문제가 아니었겠네요?

그렇지요.

시위로 발전해 있는 상황이었던 거네요?

아, 그렇지요.

파출소 갔었을 때 파출소장하고 약간의 시비가 붙으셨잖아요?

네.

그때 '아, 내가 이러고 잡혀갈 수도 있겠다.'라는 생각은 안 해 보셨어요?

글쎄 그거에 대해서는 뭐 생각할 여력이 없고. 나중에 끝난 다음에는 '이게 아무래도 그건 좋지 않겠다.' 그거는 뭐 각오를 했고.

4월 21일에 파출소에 갔다가 그 다음날부터 굉장히 확산이 된 거잖아요. 그 다른 날도 그렇고. 그거를 딱 보셨을 때 '아, 이게 이참에 아예 다 엎어 버려야겠다.'라는 생각을 하셨나요? 아니면 조금 걱정을 하거나 다른 생각을 하셨나요?

아니, 그 생각도 나더라고요. '엎어야 된다. 우리 다 같이 동참을 해가 지고 어용 노조 이거 때려 뿌셔야 되고 이 경찰관들도 이거 따져 봐야 된 다.' 이런 생각은 분명히 생기고, 할 건 해야 된다 이거래요. 뭐 이왕 벌어 진 일이고. 이걸 가지고 숨길 조건도 없는 거고.

◇ ◇ ◇
## 경찰들의 침입을 저지한 안경다리 투쟁

4월 22일에 사람들 많이 모였을 때 특별하게 하신 일이 있었어요?

그때는 저 시내 쪽으로, 저 안경다리 이쪽으로 이래 왔다 갔다 하며 동 향을 살펴보는 거 그거지요.

분위기가 그때 굉장히 살벌했잖아요. 안경다리에서 싸움도 나고 그럴 때는 어디에 계셨어요?

그때 안경다리 저 철길 위에 있었어요. 뭐 경찰관들 들어올 적에 거기 있었어요. 들어올 적에 거기서 그렇게 되니까 돌을 던져야 되겠더라고요. 돌 안 들고는 [안 되고], 사람이 흥분돼 있는 상태고. 더군다나 경찰관들 하고 적대시 된 그런 생각을 갖고 있는데, 그거 들어오니까 이거는 돌 안 던지고 안 되겠더라고요.

예. 이제 충돌이 되는 거지요 그때. 그러니까 우리가 흥분돼가지고, 그런 관계는 "경찰관이 사람을 죽였다." 이거 때문에 더 흥분이 됐고. 이게 뭐냐 이래가지고, 그러니까 그 다음날 경찰관들 들어올 적에 "이거는 어떡하든지 대항을 해야 된다. 못 들어오게 대항해야 된다." 그리고 안경다리 부근에 있는 사람들이 많긴 많았지만은, 저 위에 회사 노조 사무실이 있는데 거기 있는 사람들보단 좀 적었어요. 고 위쪽으론 사람들 많았고. 하여튼 간에 그때 전 조합원이 다 남자고 여자고 뭐 하튼 다 몰렸으니까. 그래 됐는데 인제 경찰관들이 들어오니까, 우쨌든 간에 '막아야 된다.' 이런 심정이었기 때문에. [경찰들이] 저기 역에서 들어오는데, 그때서부터는 이쪽에서 돌을 던지는데 그게 태부족이래요. 그랬는데 바짝 들어올 적에는, 거 철도 위에는 돌이 얼마나 많소? 거기서 뭐 사람들 와르르 다 올라와 버렸어요. 거기서 내리 던지니 이거 이 경찰관들 들어오면서 그 최루가스, 최루탄 같은 걸 막 쏘며 들어오더라고요. 막 들어오는데 위에서는 [돌을] 던지고. 그런데 그때 경찰관들이 실패를 좀 봤어요. 그 왜냐 그러면 안경다리 들어오면서 최루탄 쐈는데 바깥으로 쏘니까 바람이 안쪽으로 불어 버렸어요, 안쪽으로. 이게 저들이 다 뒤잡아[뒤집어] 썼다 이거예요, 그 상황이. 그러니까 지들이 그 상황에서 큰 그건 못했단 얘기예요.

네. 그 처음 보는데, 하여튼 간에 그 최루탄 맡아 보니까 뭐 기절하겠더라고요. 눈물콧물 나오고 숨이 다 차 버리는데, 뭐 참 엄청나더라고요. 그래가지고 막 거기서 돌 던지고, 그러다 보니까 내 기억으로는 이 경찰관들이 안경다리 빠져가지고 저쪽에 그 회사 측으로 못 들어갔지 싶어요. 밖에 나갔지 싶어요. 내 그게 분명치 않은데.

그럼 '경찰들 못 들어오게 해야 되겠다.'라고 생각한 가장 큰 이유는 뭘까요? 경찰들이 들어오면 광부들을 다 잡아갈 거라는 생각 때문인가요?

그런 거도 있고. 경찰관들하고 감정이 상한 게 하마 쌓여 있기 때문에. 그게 '이 시팔 것. 저것들 두드려 패든지 뭐 어떻게 해야 되겠다.' 이런 감정이 더 쌓였던 거래요.

감정적인 것 때문에 오히려 더 막으셨던 거겠네요?

그렇죠.

경찰이 무서워서 막는 것보다는 '쟤네들 우리가 본때를 좀 보여 주자.' 이런 마음도 좀 있었던 거네요? 근데 이때야말로 박정희 죽고 나서 군인들이 있을 때잖아요. 1980년 4월이면. 오히려 이때가 경찰이랑 싸우는 게 제일 무서울 시기였을 것 같은데요?

그게 경찰관들이 물러가고 그다음에 군인들이 온다 그렇게 되지 싶어요. 그 다음날.

군인들이 온다는 소문이 있었어요?

예, 예. 거기서. 음…. "원주에서 군인들이 뜬다." 이런 얘기하니까, 그 쉽게 이야기해서 시위 군중들이 상당히 마음이 불안도 하고 들떴다고요. 그래가지고 그날 저녁부터 중앙사택, 새마을사택, 지장산사택 모든데 시위대들이 저 그걸 했어요. 방범을 했다니까요.

돌면서 순찰 방범을 했었어요?

순찰 방범. 밤에는 그렇게 한 줄 알아요.

같이 방범 서셨나요?

예. 그때는 거의 치안이 마비되는 이런 상태기 때문에. 그리고 그때 이게 저 생각한 거는, 이 기자들을 출입 못하게 했어요. 그런데 그거는 뭐 내 생각은 그거는 아닌 거 같은데, 이 조합원들의 생각은 '이것들 기자들이 와가지고 엉뚱한 잡소리만 하고 이따구 소식한다[보도한다]. 그 기자들도 가재는 게 편이다. 이것들 추방시켜라. 못 들어오게 해야 된다.' 이런 관계가 그 당시에 생겨가지고 기자들이 못 들어왔어요.

기사를 우리한테 불리하게 쓸 수도 있다고 생각을 했던 거예요?

예, 그렇죠. 불리하게 보도할 수 있을 거다 그래가지고 기자들이 한 개도 못 들어왔거든요. 그런데 지금 보면은 기자들 못 들어오게 한 거는 [진상을] 밝혀주는 데 그게 제일 잘못이 아니었나 [싶어요].

사북사건 때 신문에 다 '광부들이 폭동을 일으켰다.' 이런 식으로 나왔지요?

폭동. 그런 식으로 나오니까 '다들 맨 똑같은 놈 새끼들이다. 경찰관이나 기자나 다 똑같다, 정부나.' 그런 식으로 감정을 다 서 있었기 때문에 막으라 했는데. 그 당시 기자들 들어왔으면, 그 당시에는 기자들이 폭동이고 뭐 이렇고 기사를 썼겠지만은, 이렇게 세월이 지나온 다음에는 그게 얘기가 뒤바뀔 수 있는 그런 게 아니었나 이기지요.

상황을 좀 제대로 남겨 놨었더라면 지금에 와서는 좀 이야기가 바뀌었을 수 있을 것이라고 생각하세요?

그땐 기사는 '폭도들이다' 뭐 어쩌고 이렇게 기사가 나왔다 하더라도, 그 기사를 주제로 해가지고 그거 다시 분석하면은 이 사북항쟁[의 진상]이 더 밝혀지지 않았냐, 이 생각을 [하지요].

◇ ◇ ◇
## 폭발적인 항쟁 상황에 대한 생각

사건이 일어났을 때 안경다리에서 경찰들이 물러가고, 또 노조원들끼리 모여서 뭐 다른 게 있었나요?

그때는 노조위원들이란 게 따로 모이는 그런 것도 없고. 이재기는 행방을 감춰 버렸고. 이원갑 씨는 가만 보니 이게 너무 확산이 됐거든요. "이걸 어쨌든 간에 자제를 시켜야 되겠다." 이래가지고 동분서주 해가지고 왔다 갔다 하는 와중이고. 그런데 하마 일은 터졌는데 그게 그때 상황으로서는 누가 말리지 못할 그런 상황이 벌어져 버렸으니까. 실은 참 우습드라고요.

우습다는 게 어떤 의미예요?

그게 인제 전부 다 막 그래가지고 그렇게 되니까 동네마다 다 텅텅 비고, 뭐 이렇게 되니까 치안이 없어져 버렸단 얘기래요. 그러니까 좀 불안하지요. 이게 확산은 점점 더 더해 가지요.

일이 어떻게 마무리가 될지 모르겠다는 불안감이 좀 있으셨겠네요?

그죠. 그것도 당연하지요. '야, 이게 해도 이거는 아닌데 너무 확산이 됐다.'

그걸 보시면서 '너무 커졌다. 이건 이제 좀 수습을 해야 되겠다.'라는 생각이 드셨던 거라고 말씀해 주셨는데, 비슷하게 생각하신 분들이 주변에도 있었던 거 같으세요?

염려하는 사람들도 다수 많았어요. 많았는데, 이게 너무 걷잡을 수 없는 상황이 가 놓으니까 이거는 뭐 그대로 놔두는 수밖에 없더라니까요.

'좀 수그러들 때까지 그대로 놔두는 수밖에 없다.' 이렇게 생각하셨던 건가요?

거기선 누가 말릴 수도 없는 거고. 이원갑 씨가 거기 가서 "이거는 안 된다. 너무하다." 노조 사무실인가 어데서, 거기 가[서] 그랬는지 그 얘기 하다가 이원갑 씨는 까딱하면 맞아 죽을 뻔했다니까요.

이미 사람들이 화가 나 있는 상태에서 말리려고 하니까?

그렇지요. 그걸 뒤잡아 얘기를 할 수가 있다고요. 그게 "야, 이 새끼야. 이원갑이 니 때문에 씨팔 벌어진 일인데, 이 새끼가 뭔 개소리 하느냐?" 이 식이 돼 버린다고요. 그러니까 그 참 답답하더라고요. 이원갑 씨는 말 몇 마디 하다가 가만있어 보면 매 맞겠거든요. 그러니까 뭐 뒤로 빠져나오고. 그래 그다음부터는 이제 무슨 뒤에서 수습을 좀 해 볼라고 왔다 갔다 하는 거 같아요. 근데 그거 잘 안 돼요.

그래도 사람들이 이렇게 화가 났던 것도 오래 안 가고 한 3, 4일 정도 후에는 다시 진정이 되잖아요?

예. 그게 안경다리 그 경찰관들 들어오고, 가만 보니까 그날 저녁에 내 기억이 좀 나는데, 회사 그 건물 거기 사람들이 쳐들어갔어요. 저녁부터. 저녁에 거 가가지고 아주 완전히 박살 낸 모양이더라고요. 거기서 난 나중에 보니까 박살 낸 거 맞고. 그때 그 박살 낼 적에 이제 생각이 조금 나는 거는 장성경찰서장이 거기 접객실에 와 있었단 얘기래요.

회사 접객실에요?

어. 회사 접객실에. 그것들이 하여튼 간에 거 와 있으니까 가만 놔두겠어요? 아주 반 죽이다 뭐 놔줬다는구만, [사람들] 얘기가. 그때 그 접객실에 들어갔다 온 사람들 얘기하는 거 보면, 참 뭐 먹을 것도 많고 양주 박스 쌓여 있고 이거 엉망진창이더라 이기예요. 그런데 사람들이 흥분한 거는 "너희들이, 정선경찰서장하고 장성경찰서장 너희들이 여[기] 왜 엎드려 있느냐?" 이거예요. 그래가지고 하여튼 죽도록 매타작을 했는 갑소.

양주가 몇 박스씩 쌓여 있다고 했을 때 그거를 가져다가 노동자들이 같이 먹고 그러진 않았었어요? 노동자들이 경찰서장들을 때리지는 않았어요?

저기 거기에다 양주를 갖다 놓고, 노조 사무실 앞에 경비실에 있는데다가 거기다가 브랑드[블라인드]를 해 놓고. 그때 4월 달이니까 약간 뭐 선선하기는 선선했겠구만. 그래 놓고 그걸로 틀어막아 놨으니 술 취하면은 그 뭔 소리를 못 할 사람들이 아무 소리고 마구 다 지껄이니까 더 지랄이란 지랄을 떠는 거지요.

아니요. 아니, 술은 먹었지만은 양주는 안 먹었지요. 나는 그때 여 중앙사택 부근에 있었는데, 술 좋아하는 사람이 목말라 배기요? 저 가겟집에 가가지고 한잔 먹고. 그때는 뭐 할 수 없고 동향만 보는 거지요. 그 당시에는 잘못 가서 "야, 이거 좀 지나친 거 같은데 우리 이거 좀 양보하자." 이런 얘기 잘못했다간 맞아 죽어요.

◇ ◇ ◇
## 안경다리 투석전 전후 상황

탄광에서 갑을병 이렇게 나눠서 들어가잖아요. 몇 반이셨어요?

예, 예. 그런데 나는 그때 조 갑반이라, 갑반만 했어요.

갑반만 하셨군요?

그때는 내가 보수 작업을 했지 싶어요. 동발. 보갱이라고 보수 작업을 하는데, 보수 작업을 하는 사람들은 갑반만 해요.

처음에 파출소 갔다가 귀가하셨으면 이제 출근 준비를 해야 되는 상황이잖아요. 그런데 출근을 해야겠다고 생각을 하신 거예요, 아니면 이 상황에서는 이제 출근이고 뭐고 못 한다 이렇게 생각하신 거예요?

그렇죠. '완전히 뒤집어졌는 상황에서 출근 같은 거 뭐 생각할 수 없는 일이다.'[라고 생각했죠].

주무시고 일어나셔서 어디 노조 사무실이나 이런 데로 바로 가신 거예요?

그게 나도 그 다음날이, 노조 사무실 쪽으로 내가 갔지 싶어요. 갔는데, 그 시간이 좀 지나가면서 그때 경찰관들이 낮 한 열두시 정도 돼 들어왔는가 [싶어요].

낮 열두시쯤에요?

네. "경찰관들이 들어온다." 이런 여론이 나오고 하니까 '경찰관들 들어오면 안 된다. 방어를 해야 된다.' 이런 심정인데. 그 이튿날 몇 시에 내가 바깥으로 나왔는지 그거는 기억이 잘 안 나는데, 그래도 조금 늦게 나갔지 싶은데 그때 하마 바깥에도 저 노조 사무실, 정문 앞, 이 부근에 사람들 굉장히 많았어요.

그때 어디에 살고 계셨어요?

그때 중앙사택이라고, 저 안경다리 밖에 빠져가지고, 시내 쪽으로 건너오면 한 500미터 거리래요.

예. 그러면 올라가서 보니까 이미 사람들이 많이 모여 있던 상황에서, 그 이후에 경찰이랑 싸움이 벌어지게 된 건가요?

그렇지요. 인제 그러다 보니까 경찰관들이 들어왔고, 뭐 1개 소대인지 하튼[하여튼] 그 인원이 한 50명 안 됐겠나 이렇게 생각 들어요.

사람들이 모이는 거랑, 경찰이랑 싸움이 시작되는 걸 누가 "이렇게 하자."라고 주도하거나 말한 사람들이 있었어요?

그때는 그런 게 없었어요. 하여튼 그 사람들이 마음이, '이거는 들어오면은 안 된다.' 그럼 경찰관들이 이때까지 사사건건 노조에 와가지고 방해지기고 이럭[이렇게] 하고 했는데 감정이 날뛰고. 그러고 이제 그 상황에서 사람이 죽었다 이런 감정이 떠오르니까. 내 생각으로도 그래요. '이 경찰을 때려잡든지 뭐 무슨 수를 내야 되겠다.' 너무 분하잖아요.

중앙사택에 같이 사셨던 광부 분들한테도 같이 나가자 독려하셨어요?

아니, 뭐 독려는 그런 것도 안 했어요. 독려를 안 해도.

다 나왔어요?

다 그런 마음이 비슷했기 때문에, 다들 나오고 그런 상황이지요. 누가 나오라 마라 뭐 이런 건 별로 없었어요.

중앙사택에 사시는 부녀자 분들도 많이 동참하셨어요?

그렇지 싶어요. 중앙사택이 있고, 새마을사택이 있고, 지장사택이 있고 이런데, 그때 이 중앙사택하고 새마을사택에서는 부녀자들이, 좌우간 뭐 부녀자들도 이게 구경거리니까 또 안 나와 볼 수가 없는 거지요. 그리고 지장사택에서는 부녀, 여자 분들이 많이 내려왔댔어요.

오히려 중앙사택이나 새마을사택보다는 지장산사택에서 더 많이 내려오셨군요?

그러니까 회사 정문 있는 데서 그 지장사택이 거리가 한 1키로가 안 돼요. 좀 가까워요. 그게 저기 지금 카지노 자린데. 그러니까 거기서도 좀 많이 내려왔어요. 그리고 그 당시에 이러고 보니까, 전 조합원이 다 참여를 했다고 본다고요. 사람이 그렇게 많았으니까요.

1980년 4월쯤에 조합원은 몇 명 정도라고 보세요?

그게 이제 조합원 숫자는 내가 잘 모르겠는데.

무조건 가입하라고 돼 있었죠?

예. 그게 그 다음해 나온 얘기가 "한 4,000명 안 되겠나." 한 4,000명 정도 된다는 얘기가 나중에 좀 나와 가지고, 내가 그런 줄 알고 있어요.

돌 던지며 경찰들이랑 싸우고 나서 선생님은 어떻게 하셨어요?

경찰관들이 물러나고는 집으로 갔지 싶어요. 집으로 갔지 싶은데, 뭐 집으로 갔겠습니까? 가다가 그.

막걸리 한잔 하시고?

이게 술을 먹어야 되는 거니까요.

그때 사모님이 집에 안 계시고 대구 가셨을 때라고 했는데, 어디 다른 데 나가셨던 거예요?

(구술자부인) 대구 아니고 철암.

철암 오셨을 때, 시댁에 계셨을 때라고 말씀하셨죠?

(구술자부인) 사태 일어났을 때 내가 [사북에] 없을 땐데.

사태 벌어질 적에 당신 집에 없었댔어요?

(구술자부인) 예. 거 가이끼네[가니까 사태가] 벌어져 그날 내가 못 봤지요. 신문으로만 봤지요.

지금 내가 [시간이] 오래 지나갔으니까 그런 기억이 나한테 없다는 얘긴데.

(구술자부인) 옛날 거 잘 잊어뿌지요.

그게 그런 극한 상황이래요 극한 상황이 벌어지니까 뭐 마누라, 자식, 이 생각은 뒷전이래. (일동 웃음) 미안한 얘긴데 뒷전이게 되더라고요.

(구술자부인) 생각할 겨를이 없지요 뭐. (웃음)

사건 후에 한 3, 4일 있다가 다시 출근하신 건 언제쯤이세요?

(구술자부인) 출근 며칠 있다 했잖아요.

출근은 그때 한 일주일 되지 싶은데요.

한 일주일 정도는 출근을 안 하시고 좀 웅성대는 분위기로 시간이 지났어요?

(구술자부인) 일주일 안 됐지 싶은데요. 한 3, 4일 만에 갔다니까.

일주일은 안 됐지 싶네요.

사건 후에 출근 안 하셨던 사이에 생각나시는 일은 없으세요?

그때는 좌우간 이게 뭐 수습이 돼야 되잖아요. 이거 뭐 참 난리가 났으니까요.

(구술자부인) 그거 정리하러 간다고 막 이랬어요.

이게 이거는 아닌데, 실은 이럭[이렇게] 하고. 참 사태는 사태인데, 사태가 많이 벌어지니까 당황스럽잖아요. 당황스러운데, 그 참 우습드라고요. 이거를 수습을 해야 되는데 내가 어느 정도의 재량이 있다면 이원갑 씨래도[한테라도] 같이 가지고 얘기를 좀 거들어주고도 싶은 마음은 있었지만 그만한 재량이 못 되거든요.

그때 이원갑 씨가 좀 거들어 달라고 제안을 하거나 그런 상황은 아니었어요?

아니요. 그런 거는 없었어요. 그런 거 없었고. 내가 얘기를 듣기는, 신경이 쓰이니까 물어는 보죠. "이원갑 씨는 지금 어디서 뭘 하고 있느냐?" [물으니] "그래 인제 협상을 하기 위해서 뭐 읍사무소 갔다. 읍소무소에서 도경국장을 만나고, 뭐 나중에 도지사까지 내려왔지 싶은데, 뭐 협상을 하고 있다." [그래요]. [다들] "그 협상 결과가 어이 되느냐?" 그냥 웅성웅성. 어찌됐든 간에 이원갑 씨는 "이번에 이 사태에 대해서 폭력자로 처벌을 하지 마라." 이 조건을 거니까 거기서는 이걸 수긍을 한 모양이더라고요. 그러면 도경국장이라든가 도지사가 내려와가지고 인제 같이 협상을 [할 때] 협상 팀이 맨 그 이원갑 씨나 신경 씨나, 그리고 또 말 좀 많은 사람들이. 이름은 다 잊어먹어가 모르겠는데, 이분들이 같이 갔었지 않나 이래 생각 들어요.

협상할 때 이원갑 선생님이나 신경 선생님을 직접 뵙지는 못하고, 그렇게 뭐 하고 있다더라 하는 얘기만 들으신 거예요?

그 뒤에부터는 아주 완전히 살벌해졌으니까. 함부로, 한 2, 3일 뒤에는 거리에 나가기가 뭐했어요.

# 항쟁 기간의 분위기

◇ ◇ ◇

살벌해졌다는 건 어떤 의미예요?

그때 경찰관들이 순찰을 그렇게 심하게 한 거는 아닌 거 같고. 어쨌든 간[에] 그러한 느낌이 있어가지고 나 자신도 그러고, 이거 몸을 좀 사려야 되겠다 [생각했어요].

(구술자부인) 겁이 났겠지요.

이런 생각으로 자제를 하고 있고. 다른 사람들 생각도 맨 비슷이 그랬을 겁니다.

공수부대가 지금 들어와 있다거나 들어온다는 소식도 들으셨어요?

그래 경찰관들 들어온 다음, 경찰관들이 거기서[안경다리] 돌아간 다음, 그 다음날 공수부대 들어온다는 얘기가 상당히 많이 대두됐어요. 그래가지고 '공수부대 들어오면 이거 완전히 정말 쑥밭이 된다.' 이거 직감했거든요, 사람들이. 뭐 나 자신도 마찬가지고.

공수부대 들어오는 거에 대해서 대비해야 되겠다는 얘기나 행동 같은 거는 없었어요?

그거는 대비를 할 수 없고. 그때 그것도 있었는 거 같애요. "파출소 무기고를 열어라." 이런 얘기가 대두된 거 같은데, 그거는 어찌됐든 간에 거기에서 누가 만류를 했는지 무기고는 안 열었댔어요.

선생님 입장은 어느 쪽이셨어요?

무기고는 열리면 그건 안 된다고 생각하는 거지요. 무기인데. 그랬는데 공수부대 들어온다 이러니까 참 다급해지더라고요. 그래가지고 그 와중에서 얘기가 "만약에 지금 공수부대가 들어오면 화약고를 폭파하겠다."

항쟁과 그 이후의 삶 – 최돈혁 • 179

이 여론이 나와 버렸어요. 그러면 우리는 대처 방법이 없으니까요. 내 생각도 그래요. '하다못해 뭐 그거라도 해 봐야 되는 게 아니냐. 그냥 죽을 순 없는 게 아니냐.'

공수부대 들어오면 일단 다 죽는다고 당연히 생각하시는 거죠?

아, 그렇죠. 인제 공수부대가 뭐 어마어마하다는 거는 저 뭐.

군대 갔다 온 사람은 아니까?

예. 그 군대 갔다 온 사람이나 얘기를 들은 바에 이렇고, 생각해 보니까 '이거 뭐 살아남을 길이 없다.' 이렇게 생각하고 있는데 "[공수부대가] 들어오면은 무기고 열린다. 저 화약고가 열린다." 이 얘기가 대두됐어요. 대두돼가지고 그때 그 화약고를 누가 또 가서 지키고 있은 사람들이 있어요. 이제 "화약고 열 수밖에 없다." 이 얘기가 대두가 돼 버렸어요. 그런데 결과적으로 화약고 거기 누가 가가지고, 거기서 앞에서 화약고를 지켰댔어요.

못 열도록?

예. 지켰댔어요. 하여튼 간에 지켜가지고, '사람들이 이 무기고 열려고 들어오면은 방어를 해야 되겠다. 무기고나 화약고를 방어를 해야 돼.' 이 심리로써 지킨 사람들이 몇이 있었는 모양이더라고요. 그래가지고 화약고는 무사했고, 그리고 공수부대가 결과적으로는 안 왔어요. 저녁 땀에까지 기다려 봤는데, 올까 하고 주시를 하고 있는데 공수부대가 안 왔어요. 그런데 이 와중에서, 이거는 내가 얘기할 거는 아닌데, 그 협상 과정에서 이게 도경국장이라든가 도지사라든가 그 다수 있는 사람인데, 협상단에서 그 얘기가 대두가 된 모양이더라고요.

그게 어떤 얘기예요?

만약에 협상을 하는 이 와중에 만약에 공수부대가 들어오면은.

화약고를 터뜨린다?

"일부 흥분한 우리 조합원들이 화약고를 터뜨릴 수도 있다." 이 얘기가 거기서 거론이 된 모양이더라고요. 그래가지고 "화약고 이 얘기가 거론이 되니까 그때 공수부대를 보류를 시켰다."[고 하더라고요].

그런 이야기를 들으셨어요?

여론이 생겼지요. 그래가지고 공수부대가 못 들어왔지 않냐. 그렇게 되면은 화약고 저거는 화약이 뭐 아마도 수백 톤도 넘을 거래요. 수천 톤도 되지 싶은데, 그럼 이 사북 그냥 날라가요.

선생님도 화약고를 지켜야 된다는 입장이셨어요?

아니, 그때에는 나는 거의 지나가는 상태에서 그 얘길 듣고 있었지요. "화약고를 지금 방어하기 위해서 지키고 있다."[라는 말을].

누가 가서 주로 지켰어요?

글쎄 그거는, 그때 하여튼 간에 그게 다 거의 조사 과정에 나타났어요. 나타났는데, 그런데 지금 그때 내가 잘 알지 못하는 사람들이 거 있었는 모양이래요. 그러니까 내 기억이 좀 잘 안 나지요.

그리고 그때 있었던 일 중의 하나가, 이재기 씨 부인 사건 있잖아요?

예, 예.

혹시 그때 직접 보셨어요?

아, 나는 못 봤는데, 그 얘기가 뒤에 들은 얘긴데, "그런 상황이 벌어졌댔다." 참 그런 얘기 들으니까 그렇더라고요. '이건 뭐 있을 수 없는 일을 가지고 그랬다. 그래 누가 그따구 짓을 했느냐.' [하는 생각도 들고요].

사건이 일어났을 때도 전혀 보지 못했고, 그 당시엔 듣지도 못하셨던 일이에요? 문 바로 옆에 이렇게 세워 놓았다고 하던데, 왔다 갔다 하면서 다 볼 수밖에 없는 상황 아니었어요?

그게 장소가 어디였냐 하면은, 그 정문 앞 경비실이 있어요. 경비실 고 바로 옆인 모양이더라고요. 그러니까 이 흥분한 사람들이, "이재기 데 려오라." 이재기 델꼬 오라니까 이재기는 안 델꼬 오고, 나타나지도 않고 이 상황이 되니까 사람들이 그 흥분한 모양이래요. 그래가지고 이재기 아 주머니를 끌고 왔겠지요. 뭐 지발로 끌려오겠소? 그러니 거기다 갖다 놓 고 뭐 묶어 놨다고 하고 이런 얘기도 있지만은, 그래가지고 린치 사건이 생겼드라고요.

그때 직접 못 보셨고, 3, 4일 동안은 동향만 봤다고 말씀하셨는데, 그 외에 특별하 게 하셨던 것은 없으세요?

특별하게 뭐 한 거는 없고. 지금 그 얘기 나오니까 하는 얘긴데, 그 린 치 사건 때문에 사북사태가 폭도로 더 과장이 됐다고 봐요. 그거 인제 뒤 에 이래 보면은 이 사람들은 나도 모르는 사람이래요. 앞에서 그 했는 사 람이 영창까지 같이 갔지만은, 그 사람 이름도 안 잊어먹는구만은. 신○ 이지요?

신○이. 예.

신○이로 알고 있는데 우리보다 나이가 훨씬 많았어요. 그 당시에 한 20살이나 더 많지 않았나. 그때 보기는 영감 아니었더냐.

평소에도 알고 지내던 분이셨어요?

아니래요.

잘 모르셨던 분이었어요?

그 사람은 항도가 1030항이라고 저 꼭대기에 있고, 그 밑에 820이라고 중앙갱이 거기 있고, 내 현장은 그 밑에 저기 760이라고 현장이 있고. 3단 됐는데, 그 사람은 저 꼭대기 현장에 작업하는 사람인 모양이더라고요.

그 이재기 씨 부인에 대해서는 평소에 뭐 얘기 들은 게 있으셨어요?

그건 뭐.

전혀 모르는 분이셨어요?

예. 모르는 사람이고.

# 4. 체포부터 석방까지

◇ ◇ ◇
## 항쟁 직후의 감정과 상황

사건이 진정될 때까지는 특별하게 뭔가를 하지는 않으셨어요? 동향을 본다, 아니면 사람들 만나서 이야기 나누는 정도만 하시고?

이렇게 사태가 커졌으니까, 아이고, 이제는 앞으로 꼼짝없이 처분은 받아야 되겠구나. (웃음)

사건이 끝나기 전부터 이미 그런 생각하셨어요?

그럼요. 그리고 그럴 수밖에 없고. 가만 보니까 원갑이 형님은 여기 태백에서 같이 들어갔으니까 일상에서는, 지금 위원장[동지회 회장]이라 하지만은, 그 당시엔 형님 동생 이러고 지냈는데, 뭐 어디 가서 무슨 대책을 세우고 있는지 만나기도 좀 힘들고 그렇더라고요.

사북항쟁 기간 동안은 이원갑 씨를 거의 못 봤어요?

그래가지고 뭐 그때부터 도지사, 도경국장 내려오고. 도지사도 내려왔댔나? 도경국장 내려오고. 이 사람들하고 사북읍사무소에서 대책 회의를 하고 있다 뭐 이런 얘기는 조금 듣고 있었지요.

'그게 잘 해결이 되면은 내가 안 끌려갈 수도 있지 않을까.'라는 생각도 하셨나요?

대책 회의에서 이원갑 씨, 신경 씨, 몇 분들이 거기서 만나가지고 얘기를 하는 게, 그 내용에 "앞으로 우선 좌우간 자제를 하고, 그러면 앞으로 이걸 처벌을 안 하겠다. 시위 군중도 처벌을 안 하겠다. 이거를 보장해 달라." 그런 조건 있었던 모양이더라고요. 그런데 그때는 이거 책임 안 문겠다고 거기서 얘기는 됐던 모양인데, '그거 가지고는 안 될 거다.' 그 정도 짐작은 했지요.

사모님한테 "나는 아무래도 끌려가야 될 거 같다."라고 얘기를 하셨었어요?

그걸 내가 얘기했는지 몰라도 집사람도 그걸 예측했을 거래요.

첫째, 둘째, 셋째 다 2년씩 터울이라고 했는데, 1980년이면 막내도 있을 땐가요?

아니에요. 큰애는 사북서 났고, 둘째 여식애는 내가 그때 감방 가 있었어요.

첫째는 사북에서 낳으시고, 둘째는?

둘째는 그때 내가 저 원주구치소에 가 있는 상황이 됐는데, 그때 집사람이 이거는 뭐 내가 없으니까 어떻게 해 볼 길이 없으니, 이제 정말로 애기 [태어날] 날짜는 다[가] 오고. 이래가지고 친정에 가가지고.

대구로 가셨어요?

네.

사북항쟁 때 이미 어머님께서는 배가 꽤 부른 상태셨겠네요.

그렇죠. 그래서 참 고생도 많이 했고. 내가 집사람한테 할 말이 없지요.

'아, 내가 끌려갈 수도 있겠구나.'라고 생각을 했을 때 되게 걱정이 많이 되셨겠어요. 이미 부인이 만삭인 상태라서.

예. 뭐 하여튼 간에, 그때 입건되기 전에 하마 집사람 배가 부르고 이렇게 됐는데 참 걱정이 되고 말고 그랬댔지요.

주변 누구한테 부인을 조금 부탁해야겠다 할 만한 사람은 없었어요?

주위엔 별로 없었지요. 거기 주변엔 없고 철암에 요기에 어머니가 계셨댔으니까 나오면 되긴 되는데, 그래도 '에이, 친정에 가는 게 더 낫겠다.' 이 생각이 들어가지고 친정으로 가가지고 거기서 몸 풀고 한 두어 달 있다가. 내가 저기 원주 가가지고 판결 받을 그 기간이 한 두 달 됐거든요. 판결 받고 나오니까 집사람도 그때 애기 델꼬 올라왔지요.

대구에 가실 때 첫째도 같이 데리고 가신 거예요?

아니, 큰애는 할머니한테 맡겨 놓고.

몸만 이제 풀러 가신 거예요?

큰애는 애가 순했댔어요. 순해가지고 할머니가 델꼬 있으면 그냥 가만히 있고.

엄마 안 찾았대요?

애는 아가 순해가지고 다른 사람 델고 있어도.

울지도 않고?

칭얼거릴 아가 아니었댔어요.

근데 '아이고, 끌려가겠구나.'라고 짐작하셨던 가장 큰 이유는 파출소 갔던 것 때문에 그런 거예요? 어떤 것 때문에 그렇게 생각하셨어요?

아니, 그거도 있고. 그게 코에 걸면 코걸이고. 저 광노에 갔다 왔는 그 것도 야들이 문제 삼으면 당연히 그거고[문제고], 파출소 간 것도 그거도 문제고, 돌 던진 거도 문제고. 그 시위한 것도, 그 공소장에 시위 뭐 그거 여러 가지가 있는데, 나 그 무슨 얘긴지 잘 이해도 못하겠고.

시위하고 돌 던진 사람들은 수백 명이니까 사실 그거는 문제가 된다고 할 수는 없을 거 같은데, 아무래도 서울에 광노 갔다 왔던 게 제일 크게 걸리셨겠어요. 그거는 사람이 몇 명 안 되니까 누군지도 딱 알 수 있는 문제고.

그렇죠.

그거 때문에 주모자인 것처럼 이름이 올라갔겠네요?

거기서 그래가지고 공소장에 보면 내가 제일 앞에 있잖아요. 이원갑 씨 다음에. 그래가지고 내가 정선경찰서 가가지고 죽다 살아나. 죽다 살아나.

◇ ◆ ◇
## 검거되기까지의 과정

사북항쟁 때 애기들은 철암에 와 있는 거잖아요.

그때 애들이 철암 나와 있었나?

(구술자부인) 예.

사북항쟁 끝나고 나서 '어머님한테 와야겠다.' 아니면은 '다른 가족들한테 잠깐 피해 있어야겠다.' 이런 생각은 안 하셨어요?

글쎄 그 당시에 사건이 이제 다 끝나고 협상 과정에 들어오는데, 사람들이 내나 뭐 없이 불안하잖아요. 그만한 게 생겼으니까. 불안하니까 '야, 이 자리를 피하는 게 안 좋겠나. 우선 피하는 게 안 좋겠나.' 이런 생각을 좀 해 봤지만 나는 '내가 피한다고 피할 곳이 없다. 내가 핸 건 있는데 피해 있어도 될 일은 아니다.' 이 생각을 했고. 그 상황에서 사람들이, 내가 뭐 형님 동생 하고 친구들 뭐 이런 사람들이 많이 도망갔어요. 사북을 벗어나 버렸다고.

그랬군요.

(구술자부인) 친한 사람들, 여[태백시 철암동] 고향인 사람들 다 일로 도망댕기고 이랬다니까요. 사진 찍힌 사람들.

그래도 결과는 그 도망갔던 사람들은, 우짼 사람들은 그래도 그거 책임을 좀 면했어요. 안 그랬으면, 붙잡혔으면 고문당하고 뭐.

(구술자부인) 죽기 살기로 들고 나왔지요.

죽지 않으면 살기인데. 그런데 결과적으로 나중에 보니까 이 사람들 도망갔는데, 철암에 있는 사람들도 몇이 있고 이런데. 여기[태백으로] 온 사람들은, 마을 사람들은 못 붙잡았어요, 경찰들이. 끌려오지 않고, 무사히 그 사람들은 피했더라고요.

*그 사람들 만났을 때 '아, 이렇게 될 거면 나도 도망갈 걸 그랬다.' 싶지 않으셨어요?*

그게 나도 그 생각이 좀 있기는 있었지만, 나는 그래가지고 내가 피해 나갈 수 있는 한계가 아니다, 내 입장이. 나도 한 짓이 있는데…. 실은 내가 그때 이원갑 씨를 "형님. 형님." 하고 따라다니고, 이 과정을 앞으로 우예 해야 되겠다 [생각했어요], 이건. 이원갑이 형님은 "앞으로 이런 건 이렇게 해야 되겠다." [하고 나는] "맞습니다." 이럭[이렇게] 하고 내가 신경을 좀 많이 썼어요. 그러니까 사태 후에 생각은 '내가 피한다고 될 일이 아니다. 당할 건 당하고 해야 되겠다.' 우선 그래가지고 내가 피하진 않은 거[거지] 싶어요.

*이원갑 씨는 무조건 잡혀갈 거 같다고 생각하셨어요?*

이원갑 씨가 먼저 들어갔는지 내가 나중에 들어갔는지, 하여튼 간에 뭐 매[마찬가지로] 그 무렵에 하루 사이나 뭐 이틀 사이나 이렇게 다 정선 경찰서 들어갔던 거지요.

*일단 사건 후에 출근하셨어요?*

예, 했습니다.

*그때 출근하셔서 며칠 정도 일하신 거 같아요?*

며칠 안 했어요.

(구술자부인) 일주일 아니고, 한 2, 3일 정도 핸 거 같은데.

*"나는 뭐 한 게 있어서 잡혀갈 줄 알았다."라고 이렇게 말씀을 하셨는데.*

아, 그래서 그 각오는 했지요. 하마 거기에, 내 잡혀가기 이틀 전인가 '하마 이게 잡아간다.' [그렇게 생각했어요].

잡아간다는 소문이 먼저 돌았어요?

예, 예. 잡아간다[고]. '아, 그럼 역시 내한테도 오겠구나.'

사람들이 잡혀간다는 소문을 듣고 나서, 실제로 잡혀가는 것도 보셨어요?

아, 그거는 못 봤어요. 그거는 못 봤고.

좀 일찍 잡혀가신 셈인가요?

예. 거기 지장산 같은 경우 보면 그 사람들이 밤에 와가지고, 불심 검문을 해가지고 그냥 붙잡아 가고.

(구술자부인) 자다가 막 붙들어 갔다 이러고, 집에 있는 사람.

뭐 이런 게 하마 지난밤에 그런 일이 있었다, 소문이 대번 나요. 그러니까 그게 내가 그때 현장에 출근을 했지 싶어요. 그러니까 그런 소문은 빨리 들어오지요.

사건 후에 출근했을 때는 바로 일을 하긴 좀 어려웠을 거 같은데, 마을 정리나 이런 걸 하셨던 거예요?

어쨌든 간에 출근했으면 일은 해야 되고, 일은 갱내에 들어가지고 작업하는 건데, 갱내에 들어가가지고 실은 그 작업이, 일이 손에 안 잡혔지요. 뭐 이래 들여다보고 뭐 생각만 했을 뿐이지요. 그거 뭐 일은 [안 돼요]. 그러다 보니까 점심 먹고 오후에 한 시인가 두 시인가 이 사이에, 그 드나드는 밧데리, 전차에 무전기가 있어요. 무전기가 있는데, 그 항에 전차가 들어와가지고 나오라 한다고. 그때 그 바깥에, 항이니까 항장이 있고 계장이 있고, 그 있어요. 있는데 "나오란다." 그럼 나오죠. 그래 나오니까 짚차를 그 앞에 대 놨대요.

밤에 붙잡혀 가신 게 아니었어요?

아니요. 낮이래요. 한 아홉 시 정도 됐나? 참, 아니. 두세 시.

점심 먹고 조금 있으니까 그런 거예요?

예.

며칠 동안에 '나도 좀 있으면 잡혀갈 수 있겠다.' 생각하셨는데 왜 사모님한테 전혀 얘기 안 하셨어요?

집에요? 그거를 얘기를 하면은 걱정을 더 할 거고, '갈 땐 가더라도 뭐 얘기는 할 필요 없겠다.' [이렇게 생각했어요].

걱정할까 봐?

그렇죠. 예. 그래 생각했죠.

◇ ◈ ◇
# 항쟁 관련 인물들에 대한 평가

며칠 출근할 때 도망간 사람 많았잖아요. 그때 분위기가 사람들 별로 없고 좀 어수선하고 그랬겠네요?

조합원들이 거기에서 일하던 사람들이 몰려와서 소리치고, 손뼉치고, 손 흔들은 사람들 거의 다라고 볼 수 있는데. 그러나 직접 돌 안 던지고 뭐 '그냥 그 구경한 게 내가 무슨 죄냐?' 이런 사람들은 뭐 본인도 죄가 없을 거고, 그리고 가고 했으니까. '내가 뭐 하는데 붙잡혀 가?' 이런 생각을 한 사람들은 거의 안 붙잡혀 갔고.

그때 작업 나가셨는데 계장이랑 다 있었어요?

예.

**그 사람들은 안 도망갔었나 보네요?**

계장, 항장은 가담을 안 했으니까요. 그때 실은 이 계장, 오히려 항장까지도 마음은 조합원들 편이 됐어요. 그러나 이 사람들은 회사가 눈치가 보여가지고 내색은 못 하는 거고, 음성적으로는 그런 걸 느꼈어요.

**그런 티를 좀 내던가요? 계장들이 종업원들 편이라는 티를 좀 내고 다녔었어요?**

아니요. 그거 내가 보기에는 '저 사람들도 조합원들 심정을 이해하고 그런 쪽이다.' 이걸 내가 느꼈단 얘기지요.

**임금이 너무 낮다거나, 부당한 처우를 좀 개선해 달라고 하는 요구를 이해했다는 거죠?**

그렇죠. 그거는 누구나 원하는 거기 때문에. 그리고 요 얘기를 내가 안 했는데 그 당시에, 사태 발생 이전에 그 노조 집행부, 지부장 후보자가 이원갑 씨 됐으니까. 그리고 이원갑 씨 얘기가 틀린 얘기가 아니고, 대의원들도 마찬가지고 이런 상황이 돼 놓으니까, 이렇게 되는데. 이원갑 씨도 그 당시에 감독이었댔고. 그런데 그 주위의 감독들이 수백 명 되지요. 항도 여기저기 있으니까 거의 수백 명 되는데, 한 100명이나 안 되겠나 이렇게 생각 드는데, 이 감독들이 실은 신의가 이원갑 씨 신의나 거의 같았어요. 그래가 이게 어떤 때는 술 한잔 먹으러 사북에 저 골목식당이라고 주로 우리가 가가지고 술 먹고 하는데, 거기서 술 먹고 이러고 얘기할 적에 감독들도 많이 참여를 했어요. 술 한잔 먹으면서 이제 얘기가 "맞다. 이거는 해야 된다." 다른 감독들도 거의 대다수가 그런 심리를 가졌댔어요. 그러면서 감독들이 "이원갑 씨가 하는 일이 맞다." 그 같은 동료 감독들이 종용을 핸 건 맞다고 본다고요. 그 상황에 이래 보면은. 그런데 이 사태가 터지고 나니까 이 사람들이 완전히 꼬리를 감추고 행방불명돼 버렸어요.

왜 자취를 감췄을까요? 자기들이 회사 편이라고 오해받아서 노동자들한테 해를 입을까 봐 그랬을까요?

오해받을 수도 있고, 입건돼 드가면은 그 조사하고 이러면, [조사]받는 게 보통입니까? 감독 먹아지는[모가지는] 뭐 당연한 거고. 그러니까 여기서 빨리 이걸 가지고, "아니다."

"우리는 노조랑 다른 사람들이다." 이런 식으로?

응. "아니다." 이러고. 그거 쉽게 얘기해가지고 오리발 식이지요. 이래가 이 사람들이 고마[그만], 이 사람들하고 얘기는 이제 통 없고. "이원갑하고 얘기한 거도 없고, 한 개도 없다. 우리는 아니다."

그런 식으로 얘기했어요?

이러고 나중에 대반[대번에] 생판 [아니라고]. [회사로] 돌아가야지 안 돌아가면, 그 감독 하나 딸라면요, 그게 엄청나요, 엄청난데, 저도 거기서 살아 나가야 될 게 아닙니까.

이원갑 선생님은 감독까지 됐는데 그렇게 하신 거예요? 감독 되는 게 힘들고 어려운 일인데도?

이분은 내가 옆에서 봤을 적에 정의가 있어요. 정의가 있고, 그르고 옳음을 알고 있는 사람이니까. 그러고 또 불의를 보고 참지를 못하는 성격이고.

원래 평소 성격상 그래요?

예, 예. 불의를 보면 또 그런 거 보고 못 참아요. 그렇다고 보는데, 그러다 보니까 그런 처사를 하고 이래 있으니까 주위에서 "그러면 대의원 해라." 그래가지고 그런 식이 되니까 대의원도 했는 거래요. 대의원을 하다 보니까 지부장이 이게 아니다 이거예요. 그러고 주위에서 "이원갑 씨, 당신 앞으로 지부장 출마해." 이게 마 상당히 표가 많았거든요.

주변에서도 "당신이 한번 해 봐라." 하고 추천을 했었어요?

네. 그게 인제 앞으로 이원갑 씨는 지부장을 해도 된다[고].

확실히 옛날부터 인기도 있고 신망도 있는 그런 인물이었던 거네요?

예. 그러니까 주위에서 이원갑 씨라 하면은 많이, 그 독려라 해줄까 [할까], 호응을 많이 한 거지요.

그럼 상대적으로 이재기 씨에 대한 평가는 좀 어땠어요?

이재기는 이래 보면 오래된 얘기는 잘 모르고, 저 지부장 선거가 [문제로] 대두가 되고 뭐 이렇게 할 적에, 이게 지가 지부장 그 자리를 지킬려고 '그러면 그거 재선을 내가 해야 되겠다.' 이런 걸로 해가지고 얘기가 많이 돌았어요. "그 대의원들 있는데, 대의원들 델꼬 여행을 가가지고, 뭐 제주도 갖다가 가둬 놓고, 또 어디다 갖다 가둬 놓고 이래가지고 돌아치고 이런 수작을 부린다." 이런 얘기가 나오면서부터 "이건 아니다. 이거." [하는 사람이 많았지요].

나쁜 이야기를 듣기 전의 평가는 어땠는지 혹시 기억나시는 부분이 있으세요? 지부장 선거 때문에 제주도에 사람들 데리고 갔다든지, 대의원 자격도 안 되는 사람 넣었다든지, 이런 일이 벌어지기 전에는 평가가 어땠는지? 이재기 씨를 좋게 말하는 사람들은 없었어요?

글쎄, 그게 나는 이원갑 씨 쪽이니까. (면담자 웃음) 뭐 물론 좋아할 사람도 있었겠지요. 그러나 그런 얘기를 우린 이제 다 할 필요 없었던 거지요. 그러니까 뭐 들은 얘기가 없고.

신경 씨를 지부장으로 미는 사람은 없었어요?

신경 씨는 사람이 거짓말하는 성격도 아니래요. 참 이래 보면은 사람이 좀 순하게 이렇게 보이면서도, 그리고 옳음을 분명히 알고 이런 사람이래요. 그래가지고 그 신경 씨도 고문을 많이 받고. 그러니까 이원갑 씨도 신경 씨하고 같이, 거리가 많이 가까워졌다고 봐야죠.

이원갑 선생님은 평소에도 본인 스스로 지부장 하고 싶다 이런 생각을 좀 갖고 있으셨어요?

평소에 아니고. 그렇게 하다 보니까, 이 이재기가 회사하고 그렇게 돌아가니까 이게 어용 노조가 아니냐 이기예요. 어용 노조다. 이거는 아니다. 이원갑 씨 성격이 그래요. 불의를 보고 지나갈 사람이 아니라고. 그러고 생각하니까 '에이, 그러면 나라도 해야 되겠구나. 해야 되겠다.' 그러고 조합원 쪽에서도 인기가 있으니까 해도 된다 이건 본인도 그 느꼈을 거래요, 그거는. 그러니까 '지부장 해야 되겠다. 지부장을 하고 이 어용 노조도 없애야 되겠다.' 이런 심리겠지요.

◇ ◈ ◇
## 경찰에게 검거된 이후의 조사과정과 고문

낮에 일하시다가 경찰한테 잡혀갔다고 하셨던 그 얘기를 좀 더 여쭤볼게요. 혹시 그때 같이 잡혀갔던 분들도 계세요?

아, 그때 내 혼자 갔댔어요. 내 혼자 그 차를 타고 읍사무소 가니까 하마 붙잡아 들어간 사람들이 몇이 있었어요.

읍사무소에 이미 사람들이 와 있었어요?

예. 그게 파출소가 아니지 아마, 읍사무소지 싶어요. 그때 사태 진압하는 그 본부가 읍사무소로 했지 싶은데, 그래 거기 가니까 사람들이 하마 몇이 모여 있었어요.

경찰한테 끌려갈 때는 구타당하거나 하지는 않으셨어요?

예. 읍사무소 갈 적까지는 그건 없었고, 읍사무소 거기서 저녁 무렵이 되어 가는데 버스에다가 태우더라고요.

아, 그날 낮에 데리고 가서 읍사무소에 놔뒀다가 저녁에 다시 버스에. 그럼 그때 같이 잡혀왔던 사람들 중에 혹시 기억나시는 분 없으세요?

그게 기억이 없지요. 안 나요.

처음 보는 얼굴들이었어요?

아니, 아는 사람들도 있었지만은 그 기억이 [안 나서], 누구누군지 그거 얘기하기가 [어려워요].

잡혀왔던 사람들 중에 여자가 더 많았어요, 남자가 더 많았어요?

그때 우리 갈 적에는 여자는 없었고. 그 남자들만. 그때 5, 6명이 버스를 탄 거 같아요.

어린이날 지나서부터 잡아갔던 걸로 기록엔 나와 있는데, 대략 언제쯤인지 기억은 나세요?

글쎄요. 날짜는 내가 생각을 못하겠네요.

버스에 태워서 어디로 갔어요?

그러니까 버스를 하마 태우는데 '아, 이건 이제 정선경찰서로 가는구나.'

경찰이 얘기해 준 건 아니고, 선생님이 그냥 생각하시기에?

예. 여기는 파출소고 경찰서는 정선에 있으니까 정선으로 가는 게 아닌가.

창밖을 보고 알고 그런 건 아니고요?

거기에 올라가면서부터, 버스가 출발하면서부터 "대가리 굽혀. 대가리 굽혀." 하면서 거서 대번 꿇어앉혀 놓고, 거기서부터는 뭐 그냥 총 개머리[판] 가지고 대갈빡을 막 넘겨서 까는 거래요.

막 때리기 시작했던 거네요?

그래가지고 버스[에서] 이 꾸부려가지고, 거기서도 구타 하마[벌써]

많이 당했어요.

이유는 없이 그냥 머리 든다고 때린 건가요?

응. "대가리 박아, 대가리 박아." 이제 이거거든요. 조건이라면 그거뿐 이지요.

'빨갱이'라고 막 그랬어요?

그거는 정선경찰서에서 조사 과정에서 빨갱이 얘기 나왔으니까. 갈 적 에는 그 얘기 아직 안 나오고.

버스 타고 경찰서로 이동해서, 내려서는 어떻게 했나요?

뭐 가 보니까 '정선경찰서다.' 그렇게 생각이 들더라고. 그래 인제 거기 서 내려가지고, 조사실이 아니고 그게 대기실인 거 같은데, 거기 들어가니 까 옷을 갈아입으라 하더라고, 군복으로. 군복을 거기서 갈아입고 나니까, 그때 저녁이 돼가지고 그랬는데 경찰서 유치장 거기다 넣더라고. 그때 하 마 보니까 사람들이 많이 와 있었는데, 거 유치장 있는 사람들도 하마 기 가 팍 죽어가지고 꼼짝을 못하고 이래 딱 앉으니, 벽 [등]지고 앉아가지고 있다가 "야, 들어가서 앉아." 그래. 순경들이 "벽 지고 돌아앉아." 그[렇 게] 뭐 하면, 안 그러고 어영부영하고 뭐 옆에 사람하고 얘기 소근소근 하 다가 대반 문 따고 들어와가지고 막 걷어차고 막 조지는 거지요.

이원갑, 신경 씨도 있었어요?

우리가 먼저 들어간 거 같은데. 그 다음이지 싶어요. 그 생각은 다음 날이지 싶어요. 그래 이제 들어와가지고. 한 방에 다 같이 있었는지 옆방 에 있었는지. 하여튼 간에 그 다음날부터 인제 조사 받으러, '사북합동조 사반'이라고 거 들어가가지고, 들어가미 나가미 보고. 옆방에 있었는가 그러지 싶어요. 그래 하여튼 간 보기는 뭐 들어가미 나가미서 하니까, 뭐 하루에도 한 두세 번 이렇게 불러내니까요.

마주치면서 얼굴은 봐도 이야기하거나 할 수는 없었을 때죠?

그렇죠. 뭐 그때 경찰관들이 철창에 집어넣어 놓고. 그때부터는 야들이 하여튼 간에 눈에 불이 펄펄 나요. "너 이놈의 새끼들. 하여튼 간에 너 이놈의 새끼들 죽어 나가야 된다." 그래요. 거기서부터는 '아, 이 새끼들이 그 순경 하나 죽었다 해가지고 여기서 이제 앙갚음을 하는구나.' 이 생각이 들더라고요. 그런데 그 이튿날부터 조사반에 나가가지고 조사를 받는데, 이거 뭐 사람을 아주 개 잡듯이 하는데 참 거기서 안 죽은 게 다행이지요. 거기서 우선 하는 게 "너, 간첩들하고 이거 포섭이 돼 있지?" 이거부터 조지는 기라. 첨부터 대번 그걸 조지드라고요. 뭐 없다 그러니까 "없긴 왜 없어? 이 새끼가 거짓말하지 마라."면서. 그래가지고 이제 무조건 조지는 거지요. 그러니 "너, 이놈의 새끼. 너들이 빨갱이 아니냐? 너들 빨갱이 아니고는 이러고 할 일이 아니다."

그렇게 얘기할 때는 뭐라고 하셨어요?

"아니, 그거는 아니다."지. 아니라면 아니라 해야지요. 거기다가 뭐 두드려 팼다고 "맞습니다." 이 얘기는 난 죽어도 못합니다. 어떤 사람들은 두드려 패고 하니까 못 이겨가지고 옆에 사람을 같이 "쟈[재]가 시켰다." 뭐 이 얘기가 나오는데, 난 뭐 그런 생각은 없어요. 그런 얘기를 안 하는 [거지요]. 거기서 가[개]들 얘기하는데 그렇다고 대답할 게 한 개도 없어요.

"간첩하고 너네 연결돼 있지? 너 빨갱이지?"라는 거 말고 또 다른 거 뭐 물어봤어요?

거기서 이제 그 순경이 죽었으니까 "니가 죽였지 않느냐?" 이게 대두가 많이 되고. 내가 인제 광노에 갔다 왔던 게 있으니까 "니 이놈의 시키, 니는 주모자다. 똑바로 얘기해라." 그때부터는 이원갑 씨나 신경이나 뭐 막무가내로, 하여튼 간에 뭐 죽도록 맞는 거지. 다른 사람들도 다 마찬가지고. 광노에 안 갔다 온 사람들도 많이 붙잡아 갔는데, 거기에 사람들이 한 50명, 한 100명 그렇게 안 되지 싶은데, 그 입건돼 들어온 사람들이.

경찰에서 주모자라고 추궁하면서 같이했던 사람들 말하라는 얘기는 안 했어요?

그래 이제 그 순경이 죽었으니까 "니가 돌 던져가 죽은 거 아니냐?" 내가 철도 위에서 돌을 던졌다 이건 뭐 거기서 얘기가 됐으니까. 니가 죽인 게 아니냐는 거[지]. "아니, 나는 돌을 던졌지, 사람이 죽을 만한 돌을 던진 건 아니다. 내 돌 던져가지고 이덕수 순경이 맞아 죽는 거, 그것도 내가 못 본 거고. 아니다." [하니까] "그럼 누가 돌 던져가지고 순경이 죽었나?" 얘기하라 이거지요. 그럼 모른다 하면 "왜 몰라?" 이거지요. 그러면서 무조건, 가들이 그 당시에 조사 과정에서는 '어쨌든 간에 이거는 무조건 패 죽여야지, 죽여야 말이 나온다' 이런 식으로 조사가 돼 있었기 때문에 하여튼 말 끝나면은 두드려 패고. 이런 각목 가지고 막 두드려 패는데, 각목이 이런 게 다 뿌러져 나가니까 또 안 되니까 그다음엔 이런 고무호스를 갖다가 들고 조지기 시작하고.

그 안에서 여자 분들은 어떠셨어요?

여자 분들은 그 유치장을 딴 데다가 유치장을 했는데. 그 조사받으러 끌고 나오는 건데. 아, 참 끌고 나온다는 얘기는 이게 이상한 얘긴데. 그래 갖다 놓고는 똑같이 뭐 조지고, 그러니까 여자들 비명소리 그건 뭐…. 이게 그 경찰서 조사받는 칸막이가 한 여섯 개 정도 되지 싶어요. 그 정도 되는데, 그 칸막이마다 사람들 끌어다 놓고 두드려 패니까 뭐 완전히 아수라장이지요.

곳곳에서 신음소리 이런 거 막 들렸어요?

아수라장이지요. 뭐 거기 가면 비명소리 막 들리고 그런 상황이지요. 조사 과정에서 하여간 "니 빨갱이 아니냐?" 이러니까.

그 안에서 여자 분들은 어떠셨어요?

그렇게 막 두드려 패고 뭐, 이런 식이 되고 그랬는데. 그게 거기 들어가 가지고 며칠 날 됐는지 그건 모르겠는데 며칠이 지나니까, 이틀인가 삼일인가 지났는데 이 온몸이 붓기 시작하는데, 그 군복 입었던 게 이보다 더 넓어요. 이게 고마 부어가지고 탱탱해져 버려요. 탱탱해지고. 그래가지고 더 탱탱해지고, 부어가지고 탱탱해지고. 이렇게 하는데 하루가 지나니까, 그 옷을 걷어 보니까 온 전신이 완전히 새파래요. 정말 사람이 몸에 멍이 그렇게 드는 건 내 그때 처음 봤고. 그래 자니까 사람이 죽을 지경이죠.

정선경찰서에서요? 며칠이나? 그게 며칠인지 그거는 생각이 잘 안 나요. 안 나는데. 그 뭐 공소장에 다 나와 있겠지만은. 거기서 한 2, 3일 매로 다스리다가 그다음부터는 물고문을 시작하더라고요.

물고문을 시작하는데, 하여튼 항상 갈 적에는 이래 수갑 채워가 들어가지요. 들어가는데, 이게 채워가지고, 물론 몽둥이로 두드려 패는 건 패는 거지만 이래 꿇어앉혀요. "꿇어앉아, 이 새끼야." 하고 이래가지고 있는데, 이러니까 이 군홧발로 그냥 이걸 내려 밟아 버려요. 그러니까 이것도 보통이 아니라, 이게 참. 그래 매 맞고도 안 죽었는 게 그 아파 죽지 안 하는 게 그것도 이상한 일이라고 생각 들어요. 그 이제 물고문을 시작하는데, 이래 세워 놓고 대반 그 작업소 의자에다가 뒤로 잡아 젖혀서, 잡아 젖혀가지고 수건을 덮더라고. '이 새끼들, 수건을 왜 덮어?' 아이, 그런데 그 다음부터는 이 주전자 갖다 물을 수건에다 부어요. 수건[에] 부으니깐 내쉬는 숨은 나가는데, 옆으로 이거 나가는데, 들이쉬면 척 붙어가지고 들이쉬지를 못해요. 그러니까 자연적[으로] 쉴라고 빨아 댕기니까 고춧가루물만 들어오는 거지요, 그게. 그 물고문을 두 번인가 세 번인가 내가 그렇게 거기서 당했어요. 그래가지고 나중에는 안 되겠더라고.

또 물고문 시작해요. '에이, 씨발. 내 고춧가루물 차라리 안 먹고 죽는 게 낫지. 죽을 바에는 안 먹고 죽는 게 낫지.' 이 생각이 들어가지고 들이 다 붓는데 숨 안 쉬고 가만있어 버렸지요. 이게 숨 깔딱 넘어가더라고요. 뭐 정신이 혼미해지더라고요. 그러니 야들이 거기서 쭉 하는 언사들이 "너 이놈의 새끼들, 너 여기서 몇 놈이 죽어 나가야지. 죽어 나가야지. 안 죽어 나가고는 못 배길 거다. 바른 말 해라."

바른 말 하라는 게 어떤 걸 하라는 거예요?

"돌 던지고, 너희들이 모의를 했지 않냐?"

인정하라고?

응. "모의를 했지 않냐. 그 순경 그 너가 죽였지 않냐." 물고문, 물고문 참. 그때는 물고문 뭐 얘기도 못 들은 그런 얘긴데, 그 함 당해 봤다니까.

경찰서 나와 다시 원주로 가신 거예요?

그게 인제 거기서 어떠한 상황이 또 생겨나냐면은, 그게 낮에는 나와 가지고 조사받고 들어오면은 이제 저녁이 돼요. 저녁이 되면은 유치장 순경들이, 그놈 간수들이 이것들이 이제 보복을 하는 거라고. 이건 뭐 숨소리도 그거 쉬는 소리가 나면은 저 뭐이냐, 문 열고 들어와 가지고 뭐 구두 가지고, 뭐 이거 그 방망이가지고 막 조지고.

"이놈의 새끼들, 너 이놈의 새끼들. 너 이놈의 새끼들 너거 안 죽어 나 가나 봐라. 이 새끼, 너희들은 몇 놈 안 죽어 나가고는 못 배길 거다." 이거 를 가지고, 거기 그렇게 나오는 이 순경들 보니까 살벌해요. 살벌한 사람 인데 '아, 이 새끼들이 같은 순경이 죽었다고 이거 보복이구나.' 이것 대반 느낄 수 있더라고요. 그래 낮에는 나가가지고 죽도록 두드려 맞고, 밤에 들어오면 또 이놈아들[이 때리고]. 그래 한 번은 뭐 또 하다 보니까, 그때 누가 옆에서 떠들었는지 뭐 어떻게 됐는지 그때 들어와가지고, 그게 난 참 지금 이게 생각이 이게 잊혀지지가 않는데. 아니, 이놈이 와가지고 구둣발로 걷어차는데 여길[오른쪽 가슴 아래 부분] 걷어차 버리더라고요. "아쿠!" 하고 뭐 대반 고꾸라졌지요. 고꾸라졌는데 이게 숨을 못 쉬겠어요. 여기를 걷어차 놓으니까, 숨을 못 쉬고 억지로 참아가지고 있어 보니까, 하여튼 아픈 게 얼마나 그 아픈지 미치겠더라고요. 그래가지고 억지로 뭐 [참고], 하여튼 간에 상황이 지금 거기서 뭐 병원에 가자 말자 얘기가 [나올 수도 없고]. 그래가지고 여 만져 보니까 갈빗대 두 개가 뿌러났어요.

부러진 게 만져질 정도였어요?

응. 두 개가 부러났더라고요. 아니, 첫날은 우예[어떻게] 되든지 그렇게 넘어가고, 그 다음날 이래 뜩 만져 보니까 여기 갈빗대 뼈 두 개가 탁 부러났어요. '야, 이 씨발 갈빗대가 부러졌구나 이거.' 이게 좀 그렇게 생각했는데, 그나저나 거기서는 뭐 치료 방법이라는 것도 없는 거고. 그래가지고 이제 '이게 갈빗대가 부러졌다.' 이렇게 직감을 했어요. 했는데, 거기서 뭐 어떻게 할 수도 없는 거고. 그래가 뭐 거기서 참고 견디는 수밖에 없고. 그러고 이제 거기서 저 밖에 나가가지고 고문 과정에서 이게 하나 일이 있었는 건데, 저 각목을 가지고 여기[이마]를 내려쳤어요. 여기를 내려쳤는데, 대번 피가 막 피가 주르륵 흐르니깐 이것들이 치료 그뿐이고 뭐 없어요. 그래가지고 얘네들 수건 그런 거 가지고 쓱 닦아 주고 "이거 씨발, 그거 거머쥐어, 이 새끼야." 그래 인제 거머쥐고 들어와가 있었는데, 이 상처가 요기 있다고, 요기. 그때 각목 맞았는 데.

예, 살짝 들어가 있네요.

그래서 이제 그 이틀날 이래 만져 보니까 딱 뿔[이] 났어요. 이게 여기에 터지던 날하고 이거 하고는 한날은 아니지 싶어요. 한날은 아니지 싶고. 인제 그래가지고 어찌됐든 간에 참는 수밖에 없는 거고. 정선경찰서에서 원주로 넘어가는 게 21일 날인가 송치가 됐는가 그렇지 싶어요. 그래가 한참 계산을 하면은 그게, 아니 들어갔던 날짜가 안 나오니까.

그런데 이게 하루 있다 보니까, 그때 이제 기소 기간이 거의 다 갈 무렵인데 "이제 좀 있으면 우리들 넘어간다." 이런 얘기 있고, 서로 간에 '이제 갈 거다.' 이런 생각하고 있는데 갑작스레 합동조사반이 철수를 해 버리더라고요. 그게 바로 이제 광주사태가 벌어진 거예요. 5·18 광주사태가 벌어지니까 야들이 거기서.

지원 나가야 되고 해서 그런 거예요?

응, 지원 나가고말고. 그래가지고 그게 '광주사태 때문에 매를 들[덜] 맞은 게 아니냐.' 또 이 생각도 난다고.

나중에 생각해 보시니까 그런 것 같더라는 거죠?

그러고 이제 우리 철수하고, 어느 정도 뭐 거기서 수사 마무리 지은 거 같더라구요. 그래 되니까 그때 들어왔다가, 영창에 입건돼 들어왔다가 뭐 [가담 정도가] 미미하고 그런 사람들 내보내고 그렇게 기간이 좀 지났는데, 그때 기소될 무렵에는 남녀 합해가지고 한 50명 넘었지 싶어요.

◇ ◈ ◇
## 1군사령부에서 군사재판을 받는 과정

원주로 넘어가기 직전에 50명이 넘은 거 같다는 말씀이시죠?

예. 그런데 그때 원주로 넘어간 인원이, 28명이 넘어갔어요. 28명이 이제 원주로 넘어갔는데 걱정을 많이 했지요. '군부대 영창으로 가면은 이거 맨 우린 또 죽었구나. 우리는 또 죽었구나.'

'경찰도 이렇게 하는데 군인은 더하겠다.' 이렇게 생각하셨어요?

그렇지요. 더할 것이 아니냐 이래가지고 참 조바심이 나더라고요. 그래 이제 원주로 갔는데, 그때부터 원주에는 구타가 없더라고요. 구타가 없고, "제발 떠들지 말고 정숙하라. 절을 해라." 하루에 몇 천 번씩 절을 했었거든요.

절을 시켰어요?

큰절.

누구한테요?

감방 안에서. 그기 지휘관들이 절을 하라 이러는 거예요.

누구한테 절하는 게 아니라, 그냥 조용히 있게 만들려고 절을 하라고 시키는 거죠?

그런 거도 그렇죠 뭐.

거기에서 절에 가서 108배 하듯이 이런 절을 시킨 거예요?

큰절, 큰절. 절을 시키고, 거기서는 구타는 별로 없더라고요. 그래가지고 거기서 조금 난잡한 사람, 떠들고 이래가지고 나가가지고 귓방망이 몇 차례 맞고 이런 식은 되더라고요.

정선경찰서 있을 때 다치신 게 많은데, 그 치료는 원주에 가서 받으셨어요?

아이, 그러다 보니까 이거도 뭐 그냥, 아프긴 아픈데 견딜 순 있겠더라고요. 그래가지고 거기서 또 얘기해 봤자 씨알도 안 먹어줄끼고[먹힐 거고], 거기 군대 영창이니까. 뭐 그래가지고 하여튼 어거지로 거기서 견뎠는 거지 싶어요.

[원주에] 들어갈 땐 특별한 절차 같은 거는 없었어요?

절차는 뭐 별로 없고.

정선경찰서에서 데리고 온 사람들 그대로 줄줄이 다시 또 감방에 집어넣는 식으로?

그렇죠. 거기서 기소장에 다 기재[되어 있고], 그거 서류가 다 넘어가니까요.

별다른 수사는 없었어요?

예. 거기서는 별로 조사가 없었어요.

그럼 뭐를 주로 했어요? 거기는 조사도 안 받고, 다행이지만 구타도 없었고.

나가가지고 조사를 받긴 받았어요. 받았는데. 뭐 많이 심하고 이런 건 거의 없었지 싶어요. 그리고 이제 정선경찰서에 그때 저 광노위원장이….

최정섭 위원장?

그때가 정선 그 유치장에 왔댔는지, 그거는 참 그 어사무사한데, 그 원주교도소에서는 다 왔댔어요. 그 저 이재기, 사장 이혁배, 최정섭이 광노위원장, 또 하튼 그 광노에 큰 부서에 있는 사람들. 그 높은 사람들 다 왔댔어요.

그 사람들도 같이 모여서 재판 받으려고 와 있는 거예요?

예. 그랬는데 그게 이혁배, 이재기가 정선경찰서에 그때 있을 적에 들어온 거 같아요. 그런데 정선경찰서에서 밥을 줬는데. '야, 이건 뭔 보리밥이 들어오는데, 콩밥이나.' 뭐 이런 거 생각했는데, 보리밥을 줬는데 완전히 새카매요.

(구술자부인) 꽁보리밥 줬는가요?

완전히 새카만 게, 쌀알이 아주 초롬한 쌀알이 거 있는데, 고거 한 공기하고. 요만한 공기에다가 한 공기하고 그 저 된장국 한 개하고 그랬는데, 이게 된장국에 보니 구데기가 둥둥 떠요. 구데기가 둥둥 떠가. 보리밥이란 게 이게 까실까실한 게 이거는 도저히 먹는 음식이 아니더라고요.

그러고 맨 처음에는 다 안 먹지요. 이게 하루 이틀 지나니까 막 먹어요. 야, 참 배고프니 그거는 그래도 밥이 넘어가요. 그래가지고 사장 다음에 저 이재기도 마찬가지고, 이혁배도 마찬가지고 그걸 슬 갖다 놓으니 먹는 거예요. (웃음) 아유 참.

**밥 주는 건 똑같이 줬나 봐요?**

예. 그렇지요. 똑같이 주지요. 누구는 뭐 좋은 거 주고 나쁜 거 주고 그런 거 [없었어요]. 참, 그런데 정선경찰서에서 그 밥을, 그 새카만 보리쌀을 그건 어디서 구해가지고 그런 걸 가지고 밥을 했는지, 그 밥해 준 사람은 맨 사람이 밥을 했을 건데.

(구술자부인) 요리사가 했겠지요, 뭐.

'어떻게 밥을 해가지고 들여 주느냐. 그거는 누가 위에서, 정선경찰서에서 위에서 시켜가지고 일부로 그렇게 만들었나?' 그건 참 의문이지요.

**정선경찰서 있을 때에나 원주 넘어갔을 때 집에는 소식이 갔어요? 잡혀 왔으니까 가족들한테 연락이 가거나 해서, 혹시 얼굴을 보거나 할 수 있었어요?**

그때는 면회라는 것은 일절 없었어요. 면회는 일절 없었고, 이제 원주로 넘어간다 그래가지고 그때 내한테도 이놈아들이 그걸 묻더라고요. "너 신원 보증은 설 사람이 있나? 니가 여기서 원주로 안 가고 여기서 나갈라면은 신원 보증을 설 사람이 있어야 된다." 그렇게 얘기하더라고요. 그래가지고 내 그때 당신 보고 신원 보증 설 사람들 좀 만나 보라고 그랬나?

(구술자부인) 나는 대구에 있었으니까 만나 보지도 못했지요.

그때?

(구술자부인) 대구 대번 내려갔으니까요.

그래가지고 그때 몇 사람 있는데, 그게 이제 연락을 취할 수가 없는데. 이제 보니까 거기서도.

(구술자부인) 연락 안 했어요. 연락 한 번도 못 받았어요. 들어가고 나

서는 못 받았으니까요.

몇 명이 신원 보증을 해 줬어요?

그래가지고 내가 친밀한 사람 한두 사람 이래 있다고 이러니까, 그 친밀한 사람이 형뻘 정도 되는데, 둘 다 감독인데 신원 보증을 이거 거부하더라고요. 이거 써 줬다가 내한테 화가 온다 이기예요.

엮여 들어갈 수 있으니까 그랬겠네요?

그게 이해 가더라니까요, 아무래도. 안 써 주대요.

◇ ◈ ◇
## 집행유예로 석방된 후의 상황과 분위기

원주서는 그래 있다 보니까, 거기에서 45일 정도 있었는가? 원래 기소 기간이 45일이라고 알고 있는데, 그 기간 내에 판결을 하더라고요. 그때 이원갑 씨, 신경, 그때 린치 사건 신○이, 이 세 사람들에게 실형이 떨어지더라고요. 나는 징역 3년에 집행유예 5년인가 이렇게 나왔어요. 그래 세 사람 빼고는 다 이제 집행유예로 빠져나왔지요. 그래 나와가지고 그때 누가 알선을 한 거 같애요. 그래가지고 저 1군사령부 사령관 윤승민. "윤승민 씨 만나고 가자." 이게 됐어요. 그래가지고 그 윤승민 공관에 우리들, 집행유예 난 사람들 다 들어갔댔어요. 가니까 그 사령관이 "하여튼 고생들 많았다."고 "앞으로 나가가지고 하여튼 잘 살으라."고 [하대요]. 그래 이제 나왔는데, 저 사북 천주교 신부님이 한 분이 있어요. 그 신부님도 우리 [잡혀]간 사람들인데[한테] 상당히 도움을 많이 줬어요. 그 신부님인데, 우리 나온 사람들 이래 보고 그러더라고요. "원주에 지학순 신부님이 계시는데 거기 한번 인사를 한번 가는 게 어떻느냐." 지학순 신부님이 여기 사태에 대해가지고, 사람들인데[한테] 상당히 신경을 많이 썼어요.

(구술자부인) 지학순 주교님이지요.

상당히 많이 썼습니다. "인사 정도는 한번 가는 게 좋지 않겠냐." 이거지요.

그래서 지학순 신부님을 찾아가셨어요?

예. 그때 거의 다 갔지 싶어요. 원주 천주교 가가지고 지학순 신부님을 만나고. 지학순 신부님은 "이거는 난동이 아니고 폭도가 아니다. 이거는 나중에 밝혀지겠지만은 여러분들은 죄지은 게 아니다." 이런 식으로 얘기하시더라고요.

그렇게 말씀해 주시니까 좀 어떤 생각이 드셨어요?

'참 고맙지요. 참 이런 분들이 계시는구나.' [이래 생각했어요.]

사모님이 공판 날 보러 오셨다고 하셨는데, 지학순 주교님한테 같이 갔다 오셨어요?

(구술자부인) 같이 안 갔어요. 바로 곧바로 집으로 들어왔어요.

사모님은 집에 오고 선생님은 거기 갔다 오신 거예요?

(구술자부인) 아니, 같이 왔어요.

아, 나중에 가셨던 거네요?

(구술자부인) 나중에.

그러니까 그때 거기서 집행유예 선고가 떨어지니까 대번 석방이래요. 그래가 같이 이제 내려온 거지요.

1980년 언제쯤이었어요? 나오셨을 때 날씨가 좀 더웠어요? 아니면 그래도 좀 선선해질 때쯤인가요?

(구술자부인) 그때 8월 달인데 더웠어요.

8월 5일쯤 나오신 거라고 나와 있는데 맞아요?

(구술자부인) 예, 예, 8월 5일쯤 나왔어요.

날씨가 좋더라고요.

나오시면 다시 사북으로 오신 거예요? 사택으로 다시 들어가시는 거죠?

(구술자부인) 네. 사북으로.

아니, 사택이 아니고 그땐.

(구술자부인) 개인집 있는 데.

저 밑에 개인집에 계실 때였어요?

(구술자부인) 바로 [그 집으로] 갔어요.

그럼 이제 나오셔서는 어떻게 하셨어요? 몸도 안 좋고 회사에서 바로 일 시키지
는 않았을 거 같은데 일단 일은 못 나가시죠?

그래 이제 몸은 아프지, 어디 뭐 여기도 아프고 온 전신이 다 아프고
안 아픈 데가 없지요. 그렇게 두들겨 맞아 왔으니까요. 집에 오니 긴장 푸
니까 더해요. 그래가지고 병원에 갈라니까 이게 돈 문제도 있으니까 그
것도 잘 안 되고. '이제는 뭐 어디 개라도 잡아먹고 뭐 이래 봐야 되겠다.'
[생각해서] 그래 개도 잡아먹고, 저 밭두렁에 가서 뱀도 여러 마리 잡아먹
었어요. (면담자 웃음) 뭐 그러니 몸이 아프니까 할 수 없더라고요. 그 두
드려 맞은 데, 골병 들은 데는 개 똥보가 좋다고, 이거 옛말 같은 게 있어
요. 그래 똥보에다가 술을 넣어가지고 그 삭혀가지고 먹으면 좋다 하더라
고요. 그런데 그거 먹어가지고 조금 낫았는지, 뭐 그게 금방 좋아졌다고
이렇게는 표현 못 해도, 뭐 그럭저럭 견뎌 나왔어요.

한동안은 건강 되찾으려고 관리만 하시면서 쉬는 기간이셨던 건가요?

네.

복직은 언제 하셨어요?

그래가지고 얼마 있다 보니까 회사에서.

(구술자부인) 출근하라 그랬지요.

출근하라[고].

그게 대략 언제쯤인지 기억나세요?

글쎄. 그게 한 보름? 한 달?

(구술자부인) 그럼, 한 보름 됐지요.

해 넘기기 전에 연락이 온 거예요?

(구술자부인) 그럼요. 넘기기 전에.

건강이 좀 회복이 되셨을 때 연락을 받으신 거예요?

예, 예.

(구술자부인) 회복이 덜 됐지요. 아픈데 병원 댕기면서 막 [그러고 있었지요].

그러니까 몸은 뭐 안 좋아도, 좌우간 회사에서 "출근하라." 이렇게 얘기를 하니까 어쨌든 해야 되는 거고. 그래가 이제 출근해가지고 일을 계속[했어요].

사북사건 나기 전이랑 똑같은 일 계속 하셨어요?

[작업장에] 가니까 아니더라고요. 나는 굴진, 항도 보갱, 이런 걸 했는데 채탄을 붙이더라고요, 채탄. 해 보도 안 하던 일을 가지고 하니까 못하겠더라고요.

회사에서는 왜 채탄을 시킨 거죠?

글쎄 그거는 우리는 모르죠 뭐.

이유를 설명해 주지 않고 일단 채탄을 하러 가라 그렇게 일방적으로 시킨 거예요?

예.

돌아오셨을 때 회사 분위기는 좀 어땠어요?

그런 일이 생기고 그래 놓으니까 회사 분위기는 뭐, 내가 생각했을 적엔 회사하고 대하는 게 좀 꿉꿉하요[불편해요].

선생님은 바깥에서 보기에는 사태 주모자인 것처럼 됐는데 주변 분들은 뭐라고 그랬어요?

(구술자부인) 주모자지 뭐, 주모자.

경찰서까지 갔다가, 또 군법 재판까지 받고, 집행유예이긴 하지만 징역을 받게 되셨는데 주변 사람들은 뭐라고 그래요?

주변 사람들이 안 대할라 그래요.

피했어요?

네. 피하고 접촉을 안 할라 그러더라고요. 그게 인제 얘기가 '이 사람하고 내 하고 잘못 얘기하다 보면 나도 같이 회사에서 찍힌다.' 이런 관념이 있었는 거 같아요. 그래가지고 주변 사람들이 안 만날라 그래요.

그 전에 잘 지내던 분들도요?

그럼요.

그때부터는 술 마실 친구가 없었겠네요?

(구술자부인) 혼자 마셔요. 맨날 혼자 마셔요. (웃음)

그런데 그 전에 술 먹고 뭐 이렇게 얘기하던 몇몇 사람들은 서로의 심정을 아니까, 뭐 자리 같이 앉으게 되더라고요.

채탄 쪽으로 가시면 모르던 사람들하고 새로 일을 해야 되는 거죠? 일할 때는 전에 알던 사람들하고는 아예 떨어진 거죠?

일할 적에는, 이제 한 막장에 들어가 가지고 한 작업 개소에 들어가면은, 굴진 같은 데서 보면은 네 명이나 이렇게 되고, 채탄 같은 데도 한 막장에 네 명 정도 들어가요. 이 사람들이 같이 일하는 거예요. 일하는 데는 뭐 편법적인, 뭐 이거 해라 저거 해라 빨리 해라 이런 건 없었어요. 우리 동료 간에, 그렇게 같이 일하는 사람 중에서는. 그랬는데 이제 주로 밖에 나오면은, 밖에서 생활할 적에 보면은 사람을 완전히 계속 꺼린다고. 그게 참 죽겠더라고요.

많이 괴롭겠네요?

안면 배꾸기가[바꾸기가] 그게 참 힘들더라고요.

복직하셔서 얼마 정도 일을 계속 하셨어요?

6년이나 [했나요]?

(구술자부인) 한 7년 했지요. 7, 8년 했어요.

한 6년 좀 넘게 했지 싶은데.

1980년 가을에 들어가셔서 1987년까지 했으니까 만 6년쯤 되는 거죠?

일을 해 보니까, 실은 이런 관계가 돼 있으니까 회사 눈치도 좀 봐야 되겠고 안 좋더라고요. 일 시키는 것도 채탄에 이거 시키다가, 또 다른 데 가가지고 물도랑 지킨다든가 뭐 이런, 내 성격에 맞지 않는 이런 일을 많이 시키더라고요. 그러니까 참 많이 그게 불편하고 힘들었지요.

일이 이렇게 바뀌면 월급 차이가 생겨요?

월급 차이는 별로 없었다고 봐요. 그런데 그 일하는 데서 네 명이 들어가면은 그게 인제 선산부가 있고, 후산부가 있고, 고 중간이 있고. 요게 부다 들어가지고, 만약에 선산부라면은 보통 1.1 아니면 1.2, 그리고 고 밑에 중간에는 1.0, 후산부는 0.9 뭐 0.8 이런 식으로 인제 그거 가지고 부다배기라. 부다배기가 일본말로 부다배라 그러는데, 그런 플러스적으로 이렇게 돈을 줘요. 그런데 그거는 선산부는 보통 1.1이고, 후산부는

0.9고. 이 관계는 할 수 없이 그거는 있어야 되는 거고. 후산부나 선산부나 돈을 똑같이 안 주거든요.

좋아진 혜택을 좀 보신 게 있으세요?

그게 좀 틀려지더라고요. 그러고부터 이제 목욕탕도 생기고, 후생 같은 것도 좀 좋아지고, 그 월급도 다소 올라갔지요. 이런 관계가 인제 생기고 좀 좋아지더라고요.

좋아진 혜택을 좀 보신 게 있으세요?

뭐 직접적인 [혜택을] 특별히 내가 보는 건 없었고요.

월급 조금 오르는 거 정도?

예. 그 조금 올라가는 거 그렇고. 인제 후생도 조금 좋아지고. 그때 뭐 없던 목욕탕도 생기고 이러니까요.

# 5. 사북항쟁 이후의 활동

◇ ◇ ◇
## 항쟁 이후 삶의 변화

1980년대에 복직하신 다음에, 홍금종 위원장 체제의 노조는 어땠어요?

글쎄 그다음에는 그런 데 대해서 내가 신경을 안 썼어요. 내가 이렇게 돼가지고 여기서 고초를 받았는데, 다시 그런 데 뭐 신경 쓸 필요가 없었어요. 내가 버는 대로 벌어먹다가 나는.

일하고 계실 때 이원갑 씨도 나와서 다시 사북으로 왔잖아요. 그때 이원갑 씨랑도 다시 만나고, 보험도 들어 주시고 그렇게 하셨어요?

(구술자부인) 그래 했지요.

그래 이제 이원갑 씨는 그 서울고등법원으로 올라갔지 싶어요. 고등법원에 올라가가지고, 서울서 어느 구치소에서 있었는지 그건 잘 모르겠는데 거기서 2년 있다가 나왔나, 언제 됐는지 모르겠어요. 그래 그다음 내려와가지고 이원갑 씨는 뭐 이것저것 하고. 보험 [영업을] 하더라고요.

(구술자부인) 식당도 하고 막.

그거를 이제 하고 하는데 "니도 좀 해 봐라." 이러더라고요.

(구술자부인) 잠깐 했지요.

보험이요?

응. 보험설계사.

(구술자부인) 보험설계사는 몰라. 한 몇 개월 안 했어요. (웃음)

그래가지고 보험설계사 이제 하는데. 처음에는 이래 해 보니까, 그때 현장에 다니면서 했어요.

현장에서 일하시는 거랑 동시에 보험도 하셨어요?

그러고 했는데, 처음에는 내가 아는 사람, 절친한 사람한테 가가지고. 한 번 들어 달라고. 그게 어쩔 수 없이 한 건 들어 주고, 그래가지고 몇 건씩 하니까 이게 돈이 올라가더라고요. 한 달에 몇 건씩 하니까. 그러고 그 다음부터는 절대로 안 돼요. 그런데 그때 이원갑 씨 그 보험 외판원 하면서 건수 많이 올렸어요.

보험왕 되셨다고 그러던데요?

보험 하면서, 그래도 이원갑 씨는 아는 사람들 거의 한 건씩 들어 줬거든요.

(구술자부인) 나중에 보험소장까지 됐잖아요, 그죠?

그럼 보험소장까지 했지요. 그래가지고 주위 사람들이 많이 밀어줬어요.

이원갑 씨는 보험 영업도 하고, 선생님도 같이 어울리셨는데, 나오신 후에 노조에 불만이 있다든지 "이래도 아직 부족하다. 우리가 조금 조언을 해 주자." 이런 얘기는 별로 안 하셨어요?

예. 뭐 그다음에부터는 그 노조나 회사 쳐다볼 것도, 참 쳐다도 안 보고 '내 할 일 하고, 시키는 대로 주는 대로 받고 뭐 그럴 수밖에 없다.' 그렇게 생각했어요.

그때 자녀들이 어려서 장학금 받을 나이는 안 됐었죠?

예.

그러면 동원탄좌는 왜 그만두시게 돼요?

해 보니까 안 좋더라고요. 그게 내가 주위에서 이래.

시선도 좀 안 좋고?

응. 이 시선도 안 좋고. 뭐 저 막장에 들어가서 일하는 것도, 이거도 그래 되고 뺑뺑이 돌리는 것 같고. 이런 게 생기니까 '에이, 그만둬야 되겠다.' 그래 이제 그만두고 '철암 나가가지고 뭘 해 봐야겠다.' 그 생각을 하니까 그때 이 집을…. 그걸 퇴직을 했어요. 퇴직을 하고 그 퇴직비가 다소 좀 있었기 때문에, 10년 했으니까요. 집을 하나 지으자 이렇게 해가지고. 요 와가지고, 요 집이 요기에 쪼마난 집이 있었댔는데 그 집을 사가지고 허물고 이 집을 지었어요.

**아, 그때 지으신 집이 이 집인 거예요?**

예. 그게 뭐 실은 내가 다 지은 건 아니지만, 저기 일하는 사람들 와서 지어 줬지만은, 그건 내가 지은 거는 그렇게 돼 있었어요.

**철암으로 오셔서는 어떤 일을 하셨어요?**

그래가지고 여기 와가지고 장사를 시작했어요.

**어떤 장사요?**

(구술자부인) 대중식당.

이 방이 없었고, 요 홀이 있었다고요. 홀이 조금 컸댔는데 인제 식당, 그냥 밥 달라면 밥 주고, 술 달라면 술 주고, 안주 달라면 안주도 주고 이런 걸 했는데. 그때 이제 장사를 시작했는데, [집을 새로] 지어가지고. 이게 '다정식당'이라고 [상호를] 이럭[이렇게] 하고.

**다정식당이요?**

예. 다정식당. 다정식당이라고 집을 지어가지고 참 이제 장사를 시작했는데, 맨 처음에 시작하니까 몇 개월 동안은 이게 좀 괜찮아요. 뭐 장사 좀 되겠다 했는데, 한 1년 지나니까 장사가 안 되기 시작하더라고요. 그래 인제 이거 장사가 왜 안 되느냐 이 생각을 좀 해 보니까, 결과적으론 사북사태 관련자라는 거, 이 딱지 때문에 주위에서 그렇게 보더라고요.

여기 철암에서도요?

예, 예.

철암에서 다른 사람들이 알고 있었어요?

그 알지요.

(구술자부인) 다 알지요. 신문에 나고 이랬으니. 그럼 다 일로 오니까 다 알지요.

그러니까 이제 내가 이곳 살던, 철암에서 살았으니까, 철암에서 사는 사람들은 내가 누구다, 사북사태 주모자다 이 얘기가 나가니까 이게 나중에 안 되더라고요.

가까이 아예 안 하려고 하는 거예요?

예. 고마 손님 끊어져 버려요. 끊어지고. 오히려 요 밑에 성실수퍼로 가던 사람이 있었는데, 이 아주머니가 옛날에 나를 형님 동생 하고 형수하고 이런 처지였댔는데 이 여자가 하는 얘기가, 요 내보다 한두 살 적은 동생 친구 있었어요. 인제 그 사람이 술 먹으러 가가지고 언젠가 같이 술을 한잔 먹는데, 그 형수가 하는 얘기가 "아이고, 아재요. 돈화 아저씨." 여기서는 돈화로 통하니까, [주민등록상 이름은] 돈혁이지만은. 사북 들어가서부터 이제 돈혁이로 그렇게 호적을 따가지고 그렇게 얘기가 많이 되고, 여기는 아직까지 사람들 생각에 돈화지요. 그 사람 내하고 잘 친했어요. 잘 친하고, 저 바닷가도 가고 뭐 낚시하러 가고 이런 사람인데, 사람 좋아요. 그런데 그 사람이 나중에 나한테 얘기하는데, 그 형수가 "아이고, 아재요. 왜 저 돈화 데리고 술 먹고 왜 이래?"

왜 친하게 지내냐고?

"그 사북사태 주모자 아니야, 어?" 이렇게 얘기하더라 이거예요. 지도 그 얘기를 들어 보니 거북했던 모양이에요. 거북하면, 내가 싫을 적엔 그 정도로 믿고 했다면 나한테도 그 얘기를 안 해 주지요. 그래 그 얘기를 나중에 내한테 그런 식으로 얘기하더라고요. 그러니까 그때 주변 사람들이 다 그렇게 생각하고 있지 않았나 이기래요. 인제 장사 안 되는 원인이 그래 그거였구나. 그래가지고 장사 한 2년 하다가 말았어요.

그 얘기를 들었을 때 기분이 어떠셨어요?

아, 참 열받지요. 또 그게 그렇게 되니까. "야, 너 이 새끼들이 광산 종업원 다니는데." [그런데] 고맙단 인사 한마디 없어요. 사북사태 그 해가지고.

좋아졌는데 고맙다는 말도 없었어요?

응, 좋아졌는데. 그게 좋아졌는데 인사도 없어요. 없고. 이[런] 평판 받는 식이에요. 야, 참 열받더라고요. 누구 때문에 이랬는데, 그 결과가 어이 됐는데. 훨씬 좋아졌어요. 그 후부터 광산이 엄청이 좋아졌어요.

여기 장성광업소도 많이 좋아졌나요?

그렇죠. 뭐 광산이 전부 영향이 싹 갔지요. 이제 카지노도 그게 직접적으로는 사북사태 때문에 생겼다고는, 그 좀 뭐한 얘기라고. '거의 사북사태가 일어남으로써 거기서 이제 카지노도 생기지 않았나.' 이런 생각 들어요.

철암에 오셔서 식당 하실 때 동생들도 이 근처에 있지 않았어요?

동생들 둘이 저 시내 쪽에 있었어요.

"같이 뭘 다른 일을 해 보자." 동생이 이런 얘기는 안 하던가요?

동생들은 이제 그때부터 포크레인 자격 그걸 [따]가지고 일을 했는데. 그래 이제 뭐 내가, 그래도 우선은 이 장사를 좀 하면 어떻겠나. 그래 해 보니까 이게 장사 매너가 없어가지고, 이 장사가 안 되는 건 아니지 싶더라고요. 그래 이 사람[구술자 부인]도 그 당시에 음식을 만지는 게, 이 음식이 크게 뭐 나쁘고 그런 거는 못 느끼겠더라고요. 그러고 나도 아침으로 나가가지고 시장 갔다 봐 주고 그렇게 하다 보니까 그게 좀 안 좋더라고요. 안 좋고 손님 떨어지고 뭐 이럭하니까. 그 당시에는 또 술값이 외상 술값도 많았어요, 외상 먹은 사람들도 많고. 장사를 치우니까 그 외상값 누가 줘요? 안 주지요.

아, 외상 못 받으셨어요?

안 주지요. 뭐.

식당 하실 때 잠깐 버스 타고 가시다가 사고로 다치셨다고 들었는데요?

(구술자부인) 설 전에 버스 타고 가다가 다쳐가지고 병원에 입원을 했 었잖아요.

아, 겨울철인데 태백산이나 한번 가 본다고 버스 타고 가다가 [사고가 났어요].

산에 가시다가 사고를 당하셨어요?

네. 태백산 갈려면 시내 가서 버스를 갈아타야 되거든요. 그래 시내까지 가야 되는데, 버스를 탔는데 [사고가 났지요]. 아니, 그때 그게 한 아침 여덟 시 버스인가 이렇게 되는데, 건널목에 있는데 [사고가 났어요]. 그때 우예 돼가 버스가 한 대가 중간에 빠져가지고 앞에 차가 안 와가지고, 이게 한 대가 빠져가지고 사람이 많이 탔어요. 좌석이 없어가지고 [서 있었 지요].

(구술자부인) 그때 출근 시간이었어요.

선 사람이 많았는데. 아, 건널목에, 나는 앞에 서가지고 여 있는데, 그때 길바닥이 눈이 와가지고 얼어가지고 미끌미끌했어요. [길이] 미끌미끌 했는데, 고마 저기서 기차가 내려오는 거 보이더라고요. 아니, 그런데 이 차가 거기서 맨 브레이크 잡았겠지요. 그냥 저 건널목으로 밀려들어가 버리더라고요. 아이고, 그래가지고 내가 여기 동생 친구하고 같이 갔댔는데, 동생 친구가 "꼭 붙잡아." 이거 이제 붙잡았으니까 "꼭 붙잡아." 이러니 거기도 감 잡고 꼭 붙잡았는데, 탁 박았는데 뭐, 다들 뭐 아주 막 완전히 그거 됐더라고요. 그래가 다쳐가지고 고생 좀 했는데.

**식당 그만두시고 나서는 또 어떤 일을 하셨어요?**

그래가지고 그때 이제 여 그만두고 나서는 할 일이 없으니까 공사판 같은 데 이런 데 좀 [다녔어요].

**어떤 공사판 가셨어요?**

뭐 건축 짓는 데.

**여기 태백 근처에 가셨어요?**

예. 맨 이 근방에.

(구술자부인) 그것도 하고 철탑도 하고 뭐 그랬죠.

그래 이제 건축하는 데 그런 데 가가지고. 그걸 좀 하다 보니까 거의 목수가 되더라고요. 목수 취급 받고 뭐 이래가 같이 동기들하고 어울려 다니고. 뭐 이렇게 그 일을 하다가, 인제 이게 고문 사건 그거 하고 약간 연계가 되는 거 같아가지고 내가 얘기를 하는데, 그래가지고 어떡하다 보니까 내가 한보광업소에 들어가게 됐었어요. 그때 사북사태 이게 딱지가 붙어 있으니까 이게 한보광업소 보는 데 안 받아 주거든요. 그리고 다른 광업소도 마찬가지고, 석공 같은 데도 들어갈래도 이게 딱지 붙어 있으니까 안 된다 이거지요.

그래가지고 이제 공사판에 사는 중에, 한보광업소에 [다니는] 외사촌 형님이 백산에 계시는데 외사촌 형님의 동서가 되는 사람이 한보광업소 소장으로 있었어요. 그래가지고 그 형님이 "야, 그러지 말고 니 한보 들어와라." 이래요. "아니, 그게 됩니까?" [하니까] "그러면은 한번 해 봐

라. 얘길 해 줄게. 얘길 해 줄게 한번 해 봐. 니 염소나 한 마리 잡아. 잡아 와." 아니, 그거야 하지요 뭐. (웃음) 그래가지고 하루 그 염소를 잡아 가지고 갔지요. 좀 있다 보니까 그 광업소 가 보라 하더라고요. 그래 거기서 취직이 됐어요.

한보광업소에 취직되셨을 때가 대략 언제쯤이에요?

(구술자부인) 큰애가 한 고등학교 2학년 땐가? 95년도라고요? 95년도면 한 1년 했지요. 고3때 어머니 돌아가셨으니까.

내가 사북서 굴진을 했으니까, 내 사북서 굴진 선산부였댔어요. 선산부로 했댔는데, 여기에 이제 취직[되어] 들어가니까 "뭐하고 싶냐?" 묻기에 "굴진으로 보내 달라." 그러니까 굴진으로 보내 주더라고요. 그런데 굴진에 가니까 거기에 하마 선산부, 부선산부 이렇게 있으니까 내가 선산부를[나를 선산부로] 만들어 줄 수 없는 입장이 된 거래요. 그래가지고 "거기 가서 어찌 됐든 간[에] 후산부라도 해야 된다." 이래가지고 거기서 하는데, 한 2년 거의 했어요. 2년이 그렇게 되지 싶어요.

◇ ◈ ◇
## 고문 후유증과 민주화운동 인정

그렇게 됐는데, 그 작업이 인제 노보리[1]라고 있는데, 경사진 데 이런 데 요 사다리 걸쳐 놓고 올리고 하는데, 이짝에 조구가, 막장에서 내려오는 도구를 내려놓는 조구라고 있어요. 그런데 그 조구[철판]를 인제 광산에다 밑에 바닥에 댔는데, 그 잡은 게 좀 상황이 안 좋아요. 이제 사다리에 걸쳐가지고 문을 따고 내려주고 뭐 이럭[이렇게] 하다가, 그 사다리 당시에 물기가 있어가지고 미끄러웠어요. 미끄러웠는데 그 사다리[에서] 떨

---

1 노보리는 경사진 면을 올라가면서 채탄 작업하는 갱도를 말한다. '올라감', '오르막길' 을 뜻하는 일본어 '노보리(のぼり)'에서 나온 말이다.

어졌어요. 그 떨어지니까 완전히 허리가 [나가서] 대반 일어서지를 못하겠더라고요. 숨도 쉬기가 힘들고. 그래가지고 거기서 광차에 타고 밖에 나와가지고 병원가지고, 그게 검사는 해야 되는데 검사 치료를 여기서 이제 하다 보니까, 이게 가만 생각해 보니까 큰 병원을 좀 가 봐야 되겠더라고요. 태백 여기 의원에서 치료를 받고 있다 보니까.

그래 큰 병원 간다고 서울로 왔어요. 서울 방지거병원이라고 구의동에 있는데, 거기 가가지고 치료를 받았어요. 거기 가가지고 수술을 하자 그래가지고, 이제 수술도 받고. 거기서 수술을 할라 그러는데, 수술 전에 이 몸 전체 정밀 검사를 해요. 정밀 검사를 하는데, 이 정밀 검사 과정에서 "아, 이상하다." 이거예요. 의사 선생이 "환자분은 신장이 없다." 이거예요. 신장이 없다 그래요. "그게 무슨 소리냐?" [했죠].

(구술자부인) 콩팥이 없대요.

신장이 한 개는 있는데 한 개는 없다 이거예요. 그러니까 무슨 소리냐 이거예요. "언제 신장 떼 낸 적이 있느냐?" "아니, 그런 거 없다." 그러니까 거기서 "그러면 이거 정밀 검사를 해 봐야 되겠다." 하면서 동위원소 검사를 한다던가 이런 식으로 하더라고요. 그랬는데, 이거 신장 검사할 적에 보통 초음파 검사하잖아요. 그랬는데, 신장이 없어가지고 그랬는데 인제 [동위]원소 검사 약을 넣고 검사를 해 보니까, 이 신장이 하나가 커가지고 초음파에 잡히질 않는다 이거예요. [신장이] 있긴 있는데 이래 크다 이거예요. 뭐 축구공만 하다 이거예요. 그게 이상한 얘기 아니냔 말이에요.

그래가지고 거기서 얘길 하는데 "그러면은 이거를, 신장을 떼 내야 된다. 이 신장은 지금 기능을 못하고 있습니다." 이거고. 기능을 못하고, 놔두면 앞으로 이게 장애물이 될 수도 있으니까 떼 내라 하더라고요. 이제 방지거병원에서 수술을 하자 그랬는데, 그때 저 전문의가 어디 다른 데로 가는 관계로 해서 "아, 여기서 못 하고 저쪽에 건너 현대병원을 가서 수술해라." 가만 생각하니까 그러면 이게 수술하면은 수술비용이 얼마 들어가겠냐고 하니까, 아무래도 한 이삼백[만 원은] 족히 줘야 될 거라고. 아무리 생각해도 이삼백[만 원] 돈이 어딨는데? 이게 참, 어쨌든 간에 뭐 이거는 새로 발견된 건데, 이때까지 견뎠으니까요. 나는 견뎠고, 의사 선생[이랑] 주위에서는 "이건 떼 내라고. 수술해야 된다." 그러면은 지금 돈이 사정이 좀 안 좋아서 그러는데 이 수술하는 거는 차후로 미루자고 하니까, 그럼 그러라고 [했어요]. 그래서 여기 신장이 한 개가 그렇게 돼 있다는 것을 내가 판명을 했어요. 인제 허리 수술하고 퇴원을 해가지고, 얼마 있다가 퇴원해가지고 올라왔는데, 그런 상황이 있었는데 이거를 가만 생각해 [보니까], 이거는 왜 이렇게 됐느냐 이거예요. 내가 곰곰이 생각해 보니까, 혹시 그래서 그렇지 않느냐 [하는 생각이 들대요]. 내가 정선경찰서에서 구둣발로 걷어차여가지고 갈빗대가 그때 뿌러졌다고 보는데, 그때 이 툭 부러난[부러진] 게 고마 나중에 그냥 아물었는지 어떻게 뭐 좀 괜찮아졌어요. 뭐 그랬는데, '그때 걷어차킬[차일] 적에 이 신장이 혹시 잘못된 게 아니냐.' 그 생각을 하고 있었어요.

그 후에 우리 사북민주화운동 핸 사람들, 조사하는 거 그거, 과거사위원회에서 조사가 나왔잖아요. 한 번에 조사가 나와가지고 "이거를 보상 청구를 해야 된다. 과거사위원회에서 보상 청구를 하라." 이제 이게 돼가지고, 보상 청구를 하면은, 그러면 그래도 혹시나 [보상을 받을 수도 있고]. 이원갑 씨도 팔이 부러지고 손이 삐뚤어지고, 신경 씨도 마찬가지 이런 관계가 있었어요. 있었는데, 이거는 다 받았는지는 모르겠는데, 그러면 진료도 해 준다 이거예요.

그때 누가 그리로 선택해 줬는지 [모르겠는데], 그래가지고 인천사랑병원이라고 있어요. 거기에 이제 전부 다 갔어요. 그때 그 영창 갔다 온 사람들, 매 맞은 사람들 다들 검진해 봐야 되겠다고. 이제 이런 식으로. 그래 올라가서 검진하는데 내가 거기서 이 얘기를 하긴 했어요. 그랬는데 그때 엑스레이 찍어 보니 갈빗대가 부러진 건 맞고, 이거 이 신장이 커져가지고 그런 상황은 맞고. 그런데 이거는 수술해 떼 내야 되나 안 떼야 되나 거기선 그 얘기가 안 했어요. 하여튼 간에 그때까지도 견뎠으니까. 나도 돈 없이 이거 뭐 하니까 미련 썩는다는 얘기고. 그래서 그렇게 얘기했는데 그때 과거사위원회에서 보상 청구를 하긴 했겠지요. 이 모든 것이 그때 박근혜 정부에서 다 까부숴 놨는 건지, 국회에서 까부숴 놨는지, 그때 새누리당 그런 관계에 있었는지 [모르겠지만] 이래가지고 명예 회복이 [되고] 보상이라고 거기서 나왔지요.

명예 회복을 저 상장 같은 이거 내려 주더라고요. 그거 하고 보상금이라고 해가지고 돈 몇 백만[원 나왔어요]. 내 정확한 숫자를 기억을 못하겠다만은. 그러고 뭐 끝이 났지요. 그래가 그때 과거사조사위원회 여기에 우리 행사 때 매일 오시는 분이 있어요. 이분이 하시는 말씀이 "이거 나중에 한 번 다시 이걸 하는 게 있을 거다." 이런 말씀을 좀 했어요. 그분 성함도 잊어버리고, 우리 때문에 참 노력을 많이 하시는 분이래요.

사북동지회가 처음에 만들어지고 결성되고 할 때부터 활동을 하셨어요?

활동이라는 건 없고, 하여튼 간에 이원갑 씨가 "우리 모이자. 우리 이 기념사업회를 만들어가지고 모여야 된다. 모여야 된다." 그랬다고. 이제 그게 이원갑 씨가 영창 갔다 나와가지고 그거 시작했는가, 그 생각이 들어요. 원갑이 형님인테[한테] 얘길 들었는지 모르겠는데요. 그런 거 같아요.

"같이 해 보자." 이런 말씀은 안 하셨어요?

(구술자부인) 같이 해 보자 했지요.

그래서 우리는 그때 이제 명예 회복이 되고 이렇게 할 때니까요. 이거는 사북사태가 아니고 민주화, 민주 항쟁. 그렇게 이제 호칭이 다시 변했죠. 변해가지고 이때까지 그 행사를 매년 했지요.

선생님도 여의도랑 이런 데 좀 같이 다니셨어요?

내 무슨 일이 있어가지고 그때 집회에 참석 못했어요. 예. 그땐 내가 집회 참석 못했는데, 그때 그 집회 참석한 분들, 특히 저 위원장 이원갑 씨나 같이 그때 집회한 사람 여러 사람이 갔는데 고생들 많이 했어요. 많이 했는 줄 알아요.

재심 청구도 같이 하자는 말씀은 안 하셨나요?

(구술자부인) 그래 했잖아요, 그죠? 같이 갔다 왔어요, 또.

재심 청구한다고?

(구술자부인) 예. 모여가지고, 그 이원갑 씨네 모여가지고 뭐 얘기도 하고 이랬잖아요.

서울?

(구술자부인) 서울도 언제 한 번 갔다 왔지요.

그거는 인천사랑병원에 갈 적에, 인제 그래가지고 거기서 진료 확인서 받아가지고, 그때 하여튼 간에 과거사위원회 그걸로 넘겼지 싶어요.

(구술자부인) 그때 가고. 이원갑 씨 집은 우리 모임에서 몇 번 또 갔잖아요. 가서 술도 먹고 얘기도 하고.

응, 그런 적이 있었겠지요.

(구술자부인) 예. 갔었어요. 여 두문동 살 때.


◇ ◈ ◇
# 기념식과 보상에 대한 의견


활동은 어떻게 되고 있어요?

맨 인제 집회가 있어가지고. 집회 때도 나는 가까우니까 자주 참여를 하는데. 그래가지고 몇 년 동안 우리 동기들이 참석을 많이 했어요. 참석을 많이 했는데, 젊은 사람들이 참석률이 줄어들더라고요. 줄어들고 그러다 보니까, 죽는 사람들도 많이 있었드랬고. 이러다 보니까 올 같은 경우에 보면은 몇이 없었어요. 우선 원주 갔다 온 사람들 이걸 따지고 보면은 세 사람, 이원갑 씨, 신경 씨, 내 [말고는] 다른 사람 누구 없었잖아요. 그래서 이런 결과가 나오는 게, 이게 왜 이렇게 됐냐, 내가 하마 몇 년 전부터 이거 좀 생각[해] 뒀어요. 모이자고.

(구술자부인) 1년 전만 해도 많이 모였는데, 올해는 [기념식 참석자가] 그래도 좀 [적었죠].

요기에 이제 양대 날짜에 이 통보를 해 주거든요. 이게 뭐 공휴일도 끼고 이런 관계래서 그랬는데, 이게 사람이 점점 줄어요. 가만히 생각하니까 나도 이제 참석해가지고 이래 보면, 끝나면은 거기서 뭐 도지사, 군수.

(구술자부인) 올해 도지사 왔잖아요. 최문순.

경찰서, 뭐 지방 유지 분들이 쭉 와가지고 참석해가지고 시상을 다 해 줘요. 그게 참 좋은 일이지요. 치사를 해 주니까 그래 좋은데, 거기서 끝나면은 "저기 어디 식당에 저녁 준비가 돼 있으니까 글로 다들 식사하러 갑시다." [해서] 가면은 그 식사뿐이래요. 삼겹살 구워 놓고 술 한잔하고 그거뿐이라고. 그거 먹고. 그래 나는 요 태백이니까, 그래도 승용차가 좀 낡았지만은 뭐 갔다 오면 얼마 아니래요. 그런데 서울, 부산, 경기도, 사람들이 여러 군데 다 헤어져 있어요.

그래 이 사람들은 뭐냐 이거예요. 이까지 와가지고, 차비가 한두 푼 들어갑니까? 오면서 중간에 중식은 또 있을 기고, 갈 적에는 뭐 저녁이라도 먹어야 될 기고. 그래 요 와가지고 이런 와중에 밥 한 그릇 먹고, 술 한 잔 먹고, 삼겹살 그놈의 고기 한 근 먹고 이거 집에 가야 돼요. 이 사람이 열이 안 받겠어요? 그래도 강원랜드라는 게 있는데 이 사람들 뭐하는 거냐 이거예요. 그래 인제 여기 우리가 모이고, 모든 행사 비용을 강원랜드에서 그렇게 지원해 준다 하더라고요. 그럼 이게 사북민주항쟁이기 때문에 강원랜드도 들어와 있지 않느냐. 그러면은, 옛날부터 그때 전부 다 실업자가 되고, 그 임원들이 이분들을 하다못해 취직 같은 것도 좀 시켜 주면 안 되겠냐 이거예요. 그러면 본인들이 아니면은 자식들이라도 또 그걸 가지고 좀 얘기를 해 줘가지고 해[취직시켜] 주면 안 되겠냐 이거예요. 그래가지고 집회라고 모이면, 그래가 "밥 한 숟갈 먹고 안녕히 가십시오." 이래요.

올해 기념식에는 도지사가 와서 도 차원의 행사로 사북항쟁기념식 날도 만들겠다고 얘기는 했는데, 그건 어떻게 보셨어요?

아니, 그거는 참 고맙고 기대가 될 만하다고요.

(구술자부인) 국가 기념일로 정한다고 이러대, 그죠?

그 도지사님이 맨 처음에는 "이거를 사북민주항쟁 기념일보다도 도 기념일을 해야 되겠다." 이 말씀을 먼저 하고 나중에 면담에 들어갔는데, 면담에서는 "이거는 국가 기념일로 해야 되겠다." [이렇게 말씀하셨어요.]

(구술자부인) 그래, 그래 얘기하셨어요.

그리고 "그때 사북항쟁 동지들이 있는데, 이 동지들을 완전히 회복을 시키고 보상을 해 줘야 된다. 빨리 해 줘야 된다. 이걸 내가 약속을 하겠다." 이런 얘기를 한 줄 알아요. 인제 그 좌담회 안에 비좁아가지고 나는 못 들어갔지만은 집사람은 들어가 가지고 다 얘기 들은 거 같은데, 인제 그게 나오니까 얼마나 좋은 거래요?

그래도 괜찮은 방향으로 가고 있다고 생각하시는 거예요?

(구술자부인) 그러지요. [그렇게] 생각하고 있지요.

기대를 하고 있는 거죠?

(구술자부인) 예.

그래서 하여튼 도지사님은 그 얘기를 했으니까. 그때 도지사도 있고, 군수도 있고, 지방 유지 사람들도 있고, 강원랜드 사람들도 있었고. 그러니까 그 얘기를 다 들었지요. 그리고 거기에 내빈이라는 사람들 몇 분이 있었는데, 그 황인오라고 하는 사람도 거기 왔고. 그리고 또 저 태백 사는, 옛날에 저 노동운동가래요.

그 노동운동 하시고 진폐환자협의회 하시던 분 말씀하신 건가요?

네. 아직까지도 그런 데서도 신경을 많이 쓰는 분이래요.

성희직 씨.

그래 성희직이. 태백에서 요기 저 진폐 환자. 저기 단체 모임의 회장인가요?

(구술자부인) 성희직은 진폐 회장 맞아요.

그렇게 있어요. 그런데 이 사람도 그때 그 왔고. 그런데 뭐 좋은 얘기가 많이 있었는 모양이더라고요. 그래 인제 이거 타향 객지에서 이때껏 이래 열차를 타고 오든지 차를 가져오든지, 이 경비가 한두 푼이 아니거든요. 지금 사북사태 연관된 사람들 어디 가서 직장 잡기가 힘들어요. 그런데 그 어려운 환경에서 이까지 왔다가 밥 한 그릇 먹고 올라가면 그 얼마나 섭섭하겠어요? 그러면 강원랜드가 그런 거는 좀 할 수 있지 않느냐 이거예요.

앞으로 강원도나 정선군이나 강원랜드, 공추위가 같이 모여서 사북항쟁에 대한 것들을 알리고 발전시켜 나가고, 거기 오시는 분들한테 직장 같은 것도 먼저 알선해 주고 실질적인 보상도 바라고 계시는 거죠?

글쎄 말이요.

강원랜드에서 참여하시는 분들에게 차비 같은 것도 보전해 주고.

그래 이때까지도 강원랜드 거기도 그렇고. 지금 광산이 이게 돌아가는 게 그 후로 얼마나 좀 좋아졌는데, 저들이 잘해가지고, 이거는 내 복이다 [라고만 하지요]. 저 사북항쟁 한 사람들은 거들떠보도 안 해요.

◇ ◈ ◇
# 자녀들에 대한 생각

사북항쟁 때 자녀들이 어리거나 없었을 때인데 아버님이 사북항쟁 때 피해를 지금은 알고 있긴 하죠?

(구술자부인) 예. 지금은 알죠. 쪼만할 때는 몰랐지요.

언제 어떻게 알게 됐어요?

그게 걔들이 철들면서부터 뭐 아는 거지요.

따로 말씀을 안 해 주셨는데도 알게 된 거예요?

예. 그렇죠.

(구술자부인) 아, 얘기했죠.

그리고 또 매년마다 인제 "그 행사 있으니까 사북 간다."

(구술자부인) 거기 가니까[간다고 하면] 왜 가냐고 물으니까요.

"우리 그 사북민주항쟁 기념식 간다." 이런 식의 얘기가 나오고 하니까 자연적으로 알게 되는 거지요.

자녀들이 중고등학교 다닐 때도 알고 있었어요?

하마 그때도 알았지 싶어요.

선생님이 따로 얘기하진 않았어요?

따로 얘기는 그거 뭐 [안 했어요].

철암 와서 장사하실 때도 이미 마을 분들 다 알고 있었다고 하니까, 그때 건너 듣거나 해서 알고 있었다든가 그러진 않았을까요?

(구술자부인) 그때 앉혀 놔 얘기하진 않았을 거래요.

앉혀 놓고 내가 그런 일이 있었다 이거는 한 적이, 한 기억이 없어요.

그래 인제 그 얘기를 [하려면] 대번 첫째 애 얘기가 지금 나오는데, 얘가 그때 이거 뭐 장사하다 장사 치워 버리니까 학비도 참 곤란한 거거든요. 곤란한데, 어쨌든 간에 좀 해가지고 대학교를 보냈어요. 안동대학교를 보냈는데 얘가 거기서 노력을 많이 했어요. 그 교수님 있는데도 참 열심히 시키는 대로 일을, 보조를 잘해 준 모양이에요. 그러니까 교수가 좀 신임을 했는 거 같아요. 그렇게 하다 보니까 지 성적도 이게 크게 나쁘지도 않고, 그래가지고 학자금도 좀 받았지 싶은데요.

(구술자부인) 그럼. 매달 매년 받았지요.

지가 노력을 해서 학자금 받고, 그때는 자취를 했으니까 집에 안 오고 교수님 밑에 수발을 많이 들어 준 모양이래요. 그러니까 교수님인데[한테] 또 신임을 얻고, 교수님인데 하다못해 용돈이라도 좀 얻어 쓴 모양이더라고요. 그러니까 교수님이 많이 도와준 모양이래요. 그래가지고 몇 학년 땐가, 지도 생각하니 군에를 가야 되겠잖아요. 군에를 어떻게 지가 해야 되겠나 그 생각을 한 모양인데, 이게 우리가 시켜준 일은 아니래요. 지가 생각을 해가지고 '군에 ROTC 이거를 가야 되겠다.' 그게 맨 장기 복무지요? 장기 복무 그건 줄 아는데. 그래가 야가 그걸 가지고 서울에 가서 시험을 친 모양이에요. 야가 거기서 시험이 다 합격됐대요. 다 합격되고 그랬는데 맨 나중에 면접을 보더래요. 그 면접을 보는데 이게 거기서 신원이 나오더래요. 내 신원이, 신원 조회가. 그래가지고 대번 탈락돼 버렸다 말이에요.

선생님이 사북 관련자라서 그런 거예요?

예. 관련자라고 해가지고. 저기 그 ROTC 거기서 그런 거 안 밝히겠습니까? 신원 조회 그 정도는 보지 싶어요. 그 소리를 듣고 참 너무 안타깝더라고요.

바라는 거라고는, 이제는 나이가 있으니까 그게 없어요. 이제는 직장도 못 받고, 못 하고 안 되고. 지금 내가 이래 살아가는 거는 자식들도 이제 다 출가시켜 줬는데, 자식들한테 내가 최고 미안한 게 있어요. 결혼은 시켜 줬는데, 그러면은 집 한 칸이라도 얻어가지고 살도록 만들어 줘야 되는데 내가 그만한 능력이 안 되니까. 애들이 맨 이게 결혼을 하고도, 규민이 같은 경우에서는 어떻게 해가지고 서울에 옥탑방을 하나 얻어가지고 거기서 생활을 하더라고요. 야가 그 뭐 IT인지 컴퓨턴지 이런 데서, 그 교수님인데 많이 배워 그 지시를 받고 도움을 받아가지고 그게 됐어요. 대학 다닐 적에 하마 자격증 같은 거 몇 개를 땄더라고요.

자격증도 여러 개 땄어요?

그래가지고 야는 결혼하고 서울로 갔는데, 둘이서 뭐. 우리가 집이고 뭐 사 줄 돈이 있나요? 그거는 안 되는 거고. 저거들이 어떻게 노력해가지고, 조금 벌어가지고 옥탑방 만들고, 나중에 전셋집 얻고. 지금 한 30평까지 가가 집을 사가지고 들어갔어요. 그런데 그거는 우리가, 부모가 한 푼 보태 준 게 없어요. 저거들이 노력해가지고 그렇게 하고 살고 있는데, 참 그 생각하면은 부모가 부끄러워요. 저들이 노력해가지고 그래 그만치래도 살고 있는데, 지금 다 마찬가지고. 둘째 놈도 마찬가지고, 막내이도 마찬가지고. 딸도 시집 가가지고, 그거는 보면 집 같은 건 지 신랑 책임이라고도 볼 수 있지만 어쨌든 간[에] 그래 살고 있고. 이 두 놈들은 그래도 집을 사가지고 있는데, 그 융자.

대출금?

야들이 그 융자 같은 거 아직도 반도 못 갚고 있는 모양이에요. 참 이래 보니까 미안하고 말고지요. 그래도 저들이 그렇게 해가지고 사니까 나로선 생각하니까 참 고맙고.

◇ ◈ ◇
## 앞으로의 바람

마지막으로 사북항쟁이 어떻게 기억됐으면 좋겠는지, 혹시 그런 바람 같은 거 있으실까요?

글쎄. 우리 저 민주항쟁이란 것은, 그거를 민주항쟁이라 그대로 인정받고. 이게 좋겠고. 또 지금 이렇게 살아가는 게 어렵게 살아간다고 보는데, 혹시나 이 보상을 좀 받아서 이거를[돈을] 좀 쥐여 줬으면 좋겠지요.

혹시 더 하시고 싶은데 못하신 말씀 같은 거 있으세요?

뭐 하여튼 간[에] 지나온 얘기 기억이 안 나가지고, 참 대충 얘길 했는데, 이 전부가 그 당시 현실적인 상황이 꼭 맞다고는 보지 마십시오. 이게 기억이 안 나가지고, 그래가지고 좀 갈팡질팡하는 얘기도 나오지 싶어요.

그리고 민주항쟁이라고 지금 이거 얘길 하고 있는데, 지금 주위 사람들이 "폭동이다. 이거는 폭도들이다." 이렇게 인식을 지금까지도 많이 하고 있잖아요. 이게 어떻게, 진짜 우리가 한 것이 민주화라고, 이게 민주화가 돼서 이런 표현이 여기서 좀 벗어났으면은 참 좋겠습니다. 그런데 이게 이 못 벗어나고 있는 게 그 저, 이재기 부인 린치 사건 때문에 참 그게 이렇게 가고 있는데, 이래 봐가지고, 지금에 와가지고 [생각하면] 그때는 그 사람이 잘못이지 우리 전체적인 잘못은 아니다 이거에요. 지금 와서 난 그렇게 생각합니다.

그 사람이 누구죠?

예. 그 신○이라는 사람. 그 사람이, 그 때문에 이제 그렇게 됐는 건데. 이 주위에서 보기를 그 사람 때문에 그런 결과가 나왔는데, 그러면 그

걸 가지고 전부 다 고마 그 당시 사북항쟁 사람들을 전부 갖다가 매도가
돼 버렸잖아요. 그런데 참 이게 빨리 좀 벗어났으면 좋겠어요. 얘기하는
데, 그 사람이 [잘못이지] 그때 그 사람 때문이지요. [잘못한 건] 그 사람
이지, 이 전부는 아니다 이거지요.

네.

　　고맙습니다.

감사합니다. 오랫동안 고생하셨어요.

# 이정근

1941년 경북 봉화 출생
1969년 철암에서 광부 시작
1976년 동원탄좌 사북광업소 입사
1980년 사북항쟁 참여로 부인 이명득이 연행 및 고문
2004년 동원탄좌 폐광 및 퇴직

# 1. 철암 탄광에서의 노동

◇ ◈ ◇
## 철암 이주와 탄광 생활 시작

생일과 고향에 대해 말씀해 주실 수 있으세요?

1941년 4월 8일이고, 고향은 저 경북 봉화. 거기서 태어나가지고 여게[여기] 갔다가 저[저기] 갔다가 영주도 갔다가 사방 댕기다가[다니다가], 가난한 부모를 만나가지고 국민학교도 못 했어[다녔어].

학교 다닐 나이쯤이실 때 전쟁도 나고 그랬겠네요?

[나는 전쟁 나고 나서] 학교도 못 하고[다니고] 그리 생활하다가, 농사를 조금 짓다가… 지어보니 생활이 안 돼. 생활이 안 돼가지고 그 총각 될 때까지 그리 살다가 저 사람[부인] 만나가지고 농사 조금 지어 보니 먹고살기가 빡빡하고, 애들 자꾸 나고 애들은 크고 하니 도저히 안 돼가지고, (한숨) 여기 강원도 68년에 들어왔나?

결혼은 몇 년도에 하신 거예요?

결혼은 64년도에 했나.

부인은 어떻게 알게 되신 거예요?

결혼은 봉화에 적덕이라고 하는 데가 있어. 적덕 2리가 있고 1리가 있는데, 우리가 2리에 살았는데 이 양반은 맨[같은] 2리, 뭐 거시기 있어. 이게 마실[마을]이 쭉 있다고. 거리가 먼 데가 있고, 그 먼 데 도로가이고, 우리는 농촌 조금 골에 들어가 있고 그랬더만은. 인제 우리 어머니 친구분이 살 때 우리 어머니한테 도움을 많이 받았는 모양이야. 그래가지고 우리 어머니한테 "형님, 형님." 하면서 자주 댕겼거든. 댕겨가지고 우리 식구, 어머니하고 둘이 살 때, 동네고 마실[마을]에 있어놔놓이끼네 우리 집 소개를 시켰지. "처자가 좋으니까 뭐시[장가]가라." 이래가지고 어머니 가 소개를 시켜가지고 그리 결혼한 거지.

그 전에는 모르고 지내셨던 거네요?

그 전에는 "누구 딸이다. 누구 뭐시기다." 이것도 없었고 전에 만난 적 도 없고. 그리 소개해가지고 [소개]받아서 결혼한 거지.

부인은 원래 고향이 이북이시잖아요.

자기 말로는 이북에서 여섯 살 먹어 넘어왔다 그래.

그런데 이북 분들은 이북 분들끼리 결혼을 많이 하시더라고요.

많이 하지. 이북 사람도, 이 단체가 많이 사는데, [내 아내는] 그런 데 도 안 끼고 따로 저래 댕기면서 살아놔 놓으니, 만고에 보는 사람도 없고, 그때는 어머니 있지 뭐 둘이서 살기도 곤란했지.

선생님 댁에서는 "고향이 이북인 사람인데, 이왕이면 같은 고향이 낫지 않겠냐?" 이런 이야기는 별로 없었어요?

그건 시키지 않았어. 이제 우리가 둘 다 이가(李家)인데 다른 사람들 이 그러더라고. "이가도 이제는 사람이 많아가지고. 이씨, 김씨는 같은 성 도 결혼하니까 그런 걱정 말고. 본만 틀리면[다르면] 된다." 이러더라고.

본이 다르시죠?

나는 경주고 아내는 연안이고. 연안이 더, 연안 이씨들이 더 [항렬이] 높으다고 그러더라고. 높은지 낮은지 [무슨 상관이냐만]. (면담자 웃음)

결혼하시고 첫 아이 낳고 그때쯤에 강원도에 들어오셨겠네요?

예. 첫 아 놓고[낳고] 둘째 놓고 둘을 데리고서 철암이라는 데에 와가지고 또 [아이] 둘을 놓고. 그래서 4남매를 키웠는데, 아이고, 사는 게 어려와. 철암 광산에 입적을 해가지고, 69년도[부터] 광산 생활해가지고 내가 74년도까지 일을 했나.

광부가 되기 전에 농사짓다가 탄광촌에 들어오면 처음에 적응하기 너무 힘들지 않으셨어요?

힘들었지요. 그때 철암에 들어와가지고 하청 일도 좀 하고 광산 들어가기 전에 한 1년 그래 하고, 노가다 일도 하고 그래 해 보니 돈이 안 되더라고. 노가다 일이고 직을 옮겨 봐도 돈은 많은데도 돈벌이가 안 돼. 그래서 직장 들어가면 비가 오나 눈이 오나 출근하면은 쌀 배급 주고 연탄 주고 하니까 이제 돈이 되지. 그러니까 회사를 들어가야 된다[고 생각했지]. 봉화에서 강원도 들어올 때는 전부 광산이 보이잖아. 그래가지고 들어와보니 뭐 다른 걸 할 수도 없어. 다른 직업을 하려고 해도 농사짓는 사람이 배우지도 않았지, 뭘 하겠어? 노가다 일이나 하고.

농사짓다가 다른 데로 이사 가면 거기에 땅이 없으니까 그때부터 농사를 다시 지을 수가 없죠?

농사 못 짓지. 농사 못 지어. 그러니까 내가 몸으로 노력해가지고 벌어먹어야 되니까.

그래도 탄광은 어쨌든 탄을 주니까.

우선 없는 사람은 [광부 생활을 하면] 살기가 좋죠. 그래도 조금 오래되면 사택도 주고 하니까 세도 안 나가고. 우선 [돈을] 벌든지 안 벌든지 연탄하고 쌀은 주니까 애들하고 굶기지는 않아요. 그래서 제일 없는 사람은 살기가 광산이 좋다고 그래가지고 그래 한 거야.

겨울에 추울 일 없어서 다행이네요.

그렇죠.

*1969년에 광산 생활 시작하셨으면, 비슷한 시기에 있던 전태일 사건 이야기 들었을 때 느낌은 어떠셨어요?*

아이고. 말 못 하지 뭐. 벌어먹자니 [탄광 일을] 하긴 해야 되는데 이게 할 짓이냐 [생각]했지. 그때만 해도 석공을 들어가야 되는데 석공에는 내가 못 들어갔어. 내가 군대를 안 갔다 왔잖아. 보충대로 빠져 있어가지고, 그 석공에 들어가려고 하니끼네 보충병은 안 받는대. [보충병을] 못 받고 군대를 갔다 와야 받는다고 하더라고. 그래가지고 석공에 못 들어가고 그래 개인 광업소에 들어갔잖아. 개인 광업소는 그거 안 말리거든. 보충역도 필요 없고 군대 안 나와도 [들어갈 수 있었어]. 석공에는 꼭 그걸 따지더라고. 석공에는 하청하고 돈 차이가 많이 나거든. 배가 차이난다고.

*석공은 돈을 잘 주잖아요.*

예. 돈도 잘 주고. 그거는 노조가 딱 잡혀 있고. 정부서 하는 일이기 때문에 정부가 밑져도 줘야 되고. 아직도 시방 밑지고 있다고 정부에서도. 문 닫아야 되는데 그거 닫지도 못하고 석공에서도 땅 캐고 있는데, 다른 데는 다 닫았잖아. 다 닫았는데 장성광업소만 못 닫고 있어. 거기가 제일 크거든, 우리나라[에서]. 거기서 그 땅이 제일 [탄이] 많이 나오고.

*군대 문제 때문에 석공에 못 들어가신 거예요?*

그래가지고 못 들어가고 하청으로 들어갔다고. 철암광업소 들어갔는데, 철암광업소도 나는 한 데서 일하는데, 주물공장이 있었다고. 주물공장은 고등학교 나와야 들어갔다고. 내가 학교를 못 다니니 주물공장도 못 들어가고. 돈은 막장이 좀 나은데, 주물공장에서 일하는 사람이 막장 일 하는 사람보다 돈을 적게 받아도 생활이 훨씬 나아. 이 막장 일 하는 사람은, 왜 이거 막장 일 하이끼네[하니까] 이게 대중없이 술만 먹고 돈을 [쓰고], 생활을 지키지를 못해. 그래서 이 돈이 제대로 안 되고[안 모이고]. 그 공장 일하는 사람들은 돈이 적어도 집 가정이 낫게 지내더라고. 그래서 이게 좀 배우고 머리가 잘 돌아가야 주물공장에 들어가 가지고 일을 하는데, 그것도 못하고 그러니 막장에 들어갔지. 그래 막장에 들어가서 일을 하다가 73년도인가 74년도인가 다쳤어. 내가 몸을 다쳐가지고 병원 생활 한 1년 하다가 도저히 또 안 되겠더라고. 그래 거기서 일을 또 하려 니 힘이 들고 안 돼가지고 퇴직을 했지.

주변 광부들 중에도 학교 못 다녔던 사람들이 많았어요?

많이 있었지요. 광산에서 막일 하는 사람들은 학교 댕기는 사람도 있 었고. 여기 오니까 내주[나중]에 차차 광산이 좋아지고, 여 동원탄좌에 대 학생들도 들어왔다고.

그래요?

그럼. 광산에 들어와서 조금 일하다가 못하고 [다른 데로] 가고 이랬지 만 대학생들도 졸업 맞고 일하러 막 왔다고. 오래 있지는 않았지만 대학 생들도 입적했다고.

그 사람들은 돈벌이가 안 되거나 취직이 안 돼서 광산으로 온 건가요?

그랬겠지. 대학생들이 어디 뭐 마음대로 일을 못 하고 이러니끼네[이 러니까], 여기 제일 뭐시기가 광산인데, 제일 끄트머리 일하는 데인데 여 기 누가 오겠어. 그래 왔다가 와 보니 그게 안 되거든. "돈벌이는 좋다. 가면 사택 줘, 탄 줘, 쌀 줘 이러니 살기 좋다." 이러니끼네 왔는데, 와 보 니 듣기와 다 틀리지[다르지]. 내가 노력해야 되고 그만침[그만치] 땀을 흘려야 되는데, 그런 학교 다녔던 아[애]들이 막장에 들어가서 동발 치라 고 하면 [주변이] 시꺼먼데, 동발 우예[어떻게] 지고 올라가는지 [모르지]. 이거 올라가면 개구멍 같은 데 낭구[나무] 지고 올라가야 되는데, 올라가 면 툭 받치고 물러서야 되고. 아이고. 그 짓을 해? 못 해.

그런 낮은 데는 막 넙죽하게 엎드려가지고 배밀이를 해야 되는 곳이고, 낭구 지고 올라가야 되는데. 그게 나무 져다 놓고, 그거 나무만 갖다 주면 되나? 나무 져다 놓고 탄 끌어 여야[넣어야] 되지. 저기 위에 끌어 여어[넣어] 놓으면 밑에 내려가서 후산부들이 구루마[1]를 손으로 이리 밀었다, 저리 밀었다 밀어가지고 탄 받아서 내놓고, 탄차가 와서 끌고 가고 이런다고.

대학교까지 나와서 탄광에 들어오는 사람들을 보면서 어떻게 생각하셨어요?

그래 '뭐 하러 왔나. 여 뭐 하러 왔나.' [생각했지요.]

◇ ◈ ◇
## 탈선 사고와 작업장 상황

철암에서 어떻게 하다가 다치신 거예요?

그때 선산부를 안 하고 후산부 생활을 했는데 연침해서 레일을 이렇게 깔아 놨잖아. 구루마 끌고 다니잖아. 그 구루마가 탄을 받자면 공차를 이리 여어[넣어] 줘야 되거든. 그런데 저쪽에서 들이밀고 공차 들어오고 나는 볼 수 있는데 끄떡하면 그걸 보고 들이민단 말이야. 들어오는 차가 힘이 약해놔놓이끼네[약하니까] 좀 살살 들이밀어야 되는데 힘이 약하니까 빨리 막 들어왔단 말이야. 이 레이루[레일]가 나쁘니까 공차가 탈선이 돼 버린단 말이야. 탈선을 해 버리면 그 뒤에 사람이 있으면 갈 데가 없어. 동발 이래 있는데 그 쌍간에[사이에] 찡겨[끼어]. 공차가 들어와서도 탁 들이받아.

그대로 맞으셨던 거네요.

들이받아서 보면 이 늑골, 갈비하고 [다치고], 공차가 들이대니까.

---

1 바퀴를 달아서 굴러가게 만든 기구. 사람이 타거나 짐을 싣는다.

그래가 다쳤지. 그리 다치고 앞의 사람은 내가 부리니까[부르니까 왔지]. 그래도[그러지 않아도] 이 공차가 하마[벌써] 동발이가 대니끼네 암만 들이밀어도 들어오지를 안 하니까[해서] 들어와 보니까 내가 다쳐가지고 있지. 그래가지고 다 뭐시기 하고. 안 그러면 뭐. 아유, 광산 일이라는 게 잠시도 [마음을] 놓지를 못해.

긴장되지. 그것도 단둘이 이리 해야 되는데 사람이 적으니까 혼자서 이리 하다가 "아야!" 하니 그 소리[가] 들리나?

예. 그 노보리서 사람 내려서 공차 들이밀면 "탄 내려오라"고 고함지르면 탄 내리고 이러는데, 한 사람이 그거를 받아내야 돼. 탄 받아내는데 들이밀어. 공상을 그렇게 [받아서] 4개월 병원에서 생활하다가, 또 통원 치료를 한 달 하다가, 그래 한 1년 병원 생활 했지.

그러니까 공상을 내면 내 수입의 7프로가 공상비가 나오잖아.

그거는 어느 광산에도 다 똑같아. 그거는 노조에서 다 하기 때문에 다 똑같은 거야. 근데 소득에 따라서 7프로 나오니까 소득이 많으면 공상비도 조금 낮고, 소득이 적으면 공상비도 적고 그런 [거야].

병원이 아니고 생활비지. 생활비.

*병원비를 대 주는 게 아니고 생활비예요?*

　병원비는 회사에서 물어주고. 그 돈을 가지고 내 개인이 병원 다니면 안 되지. 회사에서 다 대 줍니다.

*갱에 두 명으로 들어갈 때 둘이서 사이가 안 좋으면 일하기 힘들겠어요.*

　그 싸우고 하면 안 되지. 마음이 맞아야 돼.

*같이 일하시는 분들하고 마음이 잘 맞았어요?*

　그렇게 다 마음이 맞아야 되고, 이제 오늘 내가 감독한테 바우리²를 받잖아? 바우리라는 거는 감독이 외쳐서 "오늘 누구누구는 어디 가" 하고 이러는 건데.

*조를 짜 주는 거예요?*

　감독이 조를 짜서 준다고. 이리 명단을 보고, 이름 보고서 그리 짜 주면, 그 누구누구하고 어디 가서 일을 하고 다 이런다고. 그래서 광산 일이라는 거는 집에 올 때까지도 마음을 못 놓고, 집의 식구들도 맨[마찬가지로] 그러고, 집에 와야 이제 마음을 놓지. 하늘 두 [개] 덮어쓰고 일하는 게 [그런 거지]. 그래도 요새에는 사고도 덜 나잖아. 요새는 보안 장치를 세게 하니까 생산보다도 우선 사람을, 보안을 하기 때문에. 그걸 정부에서 아주 철저히 하기 때문에. 저 석공 같은 데는 국영이니까 국가에서 하기 때문에 운탄을 더 철저하게 하지. 개인 업체들은 보안하니까[하려면] 돈이 많이 들어가니까 좀 설뜨게[어설프게] 하고 일만 시키고 이러지만, 석공 같은 데는 월급도 많이 주고 보안을 단도리[단속] 잘하고 이러니. 이제 조만한 하청이 없잖아. 이제는 다 문을 닫아 버리고 국영만 있단 말이야.

*석공 하나 남아 있죠.*

---

2 탄광에서의 작업 배치를 의미한다. 방우리라고도 하는데, '방할(方割)'의 '방'과 할(割)의 일본어 발음 '와리(わり)'의 합성어로 추정된다.

석공 하나 남아 있었는데 그것도 완전히 적자야. 적자인데 국가에서 우얄[어떻게 할] 도리가 없지. [그래서 그냥] 하고 있는 거지. 적자래, 적자. [우리 탄광에] 돈 주는 걸 가지고 다 외국에서 사들이면 그게 더 싸다는데.

*그게 더 쌀 수도 있겠네요.*

더 싸대요. 중국 탄 사들이면 훨씬 더 싸. 더 싼데 여기 우리나라[에서] 우선 먹고사는 사람이 있지. 그걸 다 [사]들일 수가 없으니 적자가 나도 저거[석공] 하고 있지.

*지금도 연탄 때는 집들이 꽤 많더라고요.*

많죠. 여기 아파트 이런 데에 있는 사람들은 안 때지만, 개인 집들은 추우니까 보일러는 가스 땐다 그래도. 추우니까 여기서 난로도 피우고 이리 많이 때고. 개인 집들은 아직도 보일러가 연탄 때는 집 많아.

*보일러로 다 때기에는 돈이 너무 많이 드니까 연탄 때더라고요.*

그렇지. 그리 연탄 때는 집 많고, 여기 아파트 생활하는 집들은 그전에는 대략 탄 다 땠는데, 다 철수하고 가스로 다 변동시켜 놨으니 때는 사람은 없지. 여기 탄값도 비싸가지고 한 장에 600원이든가 500원이든가 얼맨가[얼마인가].

*그걸로 하나 때면 한 네 시간, 다섯 시간 땔 수 있는 거예요?*

그렇지. 그것도 자기가 때가지고 불문 열어 놓으면 빨리 피고, 불문 닫아 놓으면 늦게 덜 피고 그래요.

# 2. 동원탄좌 근무와 노조 선거

◇ ◈ ◇
## 1976년 사북 이주와 사택 생활

철암 광산에 74년까지 계시다가 사북으로 옮기신 거예요?

철암 광산에서 갈빗대 나가고 이래가지고 도저히 일을 못 하고 보상 조금 받아가지고 나오니 더 거기 댕길 수도 없고, 또 집에 있어 보니 배운 건 없고 광산일 배웠는데 먹고살 길이 없잖아. 그래가지고 이리 [사북으로] 왔지.

이쪽으로 오실 때는 누가 소개해 주거나 그런 거예요?

예. 철암에 같은 광산에 있던 친구가 여기[사북] 미리 와가지고 자리 잡아가지고 광산에 댕겼다고. 그 사람 소개로 여기 와가지고 신체검사 하고 모든 것을 해가지고 입적을 했어. 합격이 돼가지고 했지. 그게 76년도 5월 달에 여기 사북이라는 데를, 광산 들어와 가지고 어떻게 다른 데에 한 번도 안 가고 여서 살고 있는 거야. (웃음) 여기에 [처음] 오니 그때는 뭐 집이 있나? 입적 금방 하면 사택을 안 준다고. 조금 있어야 사택을 주지.

경력이 좀 있어야 사택을 줘요?

그래서 사택을 주는데 여 카지노 시[세워] 놓은 데가 그 동원탄좌 사택이라고.

원래 사택이 지금 카지노가 있는 데에 있었어요?

응. 그[거기] 있고, 사북 여기에 시놓은[세워 놓은] 중앙사택이 있었고. [지금은] 다 뜯었지만 사택은 여 사북 내다본 거기에 있어. 좋은 사택은 새마을사택하고 지장사택하고 최고 컸다고.

그럼 사택을 안 주면 세 들어서 살아야 되는 거죠?

그렇지. 세 들어 살든지 개인 집을 사든지 해야 되는데 살 돈은 없고. 그 사택을 얻어야 [가족들이] 오는데, 우선 입적을 해가지고 한 달간은 하숙을 했지. 가족은 철암에 있었고 나는 여기 혼자 와서 하숙하고 일을 해 보니 도저히 안 되거든. 그때는 막 지장사택을 지어가지고 내줄 때야. 그래가지고 거기 빈집이 있어가지고 무조건 이사를 해서 거기로 옮겨버렸지.

사택에 있는 빈집에 일단 들어가면 살 수 있어요?

살 수는 있는데, 그것도 구녕거리지[구시렁거리거나]. 구녕거리거나 말거나 할 수 없이 뭐, 식구는 많고 이사를 옮겨 놨고. 무조건 빈집에 들어가 가지고서 살았는데, 살다 보니 사택 반장이 와가지고, "왜 무단 입주했나." [이랬고] 회사 쪽도 자꾸 말이 많더라고. 그런 말이 많아가[많아서] 회사 내려가가지고 사실 이러이러한데 뭐 돈은 없고 [살 집을] 얻지도 못하고, 사택 줄 때는 요 어디쯤 집 얻어가지고 살 수도 없고 하니까 무조건 여기 들어왔다고 [사정을 설명했어요]. 들어왔으니까, 증권을 얻으려고 해도 안 된대. 안 되기는 뭐, 안 되면 그냥 실력이지 딴 게 뭐 있나. 그래 버티다가 그 사택 증권이 나오더라고. (면담자 웃음) 아무든 거 살아라 하는 거지.

그때 사택은 어떻게 생겼었어요?

사택은 다섯 집서 사는데, 축[쭉] 이래 나가면서 조막만 한 게 방 두 칸 딱 그거뿐이라. 화장실은 안에 없고 그 끝에 공동 화장실 지어가지고, 몇 동이 거서 공동으로 일을 보고 그랬다고. 그래 그놈의 동네가 그래가지고 저번에 보자 하니, 수도도 없지 수돗물도 없지, 그러니까 한 군데 두 군데가 나오는 우물이 있어. 그 우물 옆에 사는 사람들은 우물 개각기[가까이] 떠가지고 먹고 이래 하는 수가 있는데 먼 데 사는 사람은 그 물 여다가[이어다가] 먹으려면 애를 먹어.

집에서 많이 멀었어요?

그렇지. 꽤 멀지. 여기서 저 끝까지 나갈 정도 됐다고. 그래서 떠다 먹고 이리 했는데, 그래 해 보니 식구는 자꾸 커지고 사람은 많고 도저히 안돼서, 그 산 위에 물 나는 데가 있었다고. 그걸 또 동네 사람들 올라가가지고 맹그러서[만들어서] 호수[호스]를 꼽아가지고 내려가지고 [물을] 땡겨가지고 그 물도 씨고[쓰고]. 그래 하다 보니 몇 년도인지는 모르겠지만 상수도를 올려 준다고 그러기에[그랬는데]. 그래 물이 가물 때는 그 물을 또 따라야 된단 말이야. 여 소방 쪽 차로 몇 차씩 실어다가 몇 시간 배급을 주는 거야. 한 집에 두 통, 세 통 요래 통으로, 초롱[물을 담는 통]으로 고래[그렇게] 준다고. 주면 그걸 받아가지고 먹고. 혼자 사는 사람은 일은 가야 되지, 그 물을 받을 수가 있나. 이웃 아주머니한테 가서 쪼끔 물을 좀 받아 놓으라고 이래 놓고 가면, 일 갔다 올 때 그 물 받아 온 것은 거서 그냥 있지. 그래서 먹고살고 그래 했는 게 그 요래요래 하다 보니 상수도가 올라왔어. 상수도 올라온들 개인집에 들어오나, 안 들어오지. 공동 샘으로 온다고. 공동 샘을 지어놓고 그 공동 샘에다 물을 댕겨요. 시간 [제한으로] 물을 준다고.

이웃에서 누가 물을 많이 쓰면 싸움도 나고 그렇겠네요?

저 소방차로 실어주고 그럴 때는, 한 통이라도 더 얻으려고 막 그러면, 좀 억센 여자들은 한 통이라도 더 가져가고 약한 여자들은 얻지도 못하고.

몇 통씩 가져가라고 정해져 있는 건 아니에요?

몇 통씩 가져가라는 게 있지. 두 통.

가족 많으면 한 네 통 주고 그랬어요?

그렇지. 그래가지고, 한 집에 무조건 [얼마 가져]가라 하면 "아, 우린 더 줘야 된다." 이러고 더 가지고 가는 사람도 있고. 더 달라고 그러고, 안 된다고 그러면 싸움도 하고. 아이고, 말도 [못해요]. 그래 그래 하다가 수도가 올라왔는데, 그게 개인 집에 들어오는 것도 아니고, 한 동에 끝에 들어오는 것도 아니고, 공동으로 샘으로 들어와가지고 거기서 받아 와야 된다고. 그래 그것도 어데 사시사철 나오는 물도 아니고 딱 지정된 시간에 물 받아 놔야 된다는 거야. 큰 다라이[대야]가 집에 몇 개씩 있어야 되지.

물을 받아 놓으려면 필요하니까요?

그렇지. 거기서 [물을] 받아 가득가득 담아 놓으면, 그 이튿날 그 시간 물 올 때까지는 그 물 가지고 쓰잖아. 그래 그래 참 살았는데, 이 밑에 내려온 지가 몇 년도인지 모른다. 나는 통 그 연도 수를 몰라. 그런데 뿌리관 있잖아, 거 뒤에 사택 아파트가 있었다고.

그냥 사택보다 아파트 사택이 더 좋은 거예요?

그렇지. 아파트는 5층까지 이리 되어 있고, 그냥 사택은 아무것도 없고[1층만 있고]. 아파트[사택]에는 안으로 물이 다 들어오고 안에서 사용이 되잖아.

아파트에는 누가 들어가요?

종업원들이 들어왔어. 그러니까 사북사태 나고서 그 중간이야. 그러니까 88년도인가 89년도 쯤 될 거야. 그쯤 되면 아파트 사택을 지어가지고.

거기로 이사를 하신 거예요?

그것도 경력 몇 년 이래 돼야 그 아파트에 해당이 된다고[들어올 수 있다고]. 우리는 경력이 되어가지고 무조건 우리 식구 가가지고 [절차] 다 하고 이래가지고 [들어갔지]. 그것도 1층하고 5층까지 있으니까 [집사람이] 구집[고집] 있게 뽑아서 온 거지. 제비뽑기 해가지고 2층을 얻어가지고 거기 살다가. 우리가 1동 200 몇 호, 2층이더라고. 거기 사는데도 이래가지고도 안 되고 저리 해서도 안 되고 데모를 연신[잇따라 자꾸] 연신 하고. 그래 [데모를] 한 번씩 할 때 매번 한 가지 한 가지 얻기는 얻었어. 복지 시설도 얻고, 뿌리관도 사북사태 나고서 맹글었고[만들었고]. 그쪽에는 종업원 아들[아이들] 유치원이 같이 있고. 그짝[그쪽]에는 종업원들 물건도 갖다 들라놓고[들여놓고] 물건도 팔고.

그 뿌리관을 생활관처럼 쓰는 거예요?

그렇지. 그래서 뿌리관이 사무실로다가 새로 변동이 되고. 그래 뭐 짓고 차차 좀 나아지자 뭐 광산 문 닫아뿌고[닫아버리고].

1976년에 처음으로 사북에 오셨을 때 가족은 철암에 있고 선생님은 혼자 오셨던 거죠?

여기 와서 하숙 생활을 할 때는 그랬지.

그럼 몇 달 만에 가족이 왔어요?

한 달 있다가 내가 데려왔지.

4남매가 있던 때인 거예요?

그렇지. 4남매 다 있었지.

애들은 그때 몇 살쯤이었어요?

애들은 얼마 안 됐지. 그때 큰 애가 영주고등학교를 가고, 둘째가 중학교 댕기고 [있었지].

*여기 사북에서 다 학교 다녔어요?*

셋째하고 막내딸은 여기서 [국민학교부터] 다녔지. 우리 조합원들 많이 사니까 여기 지장산이라고 하는 데에 국민학교가 있었다고.

*그 학교는 종업원 자녀들을 위해서 지어진 거예요?*

여기 사람 많으니까 짓지. 저 화절이라는 데가 원래 국립 초등학교가 있었고, 그거는 댕길라면 거리가 멀어서 안 되고, 그래가지고 [지금] 카지노가 자리[에] 초등학교 지어가지고. 첫 번은 조그마하게 지어놓은 게 [있었고]. [나중에] 사람이 많으니까. 700 몇 세대가 살았거든.

*1976년도에 오셨을 때 이미 700 몇 세대가 있었어요?*

예. 700 몇 세대가 집을 지어가지고 있었다고. 그러니께 내주[나중]에 조합원이 다 들어오니까 꽉 차가지고 있으니까 학교 조만한 게 요 지어 놨는데 되나? 그래가지고 2층까지 올려가지고, 새로 현대사택까지 짓고 아주 뚜렷하게 [마련]했지. 그래가지고 시내버스가 올라오고. 아침에 버스 두 대가 만날 학생들을 출퇴근시켰고, 이래 시내버스는 개인버스가 되고 나주로도[나중에도] 전일제 버스가 된 거고. 그걸 타고 시장 댕기고 이랬다고.

*그러니까 그 버스는 거의 애들 통학용 버스네요?*

그런 건 아니고 돈 주고 타야 되는 일반 버스. 이제 [탄광촌까지] 올라오고 그래 그래 하다가 사옥이 밑으로 내려오니까, 아파트 지어가지고 [사람들도] 그리 내려와서 그리 살다가, 동원탄좌가 2004년도에 문 닫았으이 그리 끝나 버리니 뭐.

# 근무 형태와 열악한 환경

사북에 오신 지 40년 이상 되신 거네요?

여기서 광산 생활한 거는 한 40년 됐어.

처음부터 바로 선산부로 들어가셨던 거예요?

선산부로 입적해가지고, 뭐 후산부도 하고 선산부도 했는데 만날 해 봤자 돈이 6만 원밖에 안 되더라고. 그때 그걸 가지고 살라 하니 식구는 "돈이면 6만 원도 꽤 중할기다[많을 거다]." 이러더라고. 그래도 아무리 [일을] 해도 10만 원을 못 벌겠더라고. 그런데 잘 버는 사람들은 10만 원 다발로 [벌었어]. 이래 딱 이렇게 보수 탈 때 내주[나중에]는 얼마나 우예 [어떻게] 벌어야 10만 원 다발 버나 했어.

어떻게 해야 10만 원까지 벌어요?

(웃음) 그러니까. 그런데 차차차차 월급이 올라가지고 10만 원을 벌고, 내주에[나중에] 가서 몇 십만 원 되고. 월급이 그리 됐는데, 그리 돼도, 여기 동원탄좌에서 데모할 때가 80년이었어. 제대로 살도록 월급을 올려 줬으면 끄떡없는데, 일은 누구 말마따나 개돼지같이 시키면서, 우리 막장에서 1톤을 만들자고 하면 막장에서는 그 고봉으로 탄을 받거든.

깎으면 1톤인데 고봉으로 하니까 1톤 이상인 거네요?

응. 고봉으로 받아가 그 정도 나와도 더 덜컹거리면 거진 퍼내야 된다고. 퍼내지면 거기에 돌 있거나 나무 있거나 뭐가 있으면 이리 핑계대거든. 야들이[검수원들이] 3프로 까 버린다고. 1톤 나오면 야들이[검수원들이] 저 석탄 2프로 까뿌니[까버리니] 그게 되는지 안 되는지 얼마 까는지 얼마 주는지 [몰라]. "우리는 그저 개수만 몇 개 캤다. 이래 이래 해가지고 하나 캐면 톤 당 얼마 돌아간다." 그거만 머리를 쥐고서[생각하고서] 그래 줄창까지[내내] 하는데.

선산부들이 마지막에 도착했을 때는 상황을 다 알 수가 없으니까. 일단 캐서 보내는 거지.

몰라. 이게 한 돈[톤]에 돈을 얼만큼 취해 얼마에 팔려 나가는지 [몰라]. 우리는 이게 한 돈, 한 구루마 실으면, 구루마 숫자로 "이게 몇 궤다." 이래[이렇게] 하거든. 우리 갑반에 들어가면 3교대가 되거든. 24시간 3교대가 되면, 여덟 시에 갑반에 들어가면은 오후 네 시에 시마이[종료]하잖아. 시마이하면 또 을반은 오후 네 시부텀 들어가가지고 열두 시까지 또 일하거든. 그 열두 시서부텀 또 병반을 들어가면 아침 여덟 시까지 또 일한단 말이야. 그래 세 개가 [돌아가].

탄광은 24시간 내내 돌아가는 거네요?

광산은 3교대로 다 일을 하니까 24시간 내내 돌아가지. 그래도 우리가 만약에 갑반 들어갈 거 같으면 "어제 병반에는 몇 톤 캤다." 이래요. 몇 톤 캤으니 우리도 그만큼 캐야 된다고 감독이 지시를 한다고.

다른 데랑 경쟁을 시켜요?

그럼. "그만치 캐야 된다." 그럼 갑반도 조건이 좋아가지고, 많이 캐 버렸단 말이야. [갑반이] 많이 캐 버리면, 을반 사람들이 들어오면 을반 감독이 을반 종업원들한테 "갑반이 이만침[이만치] 캤으니 우리도 그만침 해야 된다." 이렇게 하거든.

근데 그거는 그때그때 상황이 다른 거잖아요.

응. 그러나 거기의 상황이 [다르니까] 조건에 따라서 그래 하는데, 그래 해 놓으면 종업원들이 놀 수가 있나? 죽자 사자 하는 거지. 해 봐도 또 조건이 나쁘면 그만치 못 나오거든. 조건이 좋으면 그렇게 힘 안 들어도 탄을 그만큼 캐내지만은. 감독한테서 방우[리]가 나오면 일을 몇 톤 하고 동발 얼매 옇고[얼마 넣고] 이리 보고를 해야 된단 말이야. 근데 그만치 못 해 놔놓으면, 감독이 또 욕지거리를 해 가면서 또, "갑반은 그만침 했는데 왜 우리는 못했나?" 이러고 또 쿠사리를[욕을] 먹거든. 그러면 또 계장한테 쿠사리먹지, 계장은 또 항장한테 쿠사리를 먹고, 항장은 또 여 회사 데려오면 회사 차장이나 소장한테 욕을 얻어먹는다고. 그러니 회장이니 사장, 위에 뭐시기가 있어 [이 사람들이] "얼마 생산해라." "한 달에 얼마 해라." "1년에 몇 톤 내라." 그러면, 그렇게 캐내야 된다고.

계획에 따라 무조건 양을 맞춰야 돼요?

그렇지, 맞춰야 된다고. 그러니 보안[안전] 시설은 아무딴에나[아무렇게나] 해 놓고 탄만 캐는 거야. 탄만 캐면 그때는 탄이 A급이 일본으로 빠져나간단 말이지. 우리는 B급 때지만 A급은 저리[일본에서] 때고, 여 종업원들 때는 건 C급도 안 돼.

종업원들이 집에서 때는 건 제일 안 좋은 걸 갖다가 때는 거예요?

그렇지. 그거는 그냥 무료로 주지. 일을 하면 무료로 갖다 주는데, C급도 안 되고 그렇지. 좋은 탄은 값이 잘 나가니까 그리 다 팔아먹고, 그 돈을 얼마 버는지 [탄이] 얼마 되는지 종업원들이 아나? 잘해 주면 조합원이 잘해 주는가 보다 하고, 못하면 또 못하는 거 같다 하고. 시달리게 광산 생활 말도 못해. 눈 뜨고 [작업장에] 나가면은 감독이 또 방우리하고 댕기면서, "아, 아무것이 누구누구, 어느 막장 가서 갑반이 몇 트럭 했어?" [이래]. 동발 한 틀에 탄 몇 톤 나온다는 게 계산이 있거든. "그 몇 트럭 했어?" 이러면 "세 트럭 했어. 두 트럭 했어. 네 트럭 했어." 이런다고. 그러면 누가 혼자 들어가서 두 트럭을 하면 딱 맞는데, 한 세 틀[트럭], 네 틀 하면은 힘들어 못 해. 덥기는 하고 참말로 쪼르르 한 게 생쥐 빠진 거 같지. 새까만 물이 졸졸 흐르는 데에서 그렇게 하고 나와도 한 달 봉급 타 보면 한심하고. 이러니 노조가 종업원 편에 들어서 돈을 좀 줘야 되는데 [어용 노조 때문에] 도저히 안 되겠다[는 거야]. 이원갑이도 감독했단 말이야. 지부장 나올라 그래 보니 손톱도 안 들어가. 회사 쪽으로 물려 들어간 사람이라야 회사도 받아 주지. 그냥은 안 되거든. 그 [기존의] 지부장이 회사하고 아주 단짝이야. 월급을 좀 올려 준다하면은 회사에서 그 사람을 돈을 줘 놓고 입을 딱 막아 버린단 말이야, 지부장을.

그래서 월급 올려달라는 이야기를 안 하도록 하는 거예요?

그럼. 그러니 지부장이 손을 들어가지고 회사도 돈을 가져와서 조합원들 [임금을] 올려 줘야 되는데, 지부장이 그걸 안 하고 회사 편에 앉아 있으니 어용 노조잖아. 어용 노조가 있으나 마나 하지. 조합원한테는 아무 득이 없잖아. 그래서 발전이 힘든 거야. 이래가지고 되나? [임금을] 올려야 되는데 내주[나중에] 알고 보니께 파출소까지, 지서까지 다 돈을 먹여 놔가지고 손톱도 안 들어가지. 다른 사람이 이야기해가지고, 그 노조 무시할라고 하니 이건 도저히 안 되겠다[고] 조합원들이 가가지고 뭐시기 하다가 순경 아들이[애들이] 지프차로 사람을 막 깔아제껴가지고 그래서 그게 일이 일어난 거야.

그렇죠. 그때 경찰차가 사람을 쳤다고 해서 일이 커졌죠.

그래 조합원들이 "우리 이래가지고 도저히 안 되겠다. 일어나자." 이래서 그마[그만] 일어난 것이 분노가 돼가지고, "우리도 좀 잘살아 보겠다고 하는데 왜 이렇게 무시하나. 노조 지부장 쫓아내자." 이러니 그 놈[지부장]은 도망가 버리고. 도망가뿌니[도망가 버리니] 이제 조합원이 뒤벼저[뒤집어져] 뻐렸지. 그러니 뭐 일 나발이고[일이고 뭐고], 일도 못 하구로[하게] 하고, 딱 못 시키게 해뿌고[해버리고]. 다 감독이고 뭐고 말만 찍찍 하면 종업원들이 몽둥이 들고 와서 두들겨 패 버리니까네, 감독이고 계장이고 항장이고 다 숨어 가뿌고[가버리고] 회사 직원들도 다 저기 가뿌고 누가 [남아]있나.

선산부로 일할 때 작업장에서 감독이나 반장들도 때리거나 욕하는 것도 있었어요?

　욕만 하고. 때리는 건 없고. 사람을 때릴 수 있나. 아무리 감독이라고 해도 일하는 선산부들보다 다 젊고, 공부하고 시험을 쳐가지고 감독 돼가지고 [회사에] 들어온 사람들인데, 나이가 좀 있는 사람도 있고 없는 사람도 있고 그러지. 때리고 이러지는 않았지만 욕을 시게[세게]. 아무튼 사람을 말로 괴롭혀. 만날 죽으니 사니 이러지.

감독 중에서도 어린 사람이 말로 괴롭히면 더 기분 나쁘고 그랬겠어요.

　그렇죠. 나쁘지만 그걸 다 꼭꼭이[하나하나] 생각하면 [일은] 되지도 않지. 그래서 어떻게 못 생각하고 '다 그런 거다.' 하고 "예, 예." 이러면서 일하는 거지. 그다[거기다] 대꾸하고 그러면 "당신 퇴직하시오." 이래 버리면. 퇴직하라는데. 뭐 그만두고 다른 데로 가라고 [그러는데].

그냥 감독이 "그만둬라." 이러면 바로 퇴직이 되는 거예요?

　그래 "그만두고 가시오." 이러면 감독에서 계장, 항장한테 보고가 올라가고, 그러면 항장한테 [보고가] 올라가면 소장들은 이제 [보고가] 가잖아. 미움받은 종업원들은 대번 고마[그만] 징계를 받는다고.

퇴사시키는 거 말고 징계도 있었어요?

　응. 그 징계는 월급도 적[어지]고 일도 제대로 시키지도 않고 사람이 아주 어정어정해져. 그러다 보면 사람이 일도 안 시키고 돈을 받아서 뭐하려면 그것도 가슴에 또 이래 이래 해가지고 한심하거든. 그렇게 괴롭혀요. 괴롭히기 때문에 징계도 [받으면 일을] 못하고.

여기서 징계를 받거나 하면 광산 말고 아무것도 일할 수 있는 게 없죠?

그렇죠. 징계 받으면 퇴직금이고 뭐고 다 징계가 돼버린다고 [못 받아]. 그래서 징계 아니면 해고시키고. 그게 노조가 그런 건 [잘 해결되도록] 전부 해 줘야 되는데, 그때는 노조가 조합원 편에 안 서고 있으니 그런 거를 할 수가 없어.

지금 노조가 있긴 하는데 그런 건 하나도 보장을 안 해 줬어요?

그렇지. 동원탄좌 조합원이 한 4천 명 됐다는 조합원인데, 그 지부장이 4천 명 아바이[아버지] 아니요? 4천 명 조합원은 그 아바이 짓을 오케이 해야 되는데 [지부장이] 회사 측에 들어서 가지고 일을 하니 꼴라지[꼬락서니] 되나? 그래가지고 사태가 난 거야. 사태 나고서부터 뭐 조금조금 해보니 이만하면 사태 난 걸 그냥 둘 수는 없고, 조금조금 이건 안 되겠다[해서] 또 [지부장은] 사퇴하고. [다른 사람을] 갈아 놓고 또 안 될 거 같으면 "나가. 이래가지고는 안 돼." 그래 쫓아내고. 그때부터 인제 조합원들이 이 권리를 조금 잡았지.

지부장이 계속 조합 편을 안 들어 줘서 사퇴시킨 다음에 다른 지부장이 와도 똑같아요?

그렇지. [조합원들이] "물러서라" 이래뿌면[이래버리면] 물러서야 돼. 첫 번에야 안 그렇지만 내주에[나중에] 사태 나고서부터는 지부장 해먹는 사람은 그렇게 해야 돼.

그래도 조합 회의 같은 것도 했나 보네요?

그렇지. 대의원들도 다 있고, 또 대의부들이 각 지방 조합원 밑에 몇 명[마다] 대의원 하나 뜩 뽑아 놨거든. 그 사람은 지부에 가가지고 "연락이나 어떻게 해야 된다", "어떻게 뭐시기 해야 된다" [그랬거든]. 다 뭐시기 하면, 그 지부장이 그걸 받아가지고 또 회사로 간다고. 회사 가가지고 "사실이 이래 이래 한다. 이거는 보완을 해 줘야 된다. 이거는 위험하다."

이렇게 해가지고 "탄도 뭐 어떻게, 어떻게 되고 하니 이렇게 해 다고[다오]." 이러면 회사도 "이제 그건 오케이해 주겠다." 이렇게 했는데, 그걸 안 해 주면 절단[끝장]나는 거야. (웃음) 첫 번에는 그런 게 어디 있어? 어디서 누구한테 이야기하고 누구한테 뭐시기 하고 [그런 게 없었지].

1980년 전에는 그런 시스템이 없었어요?

그렇죠. 회사 측에서 [이야기를 전달할 통로가] 전부 맥혀 있으니 어디 말할 데가 있나? 지부장이라는 거는 조합원 편에 들어가가지고 그 회사를 잡아야 되는데, 회사한테 더러 취해가지고 회사[가] 시키는 대로 일을 하니 뭔 꼴이 되나.

그럼 그 전에 일을 하다가 다치거나 마스크를 안 주거나 그럴 때 이야기할 데가 없었던 거예요?

그렇지. 지부장은 있지만 그때는 그게 없었어. 우리가 여기 와서도 마스크도 없어서 목수건 가지고 이래 입에 딱 이러고[입을 막고] 일을 했다고. 그러고 만약에 막장에 탄이 야문[단단한] 데, 살가운[부드러운] 데 실을 때가 있거든. 살가운 데 한 몇 번만 뚫고 나면 사람 죽을 지경이지 뭐.

탄가루가 계속 있으니까 폐도 안 좋고 피부도 안 좋고.

그렇죠. 그거야 뭐 말할 거 없지. 우리도 병반 가가지고 술 먹고 갑반들은 일 가가지고, [우리는 갑반 올 때까지 술 먹고] 갑반꾼하고 같이 집에 들어갔어. (웃음) 그 시꺼먼 게 앉아가지고 그리 맨날 [술을] 먹었던 거야.

끝나고 나서 목욕이나 이런 건 어디서 해요?

집에가 [씻고] 쉬어야 되는데 집을 안 가. 집에 가도 안 씻고 그리 뭐시기 하게 [살았어]. 이 밑에 650목욕탕 생긴 지가 얼마 안 돼. [80년 지나고] 그 목욕탕 생겨가지고, 그 목욕탕 생긴지가 얼마 되도 안 하고[얼마 되지 않았고]. 첫 번에는[처음에는] 전부 다 집에서 씻고, 물 여다가[길어다가] 집에 들다가지고[들여서] 그랬어. 얼굴만 빼꼼하니 뚫어가지고 손만 씻고 그랬다[고]. 생활하고 자고 또 일 나가고 자고 일 나가고, 생각해 보면 돼지만도 못하지 뭐. 어데 옷 벗어 놓을 데가 있나, 걸어 놓으면 온 천지[사방에] 탄가루이고. 방도 시커멓고 이불도 시커멓고 옷도 시커멓고. 아이고.

그렇지. 만날 탄가루 꺼무리[꺼무스럼]하게 해가[해서] 댕기지. 집에서도 어른이 시커멓게 하고 돌아댕기니까 꼬라지[꼬락서니] 되나. 그래 여북하고[오죽하면] 쌀뜨물 받아가지고 [그 물로] 씻고 빨래도 하고. 물이 귀해가지고 첫 번에는 애를 먹었다고.

작업복은 회사에서 주긴 주는데. 하이바[헬멧]도 주고 갭프[캡램프] 주고 다 주기는 줘. 회사에서 그거 다 줘야지. 첫 번에[처음에] 입적할 때는 안 줘. 그건 내가 사야 돼.

하이바 같은 거는 비싸지는 않아. 첫 번에는 와가지고 다 자기 장비는, 장화고 뭐고 다 사가지고 했고. 내주부텀은[나중부터는] 보안 시설 좀 되니까 장화고 하이바고 옷이고 싹 다 [회사가] 내줬지. 그래 뭐시기 해도 내주에[나중에] 알고 보니, 데모 나고도 탄 덩거리가[덩어리가] 선탄차에서 몇 만 톤이 만날 남아 있고. 그거 저장해 있고. 사장들은 이 탄을 가지고 무지무지하게 돈을 벌었지.

아이고, 데모 나고서부텀 높은 사람들이 다 조사 나왔는데. 그걸 떼먹는 걸 다 알지.

조사 나오면서 알게 되신 거예요?

그렇지. 도에서 다 나와서 조사하지. 누구 말마따나 도에서 [사람들이] 나오면, 동원탄좌 계장, 소장 있는 데 가서 딱 생산 보면 "책[장부] 내놔라." 그러면, 딱 보면 한 달에 얼마 나가고 들어오고, 생산되는 건 대번에 알잖아. 그러면, "요거는 왜 조합원들에게 돈을 안 줬나?" "왜 이 탄이 남아 있었나?" 그러니 조합원들[에게] 꼼짝 [못 하지]. 말을 할 수 있어야지. "이거 전부 다 조합원들한테 갈 돈인데, 돈을 안 주고 탄을 이리 놔뒀나?" 이래[이렇게].

◇ ◈ ◇
# 임금 및 대의원 선거

그 당시에 조합원들이 일상적으로 만나면서 임금 인상이나 생활 조건 개선에 대해 이야기를 나눌 때도 있었어요?

그렇지요. 조합원끼리 만나면, 만약에 동발 한 트럭이 들어가면 A동발이 있고 B동발이 있고 C동발이 있단 말이야. 그럼 돈 차이가 나잖아. A동발하고 B동발, C동발에서 돈 차이나는 [거야]. 돈 주는 거는 검수가 매긴단 말이야. 회사 검수가 또 오거든. 오늘 동발 딱 해 놓으면 그 이튿날 와가지고 "이건 A동발이다. 요건 B동발이다. 요건 C동발이다." 그러면서 매긴단 말이야. 매기면 만약에 내가 여기 들어가가지고 상갑반에서 두 톤을 했는데, 이게 A동발 두 톤을 주면 소득이 좋은데 이걸 A동발 안 주고 전부 다 C동발을 때려 버린다고. C동발 때려 버리면 돈이 적잖아. 그럼 후산부하고 선산부하고 이 동발 두 톤을 가지고 갈라 먹어야 되는데, C동발 줘 뿌면[버리면] A동발하고 돈 차이가 꽤 많이 난다고. 그래 놔 버리니까 야[애]들의 검수에 돈 따라서 상갑반 동발은 돈 차이가 많이 난다고.

사람들하고 술집 갔을 때 그런 이야기들을 많이 했었던 거죠?

그렇지. 우리도 [술집에] 모일 때 [그런 이야기를 했어]. 우리가 "아, 오늘 검수 들어온다." [그러면] 오늘 검수하는데 이거는 동발 가격 좀 주고 잘 달라고 [하면] "예, 잘 드리지요." 이런다고. 그래 놓고는 나가가지고 A동발 주는지 C동발 주는지 B동발 주는지 뭐 우리가 알아? 주는 대로 한 달 월급 나오면, 돈 많이 주면 한 2만 원, 만 원 '조금 나은가 보다.' 하고 받고, 적으면 '이거 왜 돈이 적나?' 또 이렇게 생각하고 그래 그래 살았지. 그걸 누가 일일이 따지고 C동발이 얼마, B동발 얼마, A동발 얼마 [되었는지] 조합원들, 일하는 사람들이 모르거든. 그냥 A동발이다, 이건 B동발이다 그것만 알고 있지. 이게 돈을 얼마나 매겼는지 [몰랐어]. 그것은 A동발도 그래. 동발에 따라서 굵은 게 있고 가는 게 있단 말이야. 이 굵은 거는 두 틀[트럭]은 못하거든. 하루 한 틀 한단 말이야. 내주[나중]에 알고 보면 한 틀 한다는 건 A동발 한 틀 가지고 둘이 갈라 먹어야 되는데 돈이 그게 더 많아. 이 기술이 있는 사람이라야 이거 굵은 동발 한 틀을 한다고. 그거는 할 줄 모르는 사람은 그 동발을 못 해. 하기가 힘이 들어가지고. 그런 기술이 있는 사람들이 하는 거야. 기술 있는 사람이 하기 때문에 한 동발이 해도 그 사람은 돈이 더 많아. 그렇게 회사가 돈을 준다고.

그런 정보들이 술을 먹으면서 다 나왔던 거예요?

그렇지. 앉으면 누구는 "선산부가 일을 잘하니까 돈이 얼마다." 이거 선산부도 A동발[이나] C가 있다고요. A급이 있고, B급이 있고, C급이 있고 그래. C급은 동발 틀 수만 많이 하지 돈은 적고, 세 틀이고 네 틀이고 해 봐야 돈이 적고, A급은 한 틀 해도 돈이 더 많고 그래.

회사에서 "여차저차해서 돈이 이렇다." 하면 그러려니 할 수밖에 없는 거네요?

그렇지. 그러면 여 석공 같은 데는 하루하루 자기가 일한 걸 그 이튿날 가면 다 매겨 놓는다고. "아무개 씨는 어제 몇 틀 했는데 여 동발 돈이 얼마다." 그 이튿날이면 요게 딱딱 나와. 여기는[사북은] 그게 없거든.. 한 달 월급 타 봐야 돈이 얼마인지 그거를 알지. 하루하루 얼마 벌었다는 건 몰라. 석공 같은 데는 요새도 그래 하는지 [모르지만] 옛날에는 다 그리 나왔다고.

거기는 되게 깐깐하게 해서 자기가 얼마 받을 수 있는지 아니까 만약에 그 돈이 안 나오면 싸움이 나는데, 여기는 그냥 나오는 대로 받는 거네요?

그렇지. 여기는 아무것도 모르니까네 시키면 시키는 대로 일을 해야 되고. (웃음) 주면 주는 대로 받는 게 여기라서 그랬다고.

대의원들한테 잘해 줘야 조건이 좋은 데로 갈 수 있고 월급도 더 받을 수 있고 그런 거네요?

그러니까 조합원이 대의원들을 뽑아 내놓는데, 이 대의원들은 가가지고 지부장을 잘 뽑아야 되는데, 지부장은 돈 많이 주는 저한테 고기 많이 사 주고 술 많이 받아 주는 놈한테 찍어 줘 놔놓으니 꼬라지가 안 되잖아. 그래서 그 모양이 된 거야. 이 지부장을 조합원이 뽑아야 되는데. 조합원들이 대의원을 뽑아가지고 "너는 회사 가가지고 어떻게 일을 잘해서 돈 한 푼 더 얻어 온나[와라]." 이렇게 하라고 뽑아 보내놓으면 그걸 해야 되는데, 회사 들어가가지고 알랑거리고 처 벌려 놓은 것만 하고 지가 살 궁리만 하고 있으니 조합원들한테는 한 개 득이 없잖아. 그리 뽑아 내 놔 보내도 그 모양이고, 이래도 그렇고. 서로 내주[나중]에 가면 내가 잘하겠다고 [해서] 내려가 보니 그것도 혼자 잘해 봤대도 안 해. 도리어 따돌림만 당하고 아무 말 이야기도 못하고, 얘기해 봐도 성사도 안 되고 그래. 그것도 대의원들이 단체가 되어야 돼.

그렇지. 단체가 돼서 어떻게 하자고 해서 이리 갔다가 저리 갔다가 하지. 혼자서 내빼봤든[도망쳐 나와도] 그건 인정해 주지도 않고 알아주지도 않아.

여기 사북에는 모이는 데가 없고 다른 데로 간다니까.

그럼. 서울이나 삼척이나 저리 멀리 제주도까지 보내 버린다고.

대의원들이 선거할 때는 그리 내보내고, 대의원들이 지부장 뽑을 때는 지부장들이 그렇게 대의원들을 보내 버려. 보내 놓고는 거기다 [구워]삶아가지고 한 2주씩, 며칠씩 [구워]삶아가지고 온단 말이야. 오면 "이거 찍어."라고 하면 찍지 뭐. 그래가지고 대의원이 되고 지부장이 되고 한단[말이야]. 그러니 대의원들이 권리가 있고 그때가 좋았잖아. 그러니까 이런 것도 잘 뽑아야 되는데 못 뽑아 놔놓으니까 조합원들한테는 득이 한 개도 안 되고, 해가 되고 지들만 살아나는 거지. 그래서 도저히 안 돼가지고 거시기[데모를] 한 거야. 내주[나중]에 데모나고부터, 이거 지내고서부터 그 조합원들이 대의원을 뽑잖아. 조합원이 대의원도 뽑지만 지부장을 뽑으니까. 뽑아 놓고 딱 들어앉혀 놔놓고 몇 번 갈았어. 들어 앉혀놓고 몇 개월이나 한 1년 이리 해 보고 조합원들한테 돌아오는 게 별로 없으면 "이[지부장을] 또 갈자. 이 지부장 안 되겠다." [해서] 또 갈아 버리고 이랬다고. 그때는 조합원이 지부장을 뽑아 놓으니까네 물러서라고 하면 물러서야 돼. 뭐 보채고 뭐 하[지]도 못해. 물러나가라면 물러나가야 돼.

그렇지. 그래가지고 그 맨[마찬가지로] 다음 오는 지부장은 또 잘하겠다 하고 들어오면 또 몇 개월은 잘해. 잘하고 이래 하는데 또 두고 보면 그것도 맨 회사 쪽으로 들어가고. 회사 쪽으로 안 들어가면 안 되는 모양이야. 회사에서 삶아댈케니[구워삶아 대니] 그건 도저히 회사 쪽에 안 들어가고는 일을 할 수가 없으니까. 어느 지부장이든 만날 그래 회사 쪽에 들어가더라고.

감독들은 좀 낫지. 그때는 아무래도 월급도 조금 더 받고.

그때는 조합원들이 감독한테 가서 국거리라도 줘야 된다고. 뭐[라도] 사다 줘야 그래도 조금 더 돈이라도 먹고[받고] 일도 덜 할 수도 있고. 계장한테 잘 보이고 감독한테 [뭐라도] 갖다 줘야 되지. 선납 보려 해도 그 짓을 해야 돼. (웃음) 그걸 또 가서 아부를 해야 된다니까. 아부 안 하면 [감독이] 괴롭히기 때문에 그래요. 아부를 또 그리 하지. 이러니 생활이라는 게, 요새까지[지금이라면] 어떻게 하다 보면 대번 뭐시기 했지만, 그때는 그렇게 안 하면 안 돼. 하루 논다 하면 감독 불러다 닭이라도 삶아가지고 술 함[한 번] 먹고 이래야 되지. 안 그러면 일하는 게 괴로바[괴로워]. [안 하면] 내가 고단해서 그런 거 많이 했지. 한 달에 탄좌 조건이 좋으면 또 회식하지. 종업원들까지 [같이] 회식하면 감독하고 계장을 불러다 종업원들은 돼지고기 먹고 이 사람들은[관리직 사람들에게는] 소고기 구워 줘야 되고, 또 갈 때도 [사 줘야 되고] 또 다음 어디서 회 끊어서[떠서] 사 줘야 되고. 또 스파이들이 있거든. (웃음) 계장 집하고 감독 집에 다 갖다주고. 그래 다 생활했어. 조합원 아줌마들은 감독 아줌마들 쭉 끼면 감독 아줌마들은 조합원 아줌마들 상대도 안 할라 그러잖아.

집에 가지고 김장도 담가 주고 해야 되는 거 아니에요?

그건 많이 하지요. 친하면 김장한다고 하면 같이 가서 거들어 주고 하는 집도 있고. 그런데 그 감독들이 한 뭐시기에 오래 안 있어, 시켜 뿐다고[버린다고]. 자꾸자꾸 그러기 때문에 방우리시켜 불고[버리고], 계장도 한 1년 거기에 놔뒀다가 또 딴 데로 바우리 시케 불고[시켜버리고]. 항장이고 뭐고 방우리시켜.

다른 데로 돌린다는 거예요?

응. 다른 데로 [돌려]. 이 갱도에 있던 사람은 그 갱도로 보내고, 그 갱도에서 [일을] 하던 사람은 이 갱도로 오고. 그렇게 전부 방우리 다 돌려 버린다고.

그렇게 안 하면 너무 빼앗아 가는 게 계속되니까 그런 거예요?

그렇지. 먹고 놀면 안 된다고 해가지고, 전부 다 자꾸 방우리시켜 버려.

그래 봤자 여기서도 감독이고 저기서도 감독이면 다 똑같잖아요?

다 똑같지만 그래도 방우리시켜 놓으면 처음 새로 오니까 아무래도 뽀솜뽀솜하고 [그래서] 뭐시가[뭔가] 또 갖다 바차야[바쳐야] 되지. 그래서 내주엔[나중엔] 몇 번을 그리 돌고 맨 [같은] 감독이 오고, [같은] 계장이 맨 오고 그래.

그래도 좀 양심적인 사람은 없었어요?

더러 있지. 양심 있는 항장도 회식한다 그러면 "종업원이 뭐 돈 있나 우리가 내야지 뭐." [이래서] 항장이 또 그리 내는 수도 있고. 계장이 내줄 수도 있고. 얻어 처먹는 놈들은 안 내. 안 내고 그리 생활[하고] 그래가지고 살아남은 게 [있지].

지부장도 잘 살았겠어요?

그 사람들이야 잘 살았지.

지부장이나 관리직들도 같은 사택에 살았어요?

그렇죠. [종업원들이] 다 사택에 있고, 조합원이 [뽑아가지고] 지부장 되는 건데, 똑똑하면 지부장 나오면 하는 거고. 그때는 대의원들이 있어 가지고, 대의원들이 지부장을 뽑아가지고 시켜 뻐리기 때문에.

그게 조합원들의 의사랑 크게 상관이 없을 수 있었겠네요?

예. 그때는 없었어. 이건 내주[나중]에 사태가 나고 어용 노조 물러가 고, 그때부터 조합원이 누구 좋다고 하면 그 사람 찍어가지고, 그다음 번 에 지부장 시켜가지고 [그 사람이] 옳게 못하면 조합원들이 또 일어나서 [지부장을] 내밀어 버리면 또 지부장이 저기 가야 돼[그만둬야 돼].

지부장 문제 때문에 처음에 그렇게 되는 게 1980년 전이에요?

그럼. 그거 전이지. 전에는 조합원이 [지부장을] 안 뽑고 대의원이 [지 부장을 뽑았어]. 각 감독 밑에 대의원이 하나 뜩[딱] 있었거든. 그 대의원 이 지부장을 뽑아가지고 지부장을 두지. 지부장 될라면 그 사람은 또 대 의원들을 몇몇이 여 사북에 안 놔두고 여관이나 좋은 데로 갖다 뉘어 놓 고 고기를 사 먹여 가고 잠재워 가면서 퍼먹인다고. 나한테 찍어 달라고. (웃음) 그럼 그 아[대의원]들이 다 그래 넘어가게 돼 있어. 그러니까 어용 노조가 되는 거야.

사람들이 그렇게 한다는 걸 알고 있었어요?

그렇지. 다 알지. 대의원들이 어디 가가지고 있다 그러면 "아, 이건 누 구 패다. 이건 [그 사람이] 또 [지부장이] 됐다." 만날 그 사람 지부장이 되는 거지.

갑자기 대의원들이 어디 한꺼번에 간다고 하면 지부장 선거 때문에 갔다는 걸 조합원들이 알고 있었던 거죠?

그럼. [그런 걸] 한 2일, 3일씩 있고 뭣할 때는 한 2주일씩 그래 있는데. 그렇게 퍼먹고 오는 돈이 어디서 나오나? 전부 애[조합원]들한테서 나와가지고, [원래] 지부장에게 주는 돈 아니여. 그 조합원한테 돌아올 돈을 써 재낀다니까[마구 쓴다니까]. 그리해 놔놓고는 [지부장은] 회사에서 시키면 시키는 대로 꾸벅꾸벅하고 있으니 회사에서도 좋다 하지. 만날 조합원들이 그래 짓고[졌고] 회사 측에서 들어서가지고 일을 하니까 어용 노조가 되고. 노조란 이 뭣이건 조합원 편에 서가지고 어떻게 회사 다 뜯어내가지고, 조합원에게 머시 한 푼이라도 더 얻어 줘야 되는데. 그래야 그게 지부장이 되고 어른이 되는 거지. 어야든등[어찌됐든] 회사 측에 서가지고 한 푼도 덜 뜯어내가지고 이래 하니 [안 되는 거지].

대의원을 어떻게 뽑았어요?

조합원이 대의원을 뽑았어. 한 막자구리[구역의] 아무것이가 대의원[선거에] 나갔다고 하면은 조합원이 뽑아가지고 대의원에 내보낸다고. 그 사람은 또 대의원 되려고 술, 고기, 담배 사가지고 멕여[먹여] 가면서 나를 뽑아 달라고 그랬다고.

그때 선생님도 대의원들이 사 준 걸 좀 드셨어요?

그럼. 그때 [누가] 대의원에 나간다고 하면 [그 사람한테서] 술이야 많이 얻어먹었지요. 그래 그때 뽑아 줘가지고 "거 가가지고 일 좀 잘해라." 이래 해 놓으면 이놈의 새끼들이 지부장한테 매일 가가지고 술, 고기 실컷 처먹고 와가지고 그리 지만[그렇게 자기만] 좋게 만날 잘 먹고 왔다고. 일을 잘하라고 내보내 줬디만은[줬더니만은] 그 모양이야. 그래서 더 그렇게 된 거야.

조합원들한테 조금만 더 잘해 주라고 보냈는데 그렇게 돼 버렸던 거죠?

　　잘해 줄까서[줄까 봐서] 하고 했는데 맨[마찬가지로] 그 지부장이 되어 뿌니[버리니] 잘 되는 게 없잖아. 똑같아. 그 지부장을 어떻게든 안 집어[찍어] 주고 쫓아내 버려야 되는데 안 되잖아. 그러니까 하마[이미] 지부장이 그리 딱 박혀가지고 자리를 잡아놓으면 다른 지부장이 들어와서 그자리 들어갈라고 해도 대의원들이 똘똘 뭉쳐가지고 안 돼. 그래서 잘 바꾸지도 못한다니까. 그래 내중[나중]에 80년대 후에 이제 조합원들이 지부장을 뽑을 때는, 그거는 이 사람도 됐다가도 이 사람이 [일을] 잘못하면 조합원들이 와와 그래가지고[데모를 해서] 보내 버린다니까. [지부장이] 일을 안 할래야 안 할 수도 없고, 회사에 가서 매달려 가면서 일을 잘하겠다 해 보니 이게 또 뒷줄도 없고 끗발도 없고 뭐. 주먹 쥐지 않으면[데모하지 않으면] 얻어 오도[오지도] 못해. 회사가 **빡빡**해가지고 안 받는다고. 주지도 안 하고.

# 3. 사북항쟁 발발과 전개

◇ ◈ ◇
## 항쟁 발생과 부인의 연행

사북사건이 생기기 전에 어떤 상황이었는지 다시 조금 더 여쭤보고 싶은데요. 먼저 그 지부에 항의하러 갔을 때 경찰이 그 조합원들을 해산시키잖아요. 그때 상황이 어땠었는지요?

글쎄. 그건 나도 가다가 내가 참석을 안 해가지고 그러는데 나도 말만 듣고 내가 이야기를 하고 있는데, 내가 거기는 참석을 안 했거든. 거기서 뭐 어떻게 일어나고 어떻게 뭐시기 했는지 나도 그걸 안 봤으니 모르지. [나는] 맨 그냥 막장에서 일만 하고 있었지. 여 고개 내려간 사람들은 상갑반이라고 있어. 탄 안 캐고 이 연침, 동발이 불거지면[부러지면], 동발이라는 게 있어. 전차 댕기고 사람 댕기고 들어오는데 하는 것이 있어서 쌓아놓는 게 있어. 짐이 오면 이게 불거진다고[부러진다고]. 보수하는 사람이 상갑반이라고 있어. 그런 사람들이 [있었고], 그때 이원갑이가 상갑반 감독을 했다고.

그러니까네 일하는 사람들은 하루 한 톨도 하고 두 톨도 하고 자기 하고 싶은 대로 하거든. 그래 해가지고 막장 같은 데가 힘든 건 안 하고 보수를 하고 있다고. 그런 사람이 꽤 많았다고. 한 40명 됐다고. 그래 이 사람들은 나도 그때 맹 그 상갑반하고 있었지만은, 우리는 별로 가가지고 떠들고 뭐 나타나가지고 매달려서 누구한테 못되게 굴고 이런 게 없으니까, 순하니까 그 "너희는 일하고 있거라." 그마 이랬고 좀 자그레치는 놈이, 껄렁껄렁하고 말 꽤나 하는 놈들은 몇이 데려가, 또 몇이 원갑이[한테] 내려갔던 모양이야.

그래, 내려가 놓으니 그 "와! 와!"[데모] 할 거 아니야. 그러니 이게 뭐 내가 말 들어보니까 그런데 그래 이제 순경들하고 순사들하고 쭉 와가지고 그리 있는데, 차가 나갈라 그러는 놈들, 이놈의 새끼들 차도 못 나가게 한다고. 차를 앞에 막으니까. 사람이 있는데 고마 시바 붕 시동 걸어가지고 그래서 밀어 버렸어. 사람이 뒤로 자빠져 버리고, 치였다고 그러더라고.

그래서 이놈의 새끼들이 사람 친다고 거기 있던 조합원이 몽둥이고 돌이고 순경들을 막 때리려고 다 이러니까 [경찰이] 내빼 버리고, 그래서 [사북사건이] 일어난 거야. "아 이래가지고 안 되겠다." 이래가지고 안 되니 각 항에 와가지고 "이리 이리 하니까, 일하지 마. 우리 내려가서 [합류하자]." [이랬어].

선생님도 모르는 채 아예 상의 없이 이미 사태가 벌어져 있었단 말씀이시죠?

예. 그래가지고 그게 일어나서 그 뭐 하나, 둘 하는 조합원은 안 그래도 분이 나서 일하기 싫은데다가 이런 씨발 일을 안 하고, (웃음) 모이라고 그러니까 "좋다. 좋다." 하고 [내려갔지요]. 을반 가는 사람들이 고마 연장이고 다 주워 내버리고 그리 모여 내려오고. 병반 나간 사람은 병반은 못 나가라[나가냐] 하고 내려오라 그러고 그래 다 모여 버리니 그래도 4,000명 조합원이 안팎이 모이니 사람이 얼마나 많아. 그리 모여 뭐 안에 그 식구까지 다 오게 되어 있지. 그리 싹 모이라 그러면.

평소에 노조 활동을 하실 때 노조 사람들이 모이면 주로 어떤 이야기를 하고 있었나요?

아 그거야 뭐 난 들어보지는 않았지만, 내가 뭐 대의원도 안 해 봤고 지부장 회의하는 데에 가 보도 않았지만 뻔한 일 아니야? 이 지부장이 대의원들 갖다 모아 놔놓고 이야기할 때는 회사 측이 되어가 놓으니까 조합원한테는 뭐 끌어오는 거는 이야기 안 할 테고, "어떠어떠하니, 어떠어떠하게 일을 하자." 대의원들한테 그렇게 이야기를 한다고. 이야기해 놓고는 대의원들 뭐 조금조금 이래 [돈을] 준다고. [돈을] 주면 요걸 얻어먹는 재미로 입을 다물어 버려.

조합원 전체가 모여서 하는 회의는 거의 없었나요?

아이, 그런 건 없고 대의원들만 모다[모아서] 가잖아. 그럼 대의원들이 조합원들한테 와가지고 "사실 이렇게, 이렇게 해야 된다." 이렇게 반항을 해야 되는데 이것들이 입을 싹 다물어 버리거든. 그러니까 꼬라지[모양새]가 안 되잖아. 그래서 [조합원들이] 일어난 거지. 그걸 "거기서 주깨는[말하는] 지부장 이렇게 나와서 이렇게 이렇게 이야기하라고 그러더라고요." 이래 버리면 조합원이 부애가[부아가] 나가지고 벌써 하마[이미] 해결이 나도 날 건데 이 사람들은 조금조금 얻어먹는 게 그 재미로 [얘기를 안 하지].

그 대의원들은 그 회의할 때 맨 그 봉투를 회사서 주거든. 또 일 안 해도, 막장 일 안 해도 몇 개 빠져도 봉투 옇여[넣어] 주고 그러기 때문에 지부장을 하려고 애를 썼거든. 잘 얻어먹지 공수(工數) 좀 빠져도 옇어[넣어] 주지 뭐. 그래 그래 놔놓으니 그 재미로 입을 딱 다물어 버려. 조합원이 일하라고 [대의원을] 뽑아가지고 보내 놨더니만 고따구 그런 짓을 하니 그게 꼬라지 되나 그게. 대의원은 조합원이 뽑아서 내롸[내려]보내 놨는데 그때. 지부장은 대의원들이 뽑고. 그게 잘못돼가지고 그렇게 된 거야.

그런 거에 참을 수 없는 사람들이 많이 모이면.

그래 분이 일어나는 거지.

노조 안에서도 강경파 같은 사람들도 있었다는 말씀이지요? 선생님은 그런 사람들하고 거리가 있었나요?

있지요. 그런 사람들하고는 우리하고는 상대도 안 하고 별로 말도 안 하고 했지.

그런 사람들은 일할 때도 좀 강경파였어요? 좀 과격해요?

뭐 일할 때 과격하고 그런 건 없지.

술 먹고 분노한다든지요?

그런 건 없어.

1980년에 조합원들이 도저히 안 되겠다고 생각하게 된 계기가 뭐였던 거예요?

계기가 그게 뭐였던 게 아니고 대의원이고 지부장이고 그래 술 사주고 뭐시기 해서 뽑아. 만날 [같은 사람] 되고 가니까 다른… 사람들이 지부장으로 입호[후보]했지. 입호를 해보니 도저히 안 돼. 조합원 하니까 대의원들을 찍어 줬는데 대의원들 그쪽에 맥혀 있어 놔 놓으니 지부[장]도 할 수가 없잖아. 그래 이원갑이라고 그 사람도 감독하다가 지부장으로 나올라고 그때 한 번 그랬단 말이야. 그 들어가서 딱 해보니, 뭐 도저히 들어갈 틈이 안 되고 조합원이 선거를 해 보니 안 되거든. 그래가지고서 조합원들이 "이래가지고 안 되겠다." [해서] 조합원 이제 몇몇이 이원갑이하고 지부에 내려가지고 얘기를 하고, 모든 것들을 해보니 도저히 안 되니까.

그게 웃기는 게 원갑이는 조합원 쪽에서 감독을 했기 때문에 이원갑이라고 하면 어느 감독들, 조합원이라도 다 좋아했거든. 일을 적게 해도 말 안 하고, 많이 해도 말 안 하고 그래 놔놓으니 이 사람은 꼭 [지부장] 시켜야겠다고 조합원들이 뭐시기 해 보니 안 되거든.

그래가지고 그때가 대의원 선거 뭐시기 하는데 그래 딱 가 보니까 여파출소하고 여 정선지서 순경들하고 형사들하고 쫙 깔아놓고 지부에 사람 못 들어오구로 하고. 조합원들도 못 들어오구로 하고 지들끼리 앉아 뭐 쑥덕쑥덕 해 뿌니, "이거 이래가지고 도저히 안 되겠다." 그래가지고, 그 뭔 차 나가는 놈은 차 못 나가게 하고 막 들어오는 놈 들어오도 못하고 조합원들이 서가지고 이랬단 말이야. 이래 이 새끼들이, 그때 난 난 끌리가도 안 오니 "그냥 씨발 밀어라." 차에 시동 걸어가지고 [조합원들이 차를] 못 가구로[가게] 하이끼네 뭐, 확 밀어 버리잖아. 밀어 버리니 한 사람 차에 치였잖아. 치인 그 사람도 대번에 죽지는 않았는데 그 병원 생활을 오래 했다고. 이래가지고 그 조합원들이 "와!"[데모] 했다고. 그 며칠 가 가지고.

예, 그럼. 그래가지고 안 되겠다, 그때 이재기라고 지부장인데, "이 지부장 이 새끼 나왔나?" [하며] "와~!" 고함을 지르고. "너 이 새끼 사람 치어가면서 이거를 어데 순경들을 왜 여기다 갖다 놔. 순경들이 조합원이냐? 왜 여기 갖다 놔가지고 이래 놔." 그래서부터 뭐 "이재기 나와. 때려 죽여 버린다."고 하니, 나오도 안하고 그질로[그길로] 쫓겨가 뿌렀네. 쫓겨가뿌니까 조합원들이 "와!"해 일어나 버렸어.

그러니까 여 갑반 사람들에게 이래가 이렇다고 뭐시기 각 항으로 일하지 말라고 막 연락이 오더라고. 그래 그럼 일을 안 하고 다 모이라고 했거든. 다 해다 내려오니, 회사 저 어데 일을 볼 수 있어? 계장이고 뭐고 항장이고 뭐고 소장이고 뭐고 다 도망가 버렸지. 그때는 걸리면 다 때려죽여 버렸[을 정도였]어.

차고 지프차고 뭐고 놔둔 거 다 내다 분해해 버리고 그때 종업원 싣고 다니는 버스가 여덟 대 있었는데, 막 다 유리창 두드려 깨고, 딱 안 깬 버스는 조합원들 실어 나르고. 있고 나서 했다. 그래서 그 데모가 일어나가지고 그질로[그길로]부터는 이 사북사태가 [있고 나서] 조금 살기가 그냥 나아졌지.

그래서부터 해 보니 생탄이고 뭐고 적자 되는 게 한 개도 없고 이득을 그렇게나 많이 봤는데, 조합원한테는 덕[이득]을 하나도 안 줬으니, 그래 뭐 "복지시설 어떻게 해다고[해 주시오.]" 하니까 그 뭐 [회사 쪽에서] 다 해 준다고. 그 뿌리관도 그래가지고서 그걸 지어가지고 조합원들이 그 생활을 좀, 식료품, 요새 같으면 매점 택이지[턱이지요]. 매점으로 사용하고 이랬다고.

4월 21일 그때는 뭐하고 계셨어요? 같이 바로 나가 계셨어요?

4월 21일 날은 나는 일하고 있었고, 여 우리 식구들이[아내가] 잡아[잡혀]가고 그날 뭐시기인데, 나는 맨 광도, 저 지장산 일 댕겼지 뭐. 일 댕기니까, 우리 집 식구가 글쎄 [집에] 오니까 없더라고. 그래 이웃 아줌마가 "아이고 온 정선 지서서 데려갔다." 이러더라고.

이명득 어머님을 지서에서 데려갔다고요?

응. 데려갔다고 그러더라고. 그리고 아, 이거 뭐 또 데모 났다고. 그때 이 전두환 씨 대통령 돼가지고 [사북에] 왔다 갔거든. "절대 이거 계엄령 안 내리고, 조합원들한테는 폐를 안 주겠다." 이랬단 말이야. 대통령 와 가지고 그래 놓은 게 가가지고 뭐 씨발 계엄령 내라뿌려지고[내려져 버리고] 그럼 군인들이 뭐 들이닥쳐 와가지고 막 잡아들이는데 뭐.

그러니 한 사람 두 사람 잡아들여가지고 이 사람들이 뭐 한 건 모르는데, 사진을 다 내놓거든. 미리 간 사람이 "이 사람 봤다." 그러면 그 사람도 와서 데려가고 이 사람도 뭐 죄가 있는지 없는지 미리 간 사람 "이 사람이 봤다." 그러면 데려가는 거야. "이 사람 못 봤다. 이 사람 모른다." 이래 버리면 안 데리고 가고, 미리 가가지고 있는 사람이 무조건 봤다고 하면 데려가 버리고. "이 사람이 같이 뭘 했다." 이러면 또 데려가고. 이러니 무조건 끌고 가는 거야.

그래 그 우리 집 식구[아내]는 사북 [사택] 부인회장으로 있었거든. 그 회장이[회장으로] 있어가지고, 그 회장이 뭐 방송하고 뭐하고 했다고. 그래 걸고 들어간 사람은 새마을사택 부인회장인데, 우리 집 식구는 아무도 모르는데 얼굴도 모르고 하는데 [그 부인회장이] 그걸, 사진을 보고서 무조건 고마 "저, 봤다." 카면 매도 좀 덜 때리고 [하니까] 무조건 "봤다, 봤다." 이래 버려. 그래가지고 여기 부인회장은 너인데[네 명인데] 그런 회장은 하나도 안 가고 우리 집 식구만 한창 붙들려 가가지고, 정선에서 그 보름간 고생하고 왔잖아.

선생님보다 부인이 더 먼저 지서에 끌려가신 거네요?

예. 나는 안 갔지. 나는 안 가고 그냥 집에 있었고. 집 식구만 갔다 왔지. 그래가 있어 보면 보름간 한 번 해 보니, "뭐 쟤는 아무 죄가 없으니까."[라고 해서] 보름간 놔뒀다 나왔는데, 그마침[그만치] 고초를 받았지. 이 새끼들 무조건 가가지고 죄가 있으나 없으나 사람을 두들겨 패고 하니까 고초를 받은 거지. 그래 죄 좀 많이 있는 사람은, 저 원주로 군인들이 데려가고. 원주로 데려가가지고 원주서 한 두어 달인가 살다 온 사람도 있고.

선생님은 그때 같이 데모안하셨어요?

아, 그 가기는 갔지만 뭐 얼굴이 사진 안 찍히고 내 행동하는 걸 안 보면 괜찮았다고. 뭐 조합원은 뭐 안 갈 수 있나. 밤에 여 사택에 자도 못하는데. 뭐 몽둥이를 끌고 다니면서 저 무식한 아들[애들이] 뭐라고 나오라고, 나오라고. 응? 안 나오면 뭐 몽둥이 들고 패고 이러고 나댔는데, 조합원이 어데 뭐 뭐 집에 있을 수도 없어. 맨 조합원끼리 이렇게 한 거예요.

같이 데모를 해야 된다고?

그럼. 같이 나온나[나와라] 그거야. 그러니 그걸 또 내 혼차가[혼자가] 참석 안 할 수도 없잖아.

조합원들 내에서도 좀 강경한 사람들이 있었던 거네요?

그렇지. 있지요. 좀 억신[억센] 사람 있잖아. 별나게 나대는 아들이 있잖아. 그런 아들은 몽둥이를 들고 댕기면서 설쳤다니까. 그러니 집에 있지도 못해. 그 내려가면 모여 있어야 되지. 그래 뭐 잠시 그저 집에 와서 잠 한 두어 시간 자고 밥 먹고 거기서 좀 데모하는 데서 밥도 좀 해 주고 그러는데, 뭐 되나? 그래가지고 그거 얻어먹느라고 그것도 먹, 사부작 사부작 가만히 올라와가지고 자고 밥 먹고 또 그러면 내려가고 이랬다고.

그때 이렇게 강성한 조합원이 와서 가자고 해서 가셨어요?

아니야. 그냥 일을 못 하니까 모여 달라고 하는데 그거는 다 가야 되지. 그때 누구나 안팎이 그래 다 모여 갔다고. 그래서 여자들도 순전히 그 안경다리 있잖아, 거기로 들어와야 되는데 거기로 못 들어왔다고. 아줌마들이 그 앞치마에다 돌을 쌓아가지고 있다가 오는 놈 막 안경다리에 [밖에서 사람이] 오면 막 내던지니 오지를 못했다고. 그 순경도 하나 죽고 하나 다치고 한 사람이 위에서 돌을 빼가지고 이 남자들이 있다가 씨발 그 굴에 들어오려고 하는 놈 때려가지고 맞아가지고 그랬잖아.

그때가 며칠 동안 일이 되게 무섭게 진행이 됐었잖아요.

예. 무섭게 그랬지. 그래가지고 순경들만 다 빼가지고 둘러싸 있었지요. 군인들은 내주[나중]에 안 왔어. 그 순경들이 와도 서로 여기 앉혀 놓고 서로 조합원들 앉아가지고 손만 끄덕거리고 이래 했고. 뭐 나대고 이러지는 안 했는데 첫 번에 분분[분란] 일어날 때 나댄 조합원이 나대가지고 그랬지. 내주[나중]에는 안 그랬어. 나는 어떻게 해 달라는 요구 조건 걸어가지고 그대로 해 다고[다오] 그거만 했지. 다른 건 거시기 없었어.

요구 조건에 임금 문제도 있고.

그렇지. 첫 번에는 임금 문제고 사택 문제고 복지시설 문제고, 모든 것을 이제 다 못 하니까 이거 다 뭐시기 했지. 그러니까 이제 이 회장이 내려와가지고 다 해 준다 했거든. 그래가지고 조합원들이 헤어져가지고 일하고 그랬지. 안 한다 그러면 일하나? 설[서로] 이거 뭐 한 달이고 두 달이고 뻗칠[버틸] 판이지. 그래 뭐 자기 요구 조건 다 해 주고 우리 논 것도 다 여기[지불]해 준다고 그래가지고 해 줬지. 다 돌아왔다. 안 돌아오면 되나 거기.

지부장은 도망가고 어떻게 됐어요?

그 [지부장을] 잡으려고 참 애도 많이 썼는데 어디 다른 데로 도망가버렸지.

그래서 남편이 도망가고 그 부인이.

그 여자가 그 죄를 물었지.

남편이 없으니까 그냥 대신한 거예요? 아니면 그 부인도 원래 평소에 문제가 좀 있었어요?

아니 뭐 부인이 이게 문제야? [부인은] 아들하고 저 비둘기사택이라고 사북 건너 사택인데 거기에 살았는데 그 여자한테 가 가지고 조합원들이 그 아주 애를 먹였더라고. 그 뭔 죄가 있나. 그 여자도 [이후에] 남편 잃고 혼자 사는데. 아무 죄도 없는데. [지부장] 지는 호강 생활했지. 회사에서 돈 얻어가지고 생활하니, 그러니 조합원이 분이 안 나나? 지는 잘 먹고 잘 지내고 하니 그래가지고 인제 때려서 죽인다, 뭐 그때 붙들렸으면 죽었[겠]지. 뭐 사나. 순경들이 자꾸 보호를 해가지고 잡을 수가 없어. 순경들이 보호를 해서 잡을 수가 없어.

◇ ◈ ◇
## 시위 현장에서의 일상

4월 22일부터 여기 바리케이트로 사람들이 못 들어오게 막았잖아요? 그 기간이 이틀 정도 됐는데, 그때 사람들이 어떻게 지내고 있었어요?

그 안에 전부 다 조합원들뿐이야. 다른 사람들은 못 들어왔어.

그렇지. 그래 그것도 어데 미운 것도, 전부 서울서 그것들[도움 주려는 사람들]이 막 내려왔으니 그리 가들을 왜 못 들어오곤[들어오게] 하나? 가들 들어와 봤자 별거 아닌데. 이 조합원들 섞여가지고, 조합원들하고 같이 모색하면 되지를 않는다 그래가지고 "아주 막아 버리자. 여 들어오면 되지를 않는다. 협상이 안 된다. 야들하고 있으면 협상이 안 되니 아주 막아 버리자. 막아 버리고 해야 협상이 되지." 그래서 아주 못 들어오게 한 거야. 그럼 그거 들어오면 기자 들어오지 별 게 별 게 다 들어올 거 아니야? 그럼 아무 꼬라지도 안 되거든. 그래서 못 들어오구로. 이 굴다리 그게 이전에는 차 여기 다닐 때는 고마 갱목 갔다가 깊게 박아 버리고 이쪽 사람만 댕기도록 차도 못 들어오고 못 나가고 그랬어. 그래 딱 해 놓고 여기서 조합원들이 차로 물건 실으러 갈 때는 그 낭구를[나무를] 풀어가지고 나가고 들어오면 다시 막아 버리고 이랬다고. 사람들이.

예. 그러니 야들도 저 뭔 탄이라. 뭐 타 놓으면 맵고, 아 크리— 하거든. 그걸[최루탄을] 벗겨서 막 쏴 재낀다고 야들이. 쏴 재껴 놓고 바람이 솔솔 불면 안으로 들어와. 안으로 들어오면 안의 사람이 다 쫓겨가지 하고 그리 있었는데 [최루탄] 맞아고[맞고] 시고[쉬고] 또 이래 하고, 눈물을 흘리고도[흘리기도 하고] 잠시 피했다[가]도 가고. 그리 저 쌓아 놓고 들어오다, 들어오다 맞아 죽고 그랬다고. 들어와 보니 씨 저것도[자기들도] 내아도[냄새를] 전대지를[견디지를] 못하는데 배길 장사가 있어. 그거 쫓겨 나가다가 위에서 막 돌을 던지고 하는 바람에 맞아서 순경도 죽고. 아이고. 그거 보니 야 저 놈들 저 사람[순경]한테 때려 우예 하나 했디만 웬 게냐. 그래서 발을 안 맞고 어깨 쪽에 여기 맞아서 자빠지고. 아이고. 말못 해. 그건 내가 봤거든. 아이고. 할 짓이 못 되더라.

모여서 밥도 해 드셨어요?

그럼. 밥 해먹고 그랬다고. 그리고 이제 밖에 조합원들도 있잖아. 근근이 뭐 이래 나올 수도 있고 뭐 가는 수도 있고 뭐 조합원들은 조합원들끼리 맨 또 통하지. 아무리 말려야 되나 그 나갔다 들어오고 뭐, 해먹고 안에서도 해먹고. 그 지장산은 그만 그 안에[서] 안 내려와 그리 안 나오니까 그 지장산 사택에 [있던] 조합원들은 그렇게 뭐 올라갔다 내려갔다 밥 해먹고, 자고 내려오고.

자고 내려왔어요?

그렇지. 그렇지 그럼. 그렇게 지냈어.

한곳에 계속 계셨던 게 아니라?

음, 그렇지.

왔다 갔다?

그럼. 밤 되면 잠도 자야 되지 뭐 그러면 있을 수 있나? 그래가지고 그 순경들 못 들어오게 한다고 그 안경다리가 있는 데는 사람이 밤낮 24시간 기다리고 있었지.

교대하면서요?

어. 못 들어오게 한다고. 교대해 가면서.

그 안에 있을 때 어떤 이야기들이 나왔어요?

그게 이제 보안 시책, 회사하고 싸우려고 데모한 건데 어용 노조를 [바꾸고] 지부장 없애고 다른 지부장 세우고, 또 회사가 우리 조합원들 요구대로 해 다고[다오] 그래서 싸운 거야. 그래 싸워가지고 그게 보름인가 또 뭐시기 하고 열차로 막고 이 야단했다고. 그러니 몸이 달아나는지[다는지] 회장이 내려와가지고 "어떻게, 어떻게 해 주겠다." 그래가지고 합의가 돼가지고 일을 한 거지. 안 그러면 되나? 그게 일을 못하지. 자기 조합원 요구대로 해 주겠다, 해준다고 그러니까 조합원들도 일해야 되지. 안 하면 되나.

선생님처럼 갱에서 일하다가 나왔을 때 이미 사태가 벌어진 걸 보셨던 분들은 완전히 당황스러웠겠어요.

일을 하러 못 갔어. 일하러 제때 못 들어갔고 감독, 계장, 일 시키는 사람들이 다 도망갔는데 뭐 어떻게 일을 하나? 또 자재가 올라가야 일을 하고 동발도 전부 다 여기 안경다리 안에 있었어. 그걸 실어다 그 항 위에다 갖다 줘야 일을 한다고.

그때 일 안 한다고 신난 사람도 있었어요?

아이고, 신난, 뭐. 일하기 싫은 사람이야 좋다 했지. (면담자 웃음)

강경파들이 했던 행동에 대해서는 반대를 안 하지만 어느 정도 이의를 품고 있던 사람들도 있던 건가요?

강경하게 나오는 걸 들어줬지. 뭐 [같은] 조합원인데 우리가 살자면 들어줘야 되거든. 그러니까 그게 이 모임이 되지, 안 들어주면 전부 뿔뿔이 있으면, 집구석에 들어앉아 있으면 원하는 게 되나? 안 되지요. 그러니까 다 들어주기 때문에 밥 먹고는 내려오고, 밥 먹고 내려오고 하지. 안팎이 다 내려오고 또 밤에는 또 자부러믄[졸리면] 또 올라가서 조금 자고 서로 서로 자꾸 이래 해야지. 안 그러면 그게 하루 이틀 끝나는 것도 아니고 할 수가 없었잖아. 그래가지고 다 그래 한 거야.

그래도 '너무 과격한 거 같다.' 또는 '이렇게까지 해야 되냐.' 그렇게 생각하는 사람은 별로 없었어요?

분노가 있었지. 그런 사람들도 많이 "아이고 야 이렇게 해야 되나." "이거 아깝다." 천막 쳐 대고 내리 부수고 할 때는 아깝다 했지만, 그 하는 행동들을 봐가지고는 하나도 아까운 것도 없고 다 뭐시기 한 거야. 쌀이고 쌀 창고고 대고 갖다 주는 뇌[두고] 가는 그런 거, 들어다 내놓고 밥해 먹고. 가는 그 집집에들, 계장들, 과장들, 그 뭐 사택에 다 사는 거. 뭐 장이고 간장이고 들어다 [내놓았지].

아, 다 가져와요?

그럼. 가족이 그 사람들 다 빈 집구석 비는 거 조합원들이 가[서] 퍼내오면 되는 거. 그날에는 농[장롱]이고 두뱅이고 양주고 뭐고 별 게 별 게 다 있지. 다 걸 다 꺼내오고.

그때 아이들은 학교에 갔어요?

학교도 못 가지 뭐. 그 학교는, 초등학교는 그 위에 있으니까 됐고, 그 위에서 [수업]하면 되고, 그 중학교 저, 저 고등학교는 내려가 안경다리 있는 데로 가야 되는데 그때는 못 갔어. 아들도 못 다니고 그랬다고. 그래가지고 며칠 못 댕기다 "이래가지고 안 된다 아들이 뭔 죄가 있나." 아들은 학교를 해야 되잖아. "아들은 보내줘라." 이래가지고 "그럼 아들 학교는 보내주자." 그래 아들은 이제 학교는 댕기기로 하고 들어올 때도 이제 아들은 올려보내고 내려오면 또 보내고. 학교는 댕겼어. 어른들만 이제 마음대로 못 나가고 그랬지.

부인이 지서에 끌려갔는데 애들에게 밥이랑 그런 걸 챙겨주는 사람은 없었나요?

그거는 뭐 내가 해먹고 일 다니고 그랬지, 보름간. 우리 아들이 또 그때는 큰아는 없었지만, 큰아는 군대 갔고. 그때. 둘째 애가 집에 있었으니까 둘째가 밥해먹. 아 학교 보내고 나 일 댕기고 그랬다고.

아이들은 학교를 못 가니까 계속 집에 있었던 거예요?

아니 그건 아니고. 뭐 둘째는 그때 중학교 그 뭣이 끝났고. 학교를 안 했고. 셋째하고 막냉이는 뭐 저 초등학교 댕겼으니까 거기서 다녔고.

식당 아주머니나 아니면 술집 아주머니나 조합원이 아닌 사람들도 있잖아요.

뭐 내주[나중]에 알고 보면 그런 사람들도 많았지요. 다른 데서 온 사람들도 있고.

그런 사람들은 싸운다는 것에 대해서 불편해하지 않았어요?

그 불편하고 뭐 그거는 모르고. 뭐 다 한 4,000명 조합원 안팎에 모아 놓으면 내[늘] 막장에 일하던 사람들 얼굴 알지. 다른 사람들 얼굴 모르잖아. 이 사람이 일하는 사람인지 이 사람이 어데서 왔는 사람인지 모른다고. 나이 먹은 사람도 있고 나이 젊은 사람도 있고 하니. 그런데 내주[나중]에 알고 보니까 뭐 어데서도 왔고, 뭐 어데서도 왔고 뭐 이러더라만은. 뭐 우리는 모르지 뭐 그걸. 몰라.

보통 갔던 술집이나 그런 데 가서 같이 술 먹거나 했어요?

술 먹고 이러지도 못 했어. 모여 있을 때는 술 먹고 그러다 보면 이게 또 아들이[애들이] 돌아다니면서 몽둥이 들고 쫓아다니면서 발광해서 못 먹어.

술 취해서 그랬다는 이야기도 있었는데 실제 그렇지는 않았던 거지요?

술 먹으려면 그 옛날에는 그 골말에 술집이 많았다고. 아는 집에 들어가가지고 술 몇 병 사다가 먹고 이랬지. [얼마] 못 먹었어. 그리고 그 술독하고 차가 나가가지고 술을 시내 댕기면서 걸림[검문]을 해가지고 몇 말씩 가져온다고 하루에. 몇 말씩 얻어와 뭐 반찬이고 뭐고 몇 말씩 뭐 다 걷어다 가지고 온다고.

술을 달라고 하면 다 줬어요?

달라고 하면 다 주지. 시내에서도. 술이고 뭐고 그 도가, 양조장도 있었거든. 양조장 가서 "아저씨 술 몇 인분"하면 몇 말씩 한 차를 실어다 갖다 놔놓고 목마른 사람 먹으라고 또 이랬다고.

◇ ◈ ◇
## 무기고를 지킨 사람들

그때 광부들을 설득하러 온 사람은 있었어요?

예. 없었어. 아주 조합원들끼리만 나댄 거야. 그런 사람들도 없었어. 왜 어디 가도 조합원들끼리 조금 별나게 좀 나대는 사람이 있잖아. 그런 사람들이 앞장 서가지고 모집하고, 모집하고 이러면 "아 그러면 그렇게 하자. 그렇게 하자." 조합원들 그냥 이리 "와" 따라가고 저리 "와" 따라가고 이랬다고. 뭘 알아? 조합원들이. 이래 잡으면 이제고 저리 잡으면 저래고 이게 좋은 지 저게 나쁜지 모르고 이제 "와와"하고 댕겼지. 뭘 알아. 그 사람들이 일하는 사람들이. 이래야 좋은지 저래야 좋은지 그걸 알 거 같으면 안 그랬지. 그걸 모르고 이래 가자카면 이리 가고 저리가자면 저리 가고 뭐 무식했지.

그래도 그 대중에도[와중에도] 다른 사람들이 와서 불 놓고 화약이나 무기를 꺼내 갈까 봐 무기 창고, 화약 창고를 지키고 이런 사람들 내주[나중]에 사북사건이 끝나고서 상 받았잖아. 그래 했는데 만약에 이 조합원들도 그래 조합원들도 나쁜 아[애]들이 있으면 그 [무기고나 화약고에] 들어가가지고 무기 같은 거 꺼내 와서 쏘고 이러면 안 되거든. 그리고 화약이 또 화약 창고에 가면 화약, 화기 얼마나 많았나. 다이너마이트 터지고 불을 붙일까 봐 거기 가서 또 지키고. 그 [항쟁이] 끝날 때까지 지킨 사람들은 상 다 받았어. 위험하잖아. 몇 차 갖다 뉘어 놓은 화약을 붙어다[불붙여] 놓으면 사북시도 뒤집어질 텐데.

그런 데를 지키자고 미리 이야기가 되어 있었던 건가요?

없었지.

그 사람들이 알아서 지키고 있었던 거예요?

어. 다 알아서 한 거야. 저끼리[자기들끼리] "야 이거 우리 지키자. 같이 올라가 하자. 지키자. 다른 사람 보그로[보도록] 하고." 그래서 몇몇이 올라가 무기 지키고 이랬다고. 그때는 예비군들이 다 훈련을 받거든. 거서 혼자서 받았기 때문에 에므원(M1) 총은 다 있었거든. 총알도 다 있고. 그것도 지키고.

무기랑 화약도 많은데 그래도 돌 던지는 수준에서 싸웠던 거네요.

그거는 우리 조합원들이 사용하면 안 되거든. 만약 화약도 우리가 선산부들이 맨 그거 화약을 만져야 되는데, 다른 사람들이 만졌다 잘못 만지면 이게 몇 초에 몇 분 들어가는 이거까지 다 알아야 되고, 내가 이거 불붙이면, 몇 개 붙이면 미리 붙인 게 언제쯤 되면 터진다는 걸 알아야 불을 붙이고 나오는데 자기가 그거 다 붙여놓고 나와서 자기 몸 피할 때까지 안 터져야 되거든. 터져버리면 죽잖아. 자기가. 그 피할 때까지 안 터지는 걸 그걸 다 알아야 그걸 하는데. 이런 난양같은[소란스러운] 데 나와 가지고 그런 걸 사용을 했다고 그러면 절단 나지. 뭐 다이너마이트 같은 거 떡 하나, 떡 굵기가 요만한 게 요만큼 하거든. 그거 하나에 압력이 그게 얼마나 심하냐하면 말도 못해. 큰 바우[바위]가 탁 붙여 놓고 때려버리면 콱콱 갈라져분다고.

그거 하나라도 누가 가져가면 큰일 나는 거죠?

그럼 큰일 나지. 딱 그거만 가져, 떡만 가져가면 안 되지만 그거 심지가 또 있거든. 꽂는 심지가. 심지하고 그거 하나 나갔다하면 큰일 나지. 그렇기 때문에 그 화약을 꼭 지켜야 되고. 무기도 지켜야 되고. 그 지킨 사람들이 그때는 다 있더라고 그래도. 그 다른 사람은 첫 번부터는 딱 있던 사람만 몇몇 그 얼굴 알고 그 지켰지. 다른 사람은 들어가 가지고 "아, 나도 하겠다."고 그러면 받아주지도 안했고 그랬다고.

◇ ◈ ◇
## 항쟁 수습과정

**4월 24일에 협상이 되잖아요? 언제부터 작업을 정상적으로 다시 시작했나요?**

끝나자마자 대번에 했어. 딱 합의되자마자 일을 했다니까.

**선생님도 바로 갱에 들어가셨어요?**

그렇지. 일은 갑반 돌아가는 놈은 갑반 들어가고 을반 가는 사람은 을반 나가고 병반 하고 이래, 대부분 끝나고부터는 집으로 가서 다 출근했다고.

**그럼 그 이후에는 아예 사태 수습과 관련된 이야기도 안 나오고 그냥 출근했어요?**

왜, 그래 하다[가]도 많이 했지. 몇 번 했어. 첫 번은 그리 하고도 데모를 [했어]. 맨 모여서 [데모를] 했다고. [회사가] 이거를 해 준다고 다 해 놓고 다 안 해 주니까 또 조합원들이 "이래가지고 안 되겠다. 또 일 치우고 또 모이자." 해가지고 또 모여가지고 또 하곤 했어요. [사북사건 이후] 몇 번 했어.

그래서 김○회라고 있었잖아. 그런 사람들도 첫 번째는 아 가입을 안 했는데 두 번째 데모할 때는 가입을 해가지고 했단 말이야. [데모]했기 때문에 그 사람들도 다 고생했어. 붙들려 들어가고, (웃음) 첫 번 앞에 나선 사람은 다 붙들려 들어갔어. 그런 사람들은 대학 나와 가지고 이 동원탄좌 돌아가는 걸 보니 "이래가지고는 도저히 안 되겠다. 우리가 나서서 바로 세우자." 이래 해가지고 그런 사람들 나와서 또 했다고. 두 번째 할 때는. 두 번째, 세 번째까지 데모를 했거든. 그리고 세 번째까지 하고 광산 뭐시기 했고.

내주에 그러니까 문 닫고, 아니 문 안 닫고 이 카지노 들어오는 것도 또 데모하고 했잖아. 그거는 뭐 그리가 고한, 사북, 저 뭐 도계, 뭐 영월 다 모여 가지고. 태백 다 모여 가지고 여 카지노를 세웠지. 이게 폐광 뭐 망우에 공장이 들어와야 되는데 큰 공장은 들어올 거 없고. 그때는, 뭐시기 대통령이 나올 때지. 김대중이 대통령 할 때 그걸 해가지고 대통령이 "좋다. 해 주마." 그래가지고 카지노가 생겼잖아.

수습 협의될 때 여성들은 어떠한 역할을 했어요?

데모할 때 아까 내가 그랬잖아. 앞치마에 돌을 싸가지고 했다는 거 그거야. 그게 철둑에 돌이 아주 많아. 죄 돌이잖아. 부인 아줌마들이 그걸 싸가지고, 순경들 올라오든지 아니면 안경다리 안으로 들어오든지 해야 될 거 아니야. 안경다리 들어오는 건 남자들이 막았지만은, 위로 막 퍼져 올라오는 건 안 되거든. 그러니까 여자들 쫙 늘어서 가지고서, 오면 뭐 곁에만 오면 막 돌을 던지고 그러니 순경들이 총을 쏠 수 있어 뭐 어떡해. 그걸 못 올라오지. 그래서 안으로 들어오지를 못했다고.

회사와 협의할 때 그 자리에서 여성분들은 없었어요?

그거는 별로. 말만 적혀 있지. 책무 뭐시기 한 거만 나왔지, 그 합의하고 뭐시 하는 건, 협상에는 여자들이 뭐 없지.

거의 다 노조원들만 있었던 거네요?

어. 노조들이 그 뭐 앞장 서가지고 이제 이래이래하는 사람들이 협상 들어가 가지고 같이 하고 그랬지 뭐. 조합원들이야 그거 뭐 협상할 때 할 수 있나. 그러면 "요번에는 뭐 얻어 왔다. 뭐뭐 해준다." 하니 "이제 앞으로 일을 하자. 이러면 좋다. 일 한다." 그럼 뭐 그건 안 된다 하는 쪽도 있고 뭐 좋다 하는 데 있고. 그러고 "그건 이제 그만 끝내고 일 하자." 이러고 일하고 이랬다고. 그래 한 번 할 때 마다 조금 얻었잖아. 얻어내니까네 또 일하고, 일하고. 그게 또 실시가 안 되면 또 하다 또 뭐 모여서 또 데모하고 이랬다고. 그 뭐 데모를 첫 번부터 시작해 놔놓으니까네 툭하면 데모야. (웃음)

사건 직후인 4월 25일부터는 바로 복구를 하셨던 거죠?

그렇지. 이 전두환 씨가 사태 나고서 그 지장산이라는 데 왔단 말이야. 왔다 갔다는 그 돌 비석도 아직 있어. 이래쌓아 놓은 데. 그래 가면서도 "걱정 마라. 여 동원탄좌는 계엄령 안 내린다." 이랬단 말이야. 뭐 그거 가가지고 뭐 마 있으니까 계엄 내라 가지고는 광주사태 계엄 내려버리니까 이 사북사태도. 그 뭐 이 잡아들이는 거야. 그래가지고 애매하게 사북이 뭣이 죄 없이 고초 당했지.

데모가 일어나가지고 고생했다고 생각하셨어요?

고생한 사람들은 다 그렇겠지.

후회하는 사람들도 있었겠네요?

예. 있었지. 있었고 그래 다 하지만 그게 뭐, 내중에 와서는 이게 데모 잘 일어났다 했어. 일어나야 이 변동이 되지, 안 일어나면 변동이 될 수가 없잖아. 안 일어나면 안 돼요. 아유. 일어나니, 이 강원도에서나 뭐 저 또 서울 석탄 뭐 회관에서 다 와서 조사를 해보니, 진짜 이 회사 잘못해가지고 이리 된 거는 다 알고 있었거든.

도지사가 직접 와서 수습협의회 만들었던 거죠?

예. 그렇지요. 그래가지고 아무튼 이건 조합원들 해달라는 대로 해줘

라. 사장 뭐 그리 해놔놓으니 해주겠다. 그래가지고 이제 데모 끝나고 뭐 시기 했지. 그래 조금하다가 또 삐끗하면 또 데모 일어나고, 데모 일어나고.

사북사건 이후에도 상황이 그렇게 크게 변하지는 않았던 거죠?

응. 자주 뭐시기 했어요. 아유, 돈을 내놔 [주겠다고] 말로 막 한다고 많이 그래 놓고 하도 안 하니까 또 데모가 일어난 거예요.

# 4. 부인의 고문 피해와 사북항쟁 이후의 삶

◇ ◈ ◇
## 사진과 진술에 의한 연행과 고문

5월에 사건 당사자들이 갑작스럽게 연행이 됐잖아요. 혹시 그 전부터 "우리도 연행될지 모른다."는 이야기는 없었나요?

글쎄 내가 아까 그랬잖아. 누가 경찰서 가면 사진이 빽빽하게 있거든. 찍어놨거든. [사건 당시에] 그 헬리콥터 댕기면서 사진 찍었는게. 사람 모여 있는 데는 사진 다 찍혀 있다고.

얼굴을 보려고 사진 찍는 거잖아요.

그렇지. 그 얼굴이 이래 보여가지고 "이 사람 봤는 사람이 있나." 하면 이 사람 붙들려 간 사람이 "이 새끼 시바 봤다 그러면 뭐 안 때려." 이래 버리면 매 안 맞으려고 "이 사람 봤어요." 이래 버리면 그래 와가지고 그 이튿날 일하러 가면 오늘은 항, 뭐시기 계장 밑에 있고 어느 감독 밑에 있다, 누구 아무것이 막장 들어갔나 그러면 막장 들어가서 일한다 그러면 "빨리 오라."고 [해서] 그리 오면 그대로 고마 일하는데 장화 신은 대로, 일복 입은 대로 끌고 가가지고 뭐시기하고. 그래 막 잡아들였잖아요. 또 연행 들어가가지고 사진 보이면서 "여 또 본 사람 또 여 아는 사람 있나?" 그러면 "아는 사람 있다." 그러면 또 불러들여. 그래 전부 그렇게 붙들려 들어갔어. 그럼 죄가 있고 없고, 죄가 많이 진 사람은 도리어 안 붙들려 들어갔어. 그래서 붙들려 들어갔지 뭐 달리 붙들려 들어갔나. 죄가 없는 사람이 그리 전부 억울하게 매를 갖다 맞고. 한 보름간 매를 맞았다니까. 그러면 이제 삼일쯤 맞고 나온 놈도 있고 보름간 맞고 나온 사람도 있고 그래.

사진에 있냐 없냐에 따라 다 잡혀갔다는 거죠?

그렇지. 요 사람 들어가[면] 요 사람한테 묻는단 말이야. "그 사람 봤나." 이러면 "봤다."고 하면 또 잡아 들어가고. 그러니까 이 사람 모른다 하면 안 잡아 들어갔는데 이 사람 봤고 같이 이래 했다 그러면 잡아들이고 잡아들이고. 그러면 매를 한 번 덜 때렸대. (웃음) 고래[그렇게] 알려주면. 그러니까 매 안 맞으려고 그래 자꾸 헛소리를 했어. 그래가지고 붙들려 들어가고, 붙들려 들어가고.

증언 없이 거의 다.

그렇지. 뭐 그 사람들이 다 우예 알아요? 이 사람이 뭘 했는지 뭐 어떻게 죄가 있는지 우예 잡아들어가? 모르잖아. 모르니까 사오십명 전부 그렇게 붙들어가 들어가가지고 징역 살렸잖아.

지서에 가면 경찰들이 어떻게 물어보는 거예요?

뭐 그거 난 안 들어가 봤지만 물어보는 건 다른 거 뭐 있나. "왜 그런 짓을 했나?" 여자들 보고는 "신랑 밥이나 해 주고 뭐 들어앉았지. 왜 그리 서대고[나서대고] 말이야. 나댔나?" 하고 또 패고 이래 패고 저리 패고 하니 그 뭐 이유가 있나. 달리 죽겠는 거는 [경찰이] 곧이[곧대로] 듣지도 안하고 저 축한[추측한] 대로 저 마음대로 해가지고 패고, 누구 패고 하니. 매에 몸이 져서 그저 안 했는 것도 했다고 하고 했는 것도 했다고 하고 이래 버리니 자꾸 죄가 되고 오래 있는 거지. 그리[그러니] "이 사람을 봤나?" 그러면 "봤다." 그러면 대번 그 이튿날에 또 붙들어 들어가는 거야.

심문 과정도 없이 그냥?

그렇지. 사진 보고 이 사람 봤냐고 하고 봤다고 하면 또 불러 들어가고 불러 들어가고 이 판국이었다니까.

석방되는 거는 그래 죄를 아무리 놔두고 물어봐도 그런 나쁜 거 한 거는 한 개도 없거든. 여자고 남자고 그런 큰 죄가 없으니까. 그래 정선경찰서는 보름간 있다가 나온 사람들은 죄가 없으니 마카[전부] 내보냈어. 내보냈고 그러다가 이제 뭐 앞에 나서서 일하는 사람들은, 노조 조합원 한 사람들은 거다 놔두고서 원주로 한 20명 또 보냈고. 원주로 간 사람들은 몇 개월 더 [거기서] 살았고. 죄가 좀 더 지은 사람들. 그래가지고 여 내보내 놓고도 군인들이 또 와서 조사를 또 했다고. 이재기 아줌마를 딱 불러다놓고, [광산에] 사는 아줌마들도 불러 내려가지고 이재기 아줌마가[한테] "이 아줌마를 아나? 봤나?" 이렇게 묻는단 말이야. 물으면 그 이재기 아줌마가 이래 보고서 "네. 이 아줌마 봤어요." 이러면 경찰서에서 또 잡아가고, 이재기 아줌마가 "이 양반 모른다." 이러면 또 한 차씩 집으로 올려 보내고 그랬다고. 그러니 뭐 죄도 없어. 그런데 그 한 사람한테 딱 뭐시기 해가지고 "봤다." 그러면 또 [경찰서로] 보내고 "안 봤다." 그러면 [집으로 보냈어요].

그렇지. 그래가지고 붙들려 매로 때려서 "이런 사람 봤나?", "이런 사람 뭘 했나?" 물어. 그럼 "못 봤다.", "나는 그런 거 한 게 없다." 무조건 그래 놓으니 내중에 이재기 아줌마 와서 내주에 또 불러가지고 그리 하니 이재기 아줌마는 우리 집 식구를 모른단 말이야. 그러니 "이 아줌마는 본 새이[적이] 없다." 이러니까 집으로 올라가라[고 그랬어요].

그래서 나온 거야. 나온 거고 죄가 없고. 여서 [이재기 부인이] "그 아줌마를 봤다. 이 아줌마가 어땠다." 이래 버리면 그마 또 잡아다가 또 패고 또 뭐시기 했지. 내[가] 본 이것도 반복을 했다고.

그래. 미움 받아서 여 못 살지. 못 살고 갔지. 참 아들[사람들] 너무했지요. 뭘 그 여자가 죄가 있다고 그 달아매놔노코[매달아 놓고] 해 놨으니 사람이 할 짓이요 그게? 할 짓이 못 되지.

있지. 아주 말리기 전에는 서로 나갔다 들어갔다 했지. 들어갔다 나갔다 했어. 그리고 또 조합원이 몇이 이래 서 있잖아. [사람들을] 못 나가게로. 몽둥이 들고 서 있었다고. (웃음) 경비 서듯이 서 있는 걸 아는 사람이 "야, 나 좀 뭐 볼일 때문에 갔다 와야 된다." 이러면 "응. 갔다 와." 아이 모르는 사람은 "안 돼. 안 돼." 그러면서 방해하고 그랬다고. 그리고 그 어구진 아들은[어깃장을 놓는 애들은] 거기 서가지고 발광했어. 뵐 낯도 없는 그런 아들이 이제 사진 찍혀가지고 붙들려 들어가가지고 "이 사람 봤나?", "이 사람 못 봤다.", "봤다." 이러면 서로서로 막 얽혀서 붙들려 들어가고 이랬다고. 그러니 사실은 어디 들어가도 사진쟁이들한테 카메라고 들어와서 못 찍었어. 뭐 번뜩거렸다 하면 대번 맞아 죽고 나가. 되도 안하고. 그리고 내주[나중]에 보니까 전부 헬리콥터로 찍은 거야. 헬리콥터로 사진 찍어가지고 내려보낸 거야. 그래 얼굴이 헬리콥터 바로 쳐다보고 바로 찍힌 사람들은 붙들려도 가는 거고.

그럴 줄 알았으면 뭐. 사진 찍는 줄도 모르고 하는데.

아주 몰랐지 뭐. 그 헬리콥터 그냥 댕기는가 보다 했지. 그럴 거 같으면 막 이래 들어가 숨어가 있지 누가 쳐다보기나 하나 그걸. 아무 것도 몰랐지. 내주[나중]에 그게 일이 생기고부터 물으니까 위에 헬리콥터에서 찍었다 그래가지고 그랬지[알았지]. [누가 사북에] 들어와 찍은 건 없었단 말이야. 조합원들한테 가가지고. 카메라 가지고 어디 들어오지도 못했고. 카메라 가지고는 들어오도 못하고 기자들도 못 들어오고. 아무도 못 들어왔는데 그 사진이 딱 그래 찍힌 걸 보고 이상하다, 이상하다 했는데 내주[나중]에 알고 보니 헬리콥터에서 다 찍었대. 헬리콥터가 매일 돌았거든요. 그래 조합원들은 헬리콥터에서 사진 찍는다고 돌아다니는 걸 몰랐지.

**부인이 부녀회장 하셔서 사건이 일어나기 전에 그런 분위기를 알고 계시지 않았어요?**

그건 뭐 알고 모르고 첫 번에는 몰랐지 그걸. 데모도 이게 갑자기 일어나고 뭐시기 하고부텀 그래 됐었지. 데모 일어나기 전에 회사가 조금 조금[씩] 나아지고 그래 뭐시기 해서 그 지부장은 지들이 이래 했으면 데모도 안 나고 다 좋았[겠]지. 그 데모가 나기 또 한 1년 전부텀 [아내가] 부인[회장] 역할을 했는데 내중에 그 데모가 나고서부터 [잡으려는 사람이] 댕겼다고. 뭐시기 했다고 방송을 했니 뭐를 했니 내중[나중]에 잡혀가 가지고 보름간 고생하고 왔지. 아무 죄도 없이 참 붙들려, 아무 것이 지장산 사는 아무 것이나 안 봤다 그러면 같이 있었다 이래가지고. 그러니 다른 사람인데 부인회장이 너이디라 고게.

**네 명이?**

너인데[넷인데] 뚱뚱하고 뭐 어떻다고 그래. 걔 요 뚱뚱도 해놓고 그 재수 없게 그날, 부인회장 있다고 붙들어 가고. 나는 내중에 알고 보이 다른 부인회장 얼굴 외웠는데 이름을 모르니까. 그리 무조건 부인회장이라 그러이끼네. 뚱뚱하다[고]. 여[아내가] 뚱뚱했거든. [그래서] 잡아들인 거지.

**그쪽에서 착각해서 그런 거예요?**

예. 그래가지고 가 고생하고 왔지.

21일 전에 부인이랑 회사 분위기가 안 좋아지고 있다는 이야기를 별로 안 하셨겠네요?

못 했지.

선생님도 그날 일하다가 밤에 아셨다고.

그렇지.

집에 왔는데 갑자기 데모가 일어나고 있고 부인도 집에 안 계시니까 많이 당황하셨겠어요.

며칠 일 갔다 오니까 그때가 어머니날인지 그래. 집 식구 없더라고. 그래 옆에 집에서 "아유, 정선 [경찰이] 와가지고 붙들어 갔어요." 이러더라고. 그때 왜 그렇지 하고 뭐 들어가면 그 한 이삼일 되면 나올 줄 알았더니 얼매나, 열흘, 한 보름 만에 나왔잖아. 그 보름까지 있다가 그때는 뭐 어떻게 할 수 있는, 내 둘째 요 인천 아가, 그때 하믄 뭐 학교도 안 하고 집에 있었어. 집에 있었으니 초등학교 막 마치고 집에 있었놔놓으니, 그 아가 밥을 좀 해 먹[이]고 난 일을 해야 되니께네 일을 이제. 그렇다고, 정선 갈 수도 없고. 일을 하고 댕겼지. 댕겨가지고 이제 며칠 날 나온다 하는 연락이 왔기에 뭐 신발 가져와라 뭐 가져와라, 그때도 슬리퍼 신고 그냥 갔더라고. 옷도 한 못 갈아입고 입은 채로 슬리퍼 신은 채로 고만 뭐 보자마자 고만 대번 차에 저 싣고 가 버리고 놔놓으니, 그 신발 좀 가져와야 된다 그래. 그래 이제 나올 때 그날 가가지고 신발 가지고 신기고, 옷 가지고 가 뭐시기 갈아입고 그랬다.

그 사이에는 면회 간다든지 부인을 뵐 기회가 전혀 없었어요?

예.

다시 만났을 때 부인을 보고 되게 마음이 아프셨겠어요.

아유, 그렇지요. 등허리가 이 받, 이런 데에 몽둥이를 맞아가지고 시

푸르하게 [멍이 들어서] 왔더라고. 야 여자들도 저렇게 팬다하고. 남자들은 다 갔다 오니 뭐 초죽음이고, 한 이삼일씩 갔다 온 사람도 초죽음이 되어가지고 나오더라고. 근데 나도 일하면서 몸이 달았다고. 이것도 누가 날 얼굴 봤다고 가서 뭐시기 해버리면[말해 버리면] 일하다가도 뭐 아무 것이 얼굴 봤다는데 아무 것이 이 사람 일하다 와 물으면, 감독 보면 "아, 거기 있다." 당장 나오라 하지. 일하다 나오면 고만 데려가고 데려가고 다 그랬다고.

다들 되게 불안했겠어요.

에, 일하면서 불안했지. 그게. 그래, 내가 이제.

◇ ◈ ◇
## 항쟁 전후의 변화

사건 이후 전두환이 사북을 많이 도와주겠다 약속을 했잖아요. 그러고 변화가 있었어요?

없었어.

별 차이 없었어요?

없었어.

회사에서도 임금이라든지 별로 차이가 없었어요?

조금 차이가 있었지. 차이가 좀 차차차차 나아지고 자꾸 인상 프로도 되니까 따라서 올라가고. 1년에 이제 몇 프로 올라가고 자꾸 그래 올라갔지. 올라가니까 내주[나중]에 [탄광이] 문 닫을 때에는 또 몇 백만 원 되고 이랬지. 안 그러면 아이고….

그거는 뭐 별로 안 놓고. 그래 지장산에 상수도가 올라온 게 공동 상수도 그거야. 그것도 시간 물 준거. 사시사철 나오는 거 아니고 시간 [정해] 물 딱딱 준 거. 그것도 뭐 주면[주니] 얼마나 좋아. "물 몇 시간 몇 시에서 몇 시간까지 준다." 이러면 그 실컨[실컷] 다라이[대야] 다 채울 수 있거든. 그러니까 물 푸지게 썼지. 그 질로[그 길로]. 아이고 그 전에는 그 우리집 식구도 그 전에 그쩍[그쪽] 요 도랑에 물 나오는 데가 있었어. 거기 여름에는 참 물이 차고 좋아. 산에서 나오는 물이. 절개는[겨울에는] 얼어가지고 얼음물에서 요래 나오거든. 나오면 요래 구덩이 파 놓고 빨래를 거기 가서 했다고. 빨래 할 데가 없어가지고. 거기서 하면 또 사람이 없으면 퍼뜩 가서 씻고 오면 되는데 사람이 꽉 차 있으니 [그러지도 못하고]. 이 집에서 절개는[겨울에는] 뭐 빨래를 실어가지고 갔는데, 거기 가서 고만 꽁꽁 얼어버리니. 가을에 그게 얼어가지고 찬물로 씨니[씻으니] 손은 얼마나 시리고 얼마나 추웠겠어요. 그리 여자들이 그때 고통인 거야.

그때는 여 사북에 여 내릴 데 시장 보는 것도 차도 없고 걸어 내려왔다가 걸어 올라가고 다 그랬다고. 차도 없었어. 그 내주[나중]에 시내버스가 올라와가지고 오전에 뭐 한두 대, 오후에 두 대 요래 있었지. 그럼 저 아[애]들 출근할 때 또 한 번 있고 퇴근할 때 한 번 있고 그래 있었지. 차 없었어. 그럼 차[버스] 한 대 가지고 여기서 이 지장산에서 사는 게 703세대인가 750세대인가 살았단 말이야. 그때 1개 면이라고 그랬다고. 조합원이 그렇게 많이 살았어. 그리 버스 한 대씩 올라와 봤든[봤자] 한 집 뭐 호씩 타면 지름[기름]을 짜. 내려갈 때 올라갈 때 막 지름을 짜는 거야. 그래 뭐 여름에는 더워가지고 버스 못 타고 걸어오는 사람도 있고, 내려갈 때도 걸어 내려가는 사람 있고. 버스 타는 사람도 있고. 버스 한 번에 한 두어 대씩 올라오면 몰라도 한 대 올라오면 뭐 지름을 짠다니까. 그래 학생아[애]들도 아침에 버스 오면 자리를 잡아야 돼. 안 그러면 그 타도 못해.

버스를 못 타면 걸어가야 되는 거예요?

걸어가야 되고. 자리를 잡아 놓으면 1번, 2번, 돌삐[돌멩이]나 바께쓰[양동이]나 뭐 아무거라도 갖다 이래 놔놓고 들어와야 된다고. 그러면 아[애]들한테 이게 뭐다 뭐다 그러면 돌, 헝겊, 다라이, (웃음) 다 거기다, 그면[그러면] 지 거기 섰다가 그거 타고 타고 그랬다고. 차가 그때만 해도 한 대 댕기니까 굉장히 복잡했어. 아들도[애들도 등교할 때] 복잡했어. 다 타지를 못하고 그랬다고. 그래 뭐 다 같은 돈 주고 서서 찡겨[끼어] 지름을 짜서 가는 놈도 있고 미리 타는 놈은 앉아서 가고, 그리[그러니] 자리를 부모가 나가 자리를 잡아 놓는다고 앉아 가라고. 그랬다. 그런 생활을 했는데. 아이고.

자식들이 어른 되면 탄광에서 일할 거라고 생각했어요?

에이, 아 생각 안 했지. 안 했지마는 아[애]들도 그래. 아[애]들도 다 학교 하다가 군대 갔다와가지고 부모가 떠나야 되는데 부모가 있으니까 네, 애들이 전부 부모 곁에 있으려고 하니 여기 있으면 뭐하나. 광산 밖에 더 하나. 그리고 [사북 밖으로] 내보내려고 해도 돈이 있어야 내보내지. 저거끼리 가가지고 어디에 자리 잡아서 살아야 되는데 그게 용기가 안 나지. 어떻게 끈을 잡아 줘야 되는데 끈을 안 잡아 주니까 못 하고.

그래도 공부할 때 석탄장학회에서 등록금 도와주는 건 있었죠?

그래 그걸 도와줘가지고 우리 큰 아[애]도 영주고등학교 마칠 때도 장학금을 줬고.

대부분 탄광 노동자의 자녀들은 그 장학금을 받을 수 있었던 건가요?

다 있었지. 그거는 어느 애도 학교 가면 다 받게 되어 있어.

선산부 자녀들한테만 준다 이런 게 아니라 다 주는 거예요?

그게 아니고 후산부고 뭐고 그 자식이 학교 갈 정도 되면 고등학교부터는 돈이 나가니까. 대학까지는 다 돈이 나가니까. 그것도 이 사태 일어나고부텀 복지 시설이 돼가지고 그리 된 거야. 첫 번에는 그거 없었고. 첫 번에는 여기 오니까 글쎄 개 취급부터 하더라니까. 사람이 살 곳이 못 돼. 여 우리 무연[무슨] 법이고 [뭐고 없고], 또 뭐 주먹 좀 꽤나 쓰고 하면 술 처먹고 돌아다니는 놈 시벌놈 뒤에서 탁 때려가지고 도랑으로 내던지면 몰랐어. 그 죽어도 모르고. 그런 법이 있다고. 여기에 사는 데가. 세상이. 그렇더라고.

사북에 건달도 많았어요?

예. 그래 뭐 올은[제대로 된] 건달도 아니고 술 처먹고 뻑뻑거리는, 일도 안 하는 놈들은 그저 돈뜯어가지고 먹고 살려고 그런 것도 더러 있었고. "배급 나온다. 저 돈 나온다. 월급 나온다." 그러면 그 뒷자리에 서서 돌아다니면[서] 그 발광도 했고. 그때만 해도 다 이 [탄]광 내에 술을 많이 먹거든. 술 취해서 돌아다니면 주머니도 털고, 뭐 패서 두고 패고 이 꼴 났댔다고. 그리 정신 바짝 차리고 살아야 되고 했다고.

경찰에 신고하고 그러지 않았어요?

신고해도 경찰도 그걸 신경 안 썼다. 별로 안 쓰더라. (웃음) 그것도 메이 다 신경을 요새같이 신경을 안 쓰더라고. "예, 알았어요." 뭐 그러고 끝나. 그걸 뭐 잡아내고 명령이고 없어. "네, 알았어요." 그러고 뭐가 가가지고 이리 돌아보고. 그래 뭐 뜩 그리고 끝나고. 뭐 내주[나중]에 어디 그놈이 자기 첫눈에 딱 띄가 잡히면 잡아들여 가. 뭐 일부러 그걸 아주 애를 써가지고 잡아들일 생각은 안 하더라.

1987년 선거 때 노태우나 김대중이 사북과 탄광촌을 번영의 땅으로 만들겠다고 약속하고 사람들한테 술도 주고 고무신도 주고 그랬다던데 약속한 게 지켜졌어요?

고무신 준 거는 생각이 안 나네.

노태우는 와서 술판을 벌였다고 하더라고요.

그거는 뭐 조합원들한테 그런 건 없고. 어디 뭐 대표 이사들한테 맨 했겠지. 우리 조합원들은 그런 거 몰라. 뭐 잘 됐는지 안 됐는지. 그리고부텀 목욕탕도 생기고 복지도 생기고 이러니 이제 조금 나아졌다고 하는 거지, 조합원들이. 달리 하면 뭐 조합원 나아진 것도 없고 월급은 꼬박꼬박 꼬박 올라가는 거는 1년에 인상이 되니까 인상된 대로 [받았어요]. 노조에서 인상[안]을 내놓거든. 내놓으면 회사도 얼마 주겠다, 노조도 "얼마 다 [달라]고" 그래 이제 노조하고 [회사가] 싸우는 거지.

그 당시 대선 때 노태우를 찍어야 되겠다고 생각하셨어요?

그거는 몰라요. 에이 그거는 없었지. 그 사람들이야 선거할 때쯤 공약한 거는 그거 한 개도 지키는 거 없어. 시방도 그러잖아. 그게 다 자기 우선 돼 놓고 보려고 그러는 거지. 그게 공약을 어떻게 다 지킬 거야. 다 못 지켜. 시방도 대통령 공약 나오는 거 봐. 노령 연금 30만 원 주니 40만 원 주니 그러는데, 그게 개헛말[헛소리] 되도 안 해. 맨 우리도 그래. 박[근혜] 대통령 될 때 20만 원 노령 연금을 준다 그랬는데. 20만 원을 줘야 되는데, 20만 원 타먹는 사람이 자식도 없고, 아무도 없고, 독신, 그 사람이라야 그걸 타 먹어. 뭐 자식이 있다든지 집에 통장에 단돈 100만 원이라도 있다든지 [그러면] 안 나와. 우리도, 할마이도[아내도] 13만 원밖에 안 나오고 나도 13만 원밖에 안 나와. 20만 원도 못 타 먹어.

그게 다 나오는 게 아니네요?

아니 없어. 그러니까 공약 하나 마나 저거야. 그거 20만 원 다 타 먹자면 글쎄 아무것도 없어야. 아무거나 아주 부랑자라야 20만 원. (면담

자: 그래봤자 20만 원밖에 안 주네요.) 응 그래. (웃음) 그래 시방 국민연금 30만 원 줘도 그 20만 원 타 먹는 사람이라야 30만 원 타 먹지. 우리 메이로[같이] 맨 못 타 먹어. 맨 그러지 뭐. 그렇다고 자식이 있고 집 통장에 돈 100만 원이라도 들어 있으면 뭐 요만치만 줘도 된다 하고 다 안 줘. (웃음) 그런 걸 뭐. 그리 야들이 또 공약 하나마나야. 저 우선 되고 보겠다는 건데 뭐. 공약한 대로 다 되는가 그게? 안 돼요. 그래도 박[근혜] 대통령하고 공약된 게 단 10만 원이라도 올라가서 다행이야. 그 전에는 4만 얼마밖에 안 됐는데. 올라갔지. 올라갔어.

◇ ◈ ◇
## 탄광 노동과 물통 사고

탄광에 들어갈 어떠한 부분에 신경을 많이 쓰셨어요?

　이 광산 일이라는 거는 이 내 속에서 우러난 대로는 항에 들어가서 일을 못 해. 하면 사고 나. 그런 마음을 가지고 일을 하면, 마음을 차분하게 해 놓고 일을 해야 되지, [안 그러면] 사고 나는 거야. 그러면 이 광산이라는 게 이렇잖아. 이 뚫브면[뚫으면] 위에 전부 탄이야. 이 생갱에 발파[를 해서] 뚫고 들어가면 이래 들어가면, 이게 이게 이만─치 뚫어 놓으면 허공이 돼가지고 내려앉잖아. 내려앉으니까 여기 동발이[을] 옇거든[넣거든]. 낭구[나무]. 저[저기]다가 동발이[을] 여이[넣으니] 안 내려오도록 이래 하잖아. 그렇게 하기 때문에 이거 위험한 일이거든.

　이게 만약에 탄이 야물어[단단해]가지고 이거 궁도 뚫어가지고 발파를 하면 메다[미터]씩 들어가거든. 메다씩 들어가면 동발 두 톨 들어가야 되거든. 두 톨 들어가는데 이거 딱 하는데, 메다 들어가가지고 이 공간이 이리 있으니 이 탄이 무른 데는 이거 빠진다고. 빠지면 큰일 나지. 안 빠져도 이 쫄쫄이 박아 놓고 안전하게 해 놓고 일을 해야 되지, 거다[거기다]

내 부애 났다고[부아가 치민다고] 어떻고 저떻고[어쩌고저쩌고] 발파를 막 해재끼고 이래 하다 보면 그거는 대번에 다쳐 버려. 그러니께 차분하게 [일해야지]. 그리[그러니] 집에서 내외간 싸웠다든지 뭐 이래 하면 감독이나 계장이나 와서 이야기하라고 그러잖아. 그런 사람은 "오늘 들어가 일을 못 하니 차분하게 다른 일을 해라." 이렇게 한다고.

그런 게 하늘도 덮어씌우고 들어가는 일이 이제 막장이라. 그러니 내 물통 사고 나는 것도 완전히 회사에서 잘못한 거지. 그러면 이 30메다씩 답파를 두고 내려오거든. 30메다씩 답팔 두고 내려온다고. 그 30메다 위에 해먹을 때는 물이 있었단 말이야. 그 밑에는 물이 없고 새로 들어오잖아. 그럼 여 노보리로 올라간단 말이야. 올라가면 여기서 이제 이 물통이 안 터지도록 하려면 이 측량패들이 물통이 몇 메다 남았는지 잘 알아가지고 이야기를 해 줘야 되는데, 물통 위에 물이 가득 실려 있는데 이걸 [이야기를] 안 해 주고, 아니 글쎄 갑반은 했는데 내가 을반인데 을반에 딱 들어가니까 첫 번에는 괜찮아. 물도 안 나고 이랬더라고.

그래 이 궁을 뚫버가지고 화약을 여어[넣어]가지고 발파를 했거든. 발파를 확 올리고 나니까 아니 물이 뚝뚝 떨어지잖아. 뚫고 자꾸 앞이 빠지고 탄이 뚝뚝 떨어져. "야, 이게 왜 물이 안 나오더니 물이 또 나오냐." 하고 막 그래. 나중에 소장 갖다 놓은 게 쫄쫄이를 박고 그 안 떨어지게 하려고 했더니 안 돼, 도저히 안 돼. 내 그놈을 하려고 헐떡거렸다니깐. 그러니까 확 해 버리는 게, 그거 놔 버리면 싹 길을 내려가는데, 야 거기서 내가 살았으면 그게 기적이지.

뭐 하니 이거 몰래[원래] 그렇지. 한쪽에는 탄이고 한쪽에는 방이라고. 그렇게 이렇게 삐딱하니 동발이 들어가요. 여기는 방이고 여기는 탄이고 여기는 방 위에다 요래 찍어가지고 해 놨기 때문에 물 약간만 지고 와 보면 여기 맥이 없어가지고 동발이 쓰러져. 그렇게 되면 우에 내려앉아 버린다고. 그래서 막장에서 있다 물이 쾅 하자마자 나는 이쪽은 다 단단니[단단하니] 이래 쥐어 놓니끼네, 이 높은 데서 있었으니까 여기 [낮은 데에] 있었으면 죽었지. 높은 데에서 있었으니까 동발이 쓰러져도, 이래 잡고서 이리 잘 쓰러져 버리면 내던지면 또 앞 동발 붙들고 또 앞 동발 붙들고 이리 내려오는데, 조금 내려오다 보니 그놈의 동발이 자꾸 걸려가지고, 사람이 못 내려가겠더라고. 못 내려가니 이게 위에 딱 걸려 있는데, 거기서 동발이 더 쓰러지지는 안 하고 딱 네 동발 살아 있더라고. 그런데 거기서 가만히 있었지. '아 이래서 죽는구나. 이제는 죽었구나.' 하고 있었지.

그럼 뭐 갭부[캡램프]가 불이 고마 다마[전구]가 나가 버려가지고, 갭부가 있나 불이 없으니 캄캄한데 뭐 그 주머니에 다마는 꼭 한 개씩 여[넣어]가지고 다니지. 여가지고 다니는데 그래 불이 없으니까 이놈 대가리를 풀어가지고 갭부 불 갈려고 이래 하다 보니 그놈 뜩 널짜[떨어뜨려] 버렸네. 널짜 버리면 캄캄한데 어디가 줍나. 죽탄인데. 그러니까 내가 43시간 동안 갇혀 있었지만 불 없이 가만 [있으면서], 그냥 불이 있었으면 또 못 산대. 내 다른 사람한테 [들으니] 불이 있으면 내 마음이 바빠가지고 살지를 못한대. 불이 없는 게 낫대. 그래서 살았대.

어떤 데가 위험하다, 어떤 데는 괜찮다, 어떻게 하면 위험하다 그런 거를 배우셨나요?

회사에서 가르쳐 줘야 되는데, 그걸 안 가르쳐 줬기 때문에 [그냥] 작업을 했지.

그럼 알아서 배우신 거예요? 아니면 주변에서 같이 일하는 사람들이랑 같이 이야기를 하면서 배우신 거예요?

그거는 자기가 일을 하면서 판단하지.

누구한테서 배운 것이 아니라?

그렇지. 판단은, 오래 하면 경험이라는 게 있잖아. 여기는 이게 좀 위험하다 뭐 어떻게 단도리해야 된다, 요건 또 어떻게 해야 된다 이런 자기 경험이 있거든. 경험이 있으면 그거 단도리해가지고 일을 하고.

선생님은 어느 정도 경험이 있으셨지만 처음 들어온 사람들한테는 누가 이야기했어요?

그건 모르지. 그런 사람들은 아무것도 모르지. 그냥 자기가 오래 있으면 다 배우게 되어 있어. 처음 들어오면 다 후산부 동발 친단 말이야. 동발 치고 삽질하고 선산부 밑에서 후산부 생활하거든. 그래가지고 선산부 밑에서 그래 그래 오래 배우면, 또 선산부가 되잖아. 선산부가 되면 아 어떤 선산부는 "참 요거 뭐가 나쁘더라, 요거 뭐 어떻다 그러더라. 이런 뭐 나쁘더라." 그런 걸 알기 때문에 선산부가 되는 거야. 그걸 모르면 선산부가 안 되지. 그리고 동발 [치는] 각도를 알아야 되고.

사북 오기 전에 다른 탄광에 계셨잖아요.

그 철암에 가 있었지.

사북하고 철암은 차이가 있었어요?

있지요. 좀 차이가 좀 있었지.

갱 안에 어떤 차이가 있었어요?

갱 안에는 그 탄 빼는 갱도가 다 틀려[달라]. 철암 항에는 콘베이야[콘베이어]라고 있어. 여기도 맨 콘베이야가 있었지만 콘베이야에서 막장 콘베이야가 있고 중간 콘베이야야가 있고 이런데 이 막장이 탄을 캐면 중간 콘베이야, 저 막장 콘베이야가 탄을, 사람이 밀어서 내는 게 아니고 이게 콘베이야가 실어가지고 내거든. 그런데 여기 동원탄좌는 노보리라 조구리[조구라고도 함. 철판]를 깐다고. 탄 캐면 저거, 조구리가 직접 내려오고. 저 철암 항 같은 데는 편기라[평평한 거야]. 편한데[평평한데] 탄을 빼낼 수가 없잖아. 그래서 여기다 콘베이야를 놔야 돼. 탄을 여서 파면 콘베이야 놔 가지고 실어 내야 돼. 그래 그게 차이가 있지.

차이는 광산에서는 다 그렇고 그래. 다 비슷비슷해. 비슷비슷한데 그 [노조] 지부장이 잘하나 안 하나 그런 차이지. 막장이라 하는 건 다 비슷비슷해. 그리고 또 철암 항에 있다가 온 선산부라 하면 이 동원탄좌는 환영을 받아. 일을 잘하고 일을 많이 배웠기 때문에 환영을 한다고. 그거는 왜 그러냐 하면 이 통 다데꾸[다데코][3]라고 있었어요. 철암[에서 일을] 하면 통 다데꾸로 30메다짝[씩] 올라가가지고, 이 중탄을 싣는다고. 이 중탄을 쨌다고 째면 거기도 콘베이야를 놔. 콘베이야를 이 다데꾸 짜는 데서 그리 내려온다고, 탄이 그리 내려와가지고 요 밑에 떨어지면 여서 또 콘베이야, 또 있어. 콘베이야 또 있어가지고 그게 저 나가면 이 노보리가 있어요. 거기서 이제 탄 지구로[지도록] 데려가가지고 그거를 막 받아내는 거지.

이 통 다데꾸라는 이거는 맨 똑같애. 방하고 네모반듯하게 따가지고 동발을 넣어야 되거든. 그래서 해 올라가야 된단 말이야. 올라가기 때문에 짐이 좀 오면[오면서] 떨어졌다 그러면 사람이 다되고[다치고] 30메다 올라가면은 그 짐이 왔다 그러면 내려가도 못해. 아무리 빨라도 자기가 못 내려오거든. 그렇기 때문에 이런 목구를 탁탁 다 떠야 돼. 다 떠야 되고, 다 한 번씩 해가지고 그걸 하기 때문에 일류 선산부들 아니면 그걸 못하거든.

그러니까 철암에서 왔다고 하면 이 동원탄좌 같은 데는 환영을 한다고. "야 그 다데꾸를 어떻게 지어서 어떻게 사람을 내려놔?" 이러고 "어떻게 그거 하나?" 하고 그러지. 그러니까 여기는 다 노보리이기 때문에 일하기는 더 쉽기는 쉬웠지요. 더 수와[쉬워], 노보리니까. 그거는 어려와. 후산부들도 나무 메고 멀리 가야 되고, 또 이 통 다데꾸 이런 다데꾸 30메다 올라가가지고 위에서 노파줄 내려가지고 난 걸[탄을] 달아 댕겨 올

---

3 일본어로 'たてこう[立て坑]'라고 쓰며, 수직갱도를 뜻한다.

려야 되고 힘들어. 철암에서 일을 하면 또 일이 힘들어.

◇ ◈ ◇
## 항쟁 이후 생활과 자녀 교육

사북사건 직후부터 동원탄좌에서 계속 일하셨어요?

그렇지. 끝나고서부터 하마 일 계속 일을 했지. 그리고 물통 사고가 나가지고 뭐. 80 [몇 년에], 그때는 뭐 내가 한 1년 집에서 놀았네. 공상 내고. 일 어디로 가야 되는데 합의 좀 해 다고[달라고] [해서] 그때 내가 500[만 원]을 달라고 했다고.

그 당시에 500만 원이면 많은 돈은 아닌거 같은데요.

500, 요새 돈으로 따지면 아무것도 아니지만 그때 돈 500[만 원]을 달라 했는데, 500이면 그 돈 나가면 집 한 채 사가지고 먹고살았다고. 500만 다고[달라고] 이러니 안 된대.

안된대요?

예. 10원도 줄 수 없대. 여기서 일하래. 무조건 일을 하래.

사고가 난 사람한테 계속 일을 하래요?

자꾸 일을 하래. 조금 있다 난장 일을 하래. 항내 안 들어가려면. 난장 일은 돈 차이가 많이 나잖아. 항에 들어가는 사람하고 저 끝에 일하는 사람하고 돈 차이가 많이 난다고. 그럼 우리 애들 학교 댕기지, 크지, 이러니 돈을 적게 벌어가지고는 되지를 않아. 그래서 난장 조금 하다 보니 '도저히 안 되겠다, 이왕 여기서 안 떠나려면 또 막장 들어가야 된다.' 그래서 다시 막장 들어갔지.

다시 들어가셨어요?

예. 막장 들어가가지고 상갑반이라는 건데, 을, 병반 안 하고 갑반만 일하는 그걸 했지. 그걸 하다가 그만 그럭저럭 상갑반이 또 없어지고 그 노보리 올라가 또 일하고, 그래 돌아가다가 한 1년 하다가 내 정년 돼가 퇴직해 버렸지. 퇴직하면서 나왔지. 퇴직도 하고 나니, 그것도 중간 퇴직 해가지고 또 돈 찾아먹고 그랬지, 이래 놓으니 돈 찾을게 뭐 있나. 퇴직한들.

중간 퇴직을 한 번 하셨어요?

중간 퇴직 한 번 하고, 그리 또 나중에 퇴직할 때 퇴직금 얼마 안 되더라고. 뭐 얼마 되도 않아. 어디 떠날 수가 없어. 식구는 많지. 떠날 수가 없어서 못 떠나고 또 거기 주저앉아 있었지. 있어 보니 또 뭐 되나 그게. 그거 가지고 먹고살 수도 없고. 뭐 난장 일할 것도 없지, 또 하청에 들어갔지. 하청에는 마냥 하청이 아니고 내가 그 왜 광산, 광차 나르는 그 일을 했지. 그것도 한 9년 일 했다고. 그걸 하다가 이제 2004년도 [동원탄좌가] 문 닫을 때 그때 합의를 봤지. 합의를 보니까 막장 댕기는 사람하고 난장 일 하는 사람이 돈 차이가 [많아]. [난장 일이] 반밖에 안됐더라고. 돈 찾는 게 굉장히 차이가 많이 났어.

그래도 막장으로 들어가야 돈을 벌 수 있는 거네요?

그렇지. 막장으로 다 들어갔지. 난장은 일해도 돈이 반밖에 안 돼.

그 정도면 입에 풀칠만 겨우 하겠어요.

그렇지. 그러니 웬만하면 고만 광산 생활 여기도 이 방 살려면 막장에 들어가 일한다. 그래 많이 들어갔지. 그래서 들어간 거야. 일하고. 그 난장은 일이 그 대신 땀을 덜 흘리고 [노동 강도가] 이렇게 약하지. 돈 적은 만큼.

난장에 있어도 자녀들 학자금 지원은 다 해 주는 거예요?

그거는 회사에서 [주는 데] 하청이라도 다 돼. 지금은 이제 다 돈이 나가니까 다 되는데. 돈이 적지.

1980년 4월에 시위 경험을 해보고 그 이후에 시위를 더 자주하자라든지 어떤 변화가 있었나요?

그게 있었지요. 그래가지고 이거 안 된다하면 또 누가 앞장 나선다고. 나서면, 그거 나서도 조합원들이 안 따라주면 안 되거든. "아, 좋다. 한다." 이리 딱 뭐 놓고 고만 또 모이고 모이고 이랬다고. 그 단체[노조]가 그렇게 됐다고.

그래서 지부장도 좀 자주 바꿨어요?

응. 그렇지.

그 후에 그럼 떠나는 사람들도 많이 있지 않았어요?

많이 있었지. 더러 많앴지.

데모 무서워서 떠난 사람도 있었어요?

그렇지. 많이 간 사람도 있고. 있는 사람도 있고 그랬지. 그리고 차차차차 하다 보니 자꾸 탄도 줄고, 그래 이제 문 닫을 때는 또 사람이 줄고 하니 되니까 다 미리 퇴직시키고.

구조 조정을 한 거예요?

응. 자꾸 미리 [퇴직을] 시켰고 [광부를] 줄갔고[줄였고] 이래가지고 이제 문을 닫았지.

탄광은 결국에는 채탄할 수 있는 양이 정해져 있으니까 언젠가는 문을 닫을 수밖에 없는 거 아니에요?

그럼. [탄광을] 하다가 [회사가] 하청, 조합원들에게 월급도 제대로 못 주고 탄이 자기 돈 못 주게 되믄 사장이 "나는 못하겠다." 이 사장이 못하겠다 하면 우얄 도리가 있나. 그 정부에서 알았다고 하면서 그래 인제 폐광되고 폐광되고 하는 거.

**퇴직하시고 지금도 사북에 사시는 분들도 많아요?**

더러 있긴 있는데 그렇게는 많지는 않아.

**많이 떠났어요?**

다 떠났어. 고향으로 농사지으러 간 사람도 있고, 또 귀향 못해 어디로 떠나고. 저 안산도 많이 가 살고, 여기 원주도 가서 많이 살고.

**안산이랑 원주 쪽으로 많이 갔어요?**

그리 많이 갔다고 그러지. 그래 안산에는 일하는 데가 많잖아. 그래놓으니까 그리 많이 갔어.

**아드님도 탄광에서 일을 많이 하셨어요?**

아니. 우리 아들도 여기 광산 [일] 많이는 안 했지. 하기는 다 했는데. 다 하고 갔어요. 머스마들 조금씩 다 하고.

**고등학교 졸업하고 나서 탄광에서 잠깐 일하고?**

우리 큰아는 군대 갔다와가지고 이 광산에서 또 일했다고. 아직도 여기서 일하고 있지만 [광산에서 일을] 했다고. 둘째도 [광산에서] 일하고, 셋째는 아까 내가 이야기했지만 사무실에 조금 하다가 떠나고.

**자녀분들은 몇 살 때까지 탄광에서 일을 했어요?**

큰애하고 작은 애는 20대가 넘도록 있었고, 30대 될 때까지 여기서 일을 하고 30대 넘어가지고 막장을 떠나고. 여기서 광산 댕기면서 스물다섯 이래 먹어가지고 다 장가가고 이래 했고. [광산 일을] 아들도 몇 년씩 했어요. 그리 글쎄 부모 곁을 떠나야 되는데, 벗어나야 되는데 안 벗어나면 여기는 할 게 광산 일밖에 없잖아. 그 들어와서 다 했다고. 광산에서 아주 막장, 뭐 탄캐고 선산부 이러지는 않았지만 다 막장에 들어와서 일했다고.

아드님도 안산이나 원주로 같이 떠나자고 하진 않았어요?

그때만 해도 아들이 "여기서는 도저히 안 되겠다. 어디로 가자." 부모한테 이런 말이 없었어. 부모가 하는 대로 따라오기만 했지. 그러니 큰아하고 작은 아하고 다 내가 안 떠나니 떠나지 못하고 사북에서 뭐 우물거리다 큰아도 나하고 같이 사북[에서] 살고 있지만. 그래서 다 떠나지 못했어. 그래 나중에 내가 "너들[너희들]은 내가 안 갔더라도 너거들은 어데 객지 나가서 좀 달리 살아 봐라." 저들 말마따나 내가 돈 한 푼을 가져가서 어데 사업을 한다든지 뭐 장사를 한다든지 이래 할 돈이 안 되니 못 떠나는 거야. 못 떠나고 "아유 나는 죽어도 여서 살다 죽을래요." 뭐 이래버리니. 큰아[한테]는 그러니 가라고 소리도 못해요. 뭐 나도 지금 여가 내 고향이고 다른 데보다 제일 살기 좋다[고 생각해서] 그래 살고 있어.

고향은 의미가 다른 것 같아요. 어디를 가든 고향만 하지는 못하니까.

그러게 여기 살다 남모르는 데 가서 살려고 하면 정 붙일라면 그게 한 1년까지는 정이 안 붙고 애를 먹거든. 그리고 그런 걸 생각해 보니까 여서 살던 데가 제일 좋다[고 생각해]. 뭘 하도[해도] 되고, 또 다 아는 사람이고. 이러니 뭐 떠나면 고생이다하고 안 떠나지. 시방 [탄광이] 문 닫은 지 10년 넘잖아요. 그리고는 돈 벌어 놓은 것도 없고, 다른 사람들은 객지로 다 떠나더만요. 나는 떠나도 못하고 큰애하고 내하고는 이 사북에 있고 둘째, 셋째, 넷째는 전부 떠났어요.

큰아드님은 여기서 선생님이랑 뭐 하시는 거 있는 거예요?

뭐 하는 것도 없었어. 하마 저 역전 앞 시장 안에 휴대폰 나오기 전에,

삐삐라고 있었잖아, 삐삐. (웃음) 삐삐하는 그 상점을 쪼만침[조그맣게] 해 놓고 그걸 팔고 이래 하다가 가도[걔도] 광산 댕기다가 몸을 다쳐가지 고 그래 안 댕기고서, 그거 하다가 또 안 돼가지고 휴대폰 가게 좀 하다 가 그래 안 돼. 안돼가지고 여기 갔다가 저기 갔다가 요새 다행히 카지노 에서 일 댕기지만. (한숨) 그래서 가[걔]도 그래가지고 떠나도 못했고, 나 도 그렇고. 그래 떠나도 별거는 없지만 떠나는 밑천이 있어야 떠나지. 밑 천 없지, 어디 가도 뭐 없는 거는 둘째 쳐 놓고 집부텀 있어야 사람이 자 고 생활을 하잖아. 그런 걸 구할 정도가 되어야 생활하는데 그게 없으니, 구하질 못하니 못 하[떠나]지.

혹시 지금 사시는 아파트도 원래 사택 자리예요?

여긴 사택은 아니고 개인 집. 그래 사북 요 귀짝[귀퉁이 쪽] 광산 문 닫고서 여기 첫 번 지어 놓은 것은 사람이 별로 안 와가지고 사택도 많이 비어 있었어요. 여기도 많이 비어 있다가 자쪽 문 닫고, 카지노 들어오고 철수하고 저 건물 짓고 하느라고 막 집 뚫고 이러니 종업원들이 갈 데가 없으니 이리 많이 왔지. 그러니 여기 집값이 올라가고. 여기 첫 번에 우리 들어올 때 100, 여… 110만 원 내고 그래 들어와가지고 임대 5년 간 돈 내 고 내 집으로 맹글어[만들어] 놓은 거야, 이게.

이 집에 들어오신 게 몇 년쯤이세요?

여기 들어온 지가 글쎄, 아이고 나 몇 년도인지는 잘 몰라. 여기 온 지 도 10년이 넘기는 넘는데.

이미 은퇴하고 난 후에 들어오신 거죠?

그렇지. 여기 온 제는[때는] 직영에는 은퇴를 하고 이리 왔는데, 은퇴 를… 몇 년도였는지 모르겠어.

사북 떠난 자녀분은 어떻게 되셨어요?

우리 막내같은 아는, 대학 나온 아는, 그래도 지 거기서 있어보니 별 낙이 없어놓으니 저 혼자 떠난 거야. 저 청주, 청주 가 사는데, 오리온 회사 들어갈 때 첫 번 돈도 주고 뭐 좀 했는데, 옥탑방 우예 하나 얻어서 친구 하나하고 둘이서 얻어먹고 살다가. 뭐 장개[장가]가는 것도 부모가 뭐 누가 중신해준 것도 없고 지들끼리 만나가지고 또 장가간다고 아가씨 데려오고 뭐. 장개[장가]간다고. 그 오리온 그 와서 돈 벌어가지고 집도 사고 뭐 그, 막냉이는 그리 잘 살아. 잘 살고. 딸도 그 오라바이가 거 있으니까 그리 고등학교를 졸업 맞고는 고마 대학에 안 가고 그 저 뭐시기로 롯데 회사로 들어갔디라고요. 롯데 회사에 취직해가지고 살다 그도 신랑을 얻어가지고 거기서 또 시집가고. 둘이 청주에서 사는거야.

큰아드님은 지금 사북에 있고, 둘째 자녀분이 인천에 있고 셋째하고 넷째가 청주에 있는 거죠?

예.

자녀분들은 소개 없이 이렇게 인연을 잘 만났네요.

응, 그럼. 소개는 한 개도 없어. 소개해가지고 장가보내지도 않아. 한 번 큰아서부텀 소개해가지고 장가보내고 이러지를 않았어. 저거찌리[지들끼리] 만나가지고 꼭 살겠다고 하는걸 부모가 우예? "알았다" 결혼해[시켜]줘야지 우예 해줘.

# 5. 탄광촌의 일상

◇ ◈ ◇
## 탄광 노동의 실제

탄광에서 갑, 을, 병반은 각각 들어가는 시간이 정해져 있는 거예요?

　예.

갑반은 몇 시에 출근해요?

　갑반이 집에서 나가는 시간으로 따지는지, 회사 들어가서 일하는?

집에서 나갈 때는 몇 시쯤 나가요?

　집에서 나가는 거는 일곱 시. 갑반이 대략. 그것도 때에 따라서 일찍 나가는 사람도 있고 늦게 나가는 사람도 있지만 대략 보면 일곱 시. 작업은 여덟 시부텀 하기 때문에.

그럼 한 시간 전에는 나오셔야 되는 거네요?

　예. [한 시간] 전에 나가가지고 또 옷 갈아입고 거기서 또 뭣이 할 건지 바우리하고. 이래가지고 하기 때문에.

그리고 갑반은 보통 몇 시까지 일해요?

　네 시까지.

여덟 시부터 네 시까지에요?

　네 시 퇴근이고.

을반은 다섯 시부터에요? 아니면 네 시부터에요?

을반은 또 네 시부텀 들어오는 거지. 그러게 세 시에 나가가지고 네 시에 들어오는 거지. 그러면 [갑반이] 나오고 [을반이] 들어가 이제 [일을] 해.

을반이 밤 열두 시까지 하는 거죠?

예. 병반이 이제 열두 시에 들어가고.

시간이 거의 여덟 시간씩 하는 거 아니에요?

그렇지. 여덟 시간씩 하지요.

식사는 거기에서 안 주죠?

가지고 가야 되지.

집에서 다 싸 주시는 거예요?

예. 싸 갖고 가야 되죠.

도시락을 가지고 들어가면 쥐가 와서 먹으니까 꼭 천장에 매달아 놔야 된다고 들었는데 맞아요?

전부 가방을 갖다 걸어 놓지.

거기에 보관함은 없었어요?

없어요. 다 자기 일자리에. 만약에 열 명이 들어가가지고 한 군데씩 일하는 거 아니고 둘이 할 때도 있고 셋이 하는데도 있고 각자 쪼개져가지고 일을 하거든. 그럼 밥 먹을 때는 먹을 사람은 먹고 내려와가지고 여기서 지으라고 하는데 대략 보면 같이 먹는 수가 있지.

밥 먹을 시간이 정해져 있어요?

예. 그런 점심시간 정해 있지 않고 자기 [재량에] 따라서 열한 시 반에 밥 먹는 수도 있고 열두 시에 밥 먹는 수도 있고.

시간이 정해져 있지는 않고 알아서 도시락을 와서 먹는 거예요?

　　예. 대략 보면 열두 시 전에 먹지 뭐. 열두 시 전에 밥 먹고 그리고 또 일하고. 한 시간 쉬고 한 시부터 일하고.

거기서 쉬어 봤자 어차피 탄광 안에서 있는 거라 할 수 있는 게 없죠?

　　그렇지요. 거기서 뭐 조잘거리다가 쉴 시간도 없어. 밥 먹고 또 올라가 [일을] 해야 돼.

집에서 가져온 도시락만 먹으면 허기지지 않아요?

　　그것도 뭐. 그러니까 병반 같은 데는 도시락을 안 가지고 간단 말이야. 안 가지고 가고 집에서 나갈 때 한술 먹고 나간다고.

그냥 집에서 먹고 나와 버려요?

　　예. 그러면 [식사를] 못한 사람은 뭐 조금 참고 가져가지도 않아. 대략 그냥 가가지고 밤새도록 뭣이 일하고 나오니 배가 고프니까 그 고보집 밖에 또 술, 대포집이 있다고. 대포집이 있으면 그 들어가가지고 뭐 두부를 정말로 한 모 구워 넣고 먹던다든지 안 그러면 오뎅을 삶아가지고 그 오뎅 하나하고 그 국물하고 그래서 막걸리를 먹는다고. 배고프니까.

그게 거의 식사처럼 먹는 거네요?

　　그리 먹고 나면 또 밥맛이 없지 뭐. 그래 먹고 집에 가가지고 씻고 자고 또 병반 가고 맨날 그 반복이지 뭐.

3교대를 하는 건데 들어와서 한 24시간 쉬고 나가는 거는 되는 거예요?

　　예. 그렇지요.

도시락 안에 막 먼지 끼고 그러지는 않나요?

　　먼지가 나는 수도 있죠. 여기에 동원탄좌 같은 데는 먼지가 좀 덜 나니까, 밥 먹을 때는 탄 받는 것도 중단하고 같이 밥 먹으니까 먼지가 덜 나는데. 여 내 철암 있을 때 철암광업소는 연치기가 기계 놔가지고 탄이 실어내는 데잖아. 그러니까 이런 통에서 이게 탄이 들어가면 콘베이야를 사시사철 돌려놓고 밥을 먹는단 말이야. 콘베이야에서 먼지가 자욱하게 난단 말이야. 이 콘베이야 보는 사람은 탄이 나오기 때문에 밥 먹는다고[해서] 기계를 못 꺼놔. 그러면 그 돌려놓고 배는 고프고 때는 됐으니 밥을 열어놓고 먹으면 밥 위에 까무리[까맣게] 앉는다고. 그럼 솔솔 이리 젓가락으로 위를 걷고 그때서 다 먹고는 그 새카만 건 버리고 그랬어요. 아유, 먼지, 먼지 말 못 하지.

동원탄좌가 좀 나은 거네요?

그렇지. 좀 나았다는 걸[로] 봐야 되지.

그렇게 먼지를 많이 먹게 되니까 고기를 많이 드셨어요?

그러니까 저 강원 탄[광에서] 일하는 사람들은 술 먹고 고기 먹고. 원래 이 소주가 이 탄가루를 좀 많이 씻어 낸다고. 돼지비계가.

비계가요?

탄가루 탄, 새카만 물에다가 비계를 집어넣어 보면 고기가 새카맣게 멍든다.

고기에 다 달라붙는 거예요?

새카맣게 된다고. 그러니까 광산쟁이는 돼지비계가 좋다 그러잖아. 그래서 고기를 만날 구워 먹고 집에서도 자주 먹고 이러는. 그러니 폐활량이 안 좋은 사람은 폐가 연[병]에 걸리고 폐활량이 좋은 사람은 안 걸리고 그래. 그래 나 같은 사람은 광산 생활을 40년 넘게 했는데도.

폐가 괜찮으세요?

아니. 급수는 못 받았잖아.

폐가 원체 다들 안 좋으니까 담배 피운다는 생각도 못 하겠어요.

그런데 이 석공 같은데, 장성광업소 같은 데는 가스가 있어가지고 아주 담배를 못 피우지요. 피우다 보면 큰일 나죠.

불나는 거죠.

꽝 하기 때문에. 그리고 동원탄좌 같은 데는 가스가 없잖아. 그러니 마음대로 담배를 피운다고.

탄 캐면서도 담배를 피우고 그래요?

그럼. 탄 캐는 사람도 담배 피우고. 여는 뭐 담배 피우는 건 안 가렸어. 가스가 없기 때문에. 그래서 석공 같은 데는 가스가 많아가지고 안돼. 거기는 아주 들어갈 때 주머니 조사하고 담배 피우다 걸리면 뭐 해고 시키고 이렇게 한다고.

위험하니까 그렇게 하겠네요.

그런데 인제 거기도 바람이 살살살살 들어오거든. 그런 데 내려와서 피우는데 위에 꼼짝하지도, 꼼짝아[하지 않고] 들어가가지고 그런 데 내가 피우고 일하고 이랬다고.

선생님도 담배 좀 태우셨어요?

아유, 피웠지.

일을 하면서 담배 피고 스트레스 풀고.

그럼. 일하면서 이제 앉아 쉴 때 땀 좀 닦고. 쉴 때는 담배 피우고. 또 더우면 담배 한 대 피우고 앉아 있고 그랬지. 쉬어가지고.

**목도 되게 마를 텐데 물도 다 가지고 들어가야 되죠?**

물도 가져가야 되죠. 물도 이런 통 하나 옇어[넣어]가지고 짊어지고 가야 된다고. 그러면 선산부는 또 연장이 있다고. 톱하고 곡괭이 이거를 메고 다니기 때문에 연장 가방이 있거든. 거기다 또 도시락을 하나 메고 가야 된다고. 도시락 주머니 이래가지고 [넣어서] 그거 가지고 물하고 도시락 먹고 물이[을] 남가[남겨] 놨다가 목마르면 또 먹고 그런다고.

**무게가 꽤 되겠네요?**

그래서 여기 동원탄좌는 덜 덥고 그렇지만 철암광업소는 덥고 열이 많고 이러기 때문에 [일]하는 사람들은 이 목수건 가져가면 몇 번 짜야 된다고. 닦고, 땀 닦고.

**물이 나올 정도예요?**

땀이 자꾸 나니까 닦고 딱고 하면 이게 몇 번 짜가지고 목에 감고 이런다고. 그러면 물이 막혀서 죽을 지경이야. 가져갔던 물 다 먹고 나면 어디 있어. 거기 어디 저 탄에서 나온 물 아니고 독 틈에서 항 내 굴진하고 나면 물이 빨간 게 나온다고. 그게 좋지는 안하지만 그 물을 막 먹는다고.

**목이 마르니까 어떨 수 없는 거죠.**

목이 마르니까. 그래 먹고. 또 뭐 높은 사람은 그 물 나쁘다고 못 먹구로[먹게] 하지만 목이 마른데 먹지. 그래서[그래도] 뭐 탈이 없더라고. (웃음) 그 뭐 배탈 나고 이러면 못 먹는데 그 배탈이 안 나더라. 그것도 괜찮게도 아마 그랬겠지.

**그 물을 먹다가 아파서 일을 못 하게 되면 생계에 많이 지장이 생기죠?**

그 뭐 그래가지고 병원에 갈 정도는 안 되고. 병원에 갈 정도가 되면 회사에서 봐주지도 않아. 자기 병 난 거는. 회사에서 일을 하다가 뭐 손을 다쳤다든지 발목을 다쳤다든지 어디 허리를 다쳤다든지 이래야 그 어디에서 그 같이 일하는 증인을 세우고 "어떻게 어떻게 하다가 다쳤다" 그래 이제 그 [증언을] 해줘야만 공상을 내 줘가지고 병원에 가서 치료를 하고. 공상을 내야 내 돈이 안 들어간단 말이야. 회사도 다 부담하고 공상 값 7프로 나오고 그러기 때문에.

공상을 하려면 몸이 어디가 티가 나게 많이 아파야 되나요?

많이 다쳐야 공상 그게 되는 거야. 조금 다쳐가지고는 공상 거의 안 되지.

몸살 나고 이런 거는 전혀 안 되겠네요?

그러니, 그게 광산에 공상 한 번 내려면 옛날에는 껍북[급하게] 이러면 허리 들다가 "아이고 허리야." 하고 공상 내는 수도 있었어. 허리 아프다고 병원에 가서 돈 넣어가지고 있으니, 금방 일 안 하게 공상 내준다고. 내줘가지고 몇 개월 또 있다가 나오고 뭐 그럴 수도 있고. 또 진짜로 다쳐가지고 들어갈 수도 있고. 그렇지 뭐.

탄이라는 게 A급, B급, C급까지 있었고 A급은 다 일본으로 갔던 거죠?

그때는 그랬어. 요새는 안 그렇지만 그때는 A급 탄 캐라고 한단 말이야. A급 어떻게 나오는 거 돌 걸러 내고 A급 캐면 그건 다 수출이야. 그 동해라고 배를 갖다 대 놓고 거기다가 이제 막 싣는 거야. 일본항으로 수출이 들어왔다 그래요.

그게 캘 때 A급인지 아닌지를 딱 알 수 있어요? 빛깔부터 차이가 나는 거예요?

A급이라는 거는 탄이 반짝반짝하고 돌도 하나도 안 섞여야 돼. 돌갱이[돌멩이]하고 안 섞여야 돼. 돌이 하나도 없고 고거 탄만 나가. 그게 카루[킬로그램] 수가 [같은 양의 탄 더미라도 탄이] A급은 7천 카루가 나가. 7천 카루가 나가야 A급 정도 되는 거야. 그럼 B급, C급은 4천 카루 밖에

안 나가. 그 차이가 많이 난다고.

불순물이 얼마나 섞여 있느냐의 차이인 거예요?

그렇지. 그래서 탄줄이라는 게 탄이 이래 있으면, 절대로 그 탄만 있는 게 아니야. 이만치면 '보다'가 있어요. 보다라는 건 돌. 돌 섞인 게 있어가지고 그거를 따로 뺄 수가 없잖아. 그거를 한 틀에 받쳐야 흙이 막 섞여 버리거든. 그게 이제 B급이 되고. A급은 돌이 [섞여] 있으면, 그 돌을 놔두고 탄만 발파를 해가 빼낸 다고. 그거 이제 빼내가지고 받고, 그 돌 있는 거를 또 발파해가 빼내고 이래 받기 때문에, 그 인제 A급, C급을 다 알고.

큰 돌을 떼 내고 그 옆에 있는 고운 탄은 A급이 되고, 섞여 있으면 점점 떨어지고. C급 정도 되면은 돌 많이 섞여 있었겠어요.

그렇지. 그러니 이제 이 돌이라는 건 어디 허연 난장 메이로[같이] 저런 돌이 아니고 탄에서 뗀 돌은 탄하고 똑같아. 반들반들하고 까만 게 그 돌도 그렇다고. 그게 이래서 깨어 놓으니까 그거를 따로 고를 수가 없어. 그냥 발파하는 거야.

그때 또 어두우니까 그걸 일일이 다 골라낼 수가 없으니 일단 내보내겠네요.

항에서는 골라낼 수가 없고. 이제 그것도 나오면 하마 조막만한 거는 섞여 있는 거는 아무데 가도 못 골라. 그냥 빻아가지고 연탄 찍어야 돼. 그래야 그게 이제 B급이 되고 C급이 되는 거야. A급은 아주 돌갱이라는 건 없어야 돼. 그래서 그게 A급이 되는 거야.

그거 탐나서 좀 빼돌리는 사람도 있었어요?

빼돌릴 수가 없지.

[탄이] 나오면 구루마에 이렇게 실어서 다 나가가지고, 연탄, 또 난장 나오면 감독이 또 있다고. 이거, 이거, 저 적재가 몇 톤, 몇 톤 되는 거 [보는 거예요]. 만약 우리가 한 구루마에 1톤 가량에, 딱 싣고 나온단 말이야. 그럼 "이게 1톤이 안 된다. 7프로, 8프로 [부족해서]." 뭐 이리 검탄이 또 있다고.

못 빼돌려. 빼돌려도 어디 빼돌릴 수가 있나. 전부 한 틈 나가야 되는데. 탄은 못 빼돌려. 탄은 빼돌려도 팔아먹을 수도 없고.

그거야 그렇지. 여기 금광 같은 데는 많이 빼돌렸지요. 금광 같은 데는 왜 빼돌렸냐 하면 금광에 금줄이 딱딱 있으면 일하는 사람이 [금 있는 걸] 알면은 딴 거는 발파를 하고 그걸[금을] 놔뒀다가 만약에 교대가 들어오고 나가고 하잖아. 그때 딱 빼내 놨다가 그거를 끌고 나오잖아. 어디 호텔이나 여러 가지 줘가지고 나온다고. 그러니까 그때 고만 또 나오면 조사가 또 심해. 아이고 해먹자니 그것도 힘들어. 나오면 도시락까지 다 뒤벼[뒤져] 본다고.

그렇지. 여여 주물 공장이 있어가지고, 그 주물공장이라는 거는 구리도 녹이고 신주, 노란 거 그런 거 있는 게 그거도 녹히거든. 그 신주, 구리 이런 걸 녹힐 때는 그 일하는 사람들이 밥을 먹고 도시락에도 거기다 그 물, 신주물을 부어가지고 나온다고.

그렇지. 밥 다 먹고 그 도시락에다 그걸 가지고 나와서, 사회에 나오면 철물점, 아니 고물상 있잖아요. 거기 고물상에 그걸 딱 갖다 [주면] "이거 몇 키로." 요래 해서 돈을 준다고.

그런 데서는 중간에 빼돌리는 사람도 있는데 석탄은 그게 힘든 거네요?

그렇지. 석탄은 안 되지.

그런 생각도 할 수가 없었겠네요?

할 수도 없고 그걸 해 봐도 돈도 안 되고.

그러네요. (웃음) 휴일은 일주일에 따로 있었어요?

따로 없고, 옛날에는 한 달에 뭐 두 번밖에 안 날 때가 많았다고. 두 번밖에 안 나고, "탄을 캐라 탄을 캐라." 이런 식이었다고. 이게 그래갖고, 그 후로 이제 차차 가가지고 일주일간 [일을] 하고, 일요일 날 딱 하루 쉬는 걸로 됐지.

전에는 거의 한 달에 두 번밖에 못 쉬셨어요?

두 번이나 세 번밖에 못 쉬었어요.

여름휴가도 없었어요?

그건 있었어.

일주일 줘요?

여름에 이제 하계휴가라고 되게 더울 때. 그건 이제 며칠을 바닷가로 가라고 3일, 4일 요래 준다고.

그럼 그때는 아예 탄광 문을 닫고 다 쉬는 거예요?

아니지. 탄광은.

돌아가면서 쉬어요?

어. 돌아가면서 해야 되지. 광산은 쉬는 거 없어. 문 딱 세워[닫아] 놓고 쉬지를 못해. 맨 24시간 일하고 3분의 1은 이제 휴가 보내 놓고 그 사람들 갔다 오면 요 사람 보내고 그렇게 일해.

선생님도 그때 가족들이랑 여행 좀 다니셨어요?

갔디지[갔었지]. 가야지. 아들 데리고 바닷가에 가 가지고 해수욕하고.

사북에서 제일 가까운 휴가지는 어디가 있어요?

여기 동해.

동해로 가셨어요?

동해 바다. 동해 보이잖아. 그 동해로 많이 갔지.

그때 명절은 또 어떻게 해요?

명절에는 [휴가를] 3일씩 줬어. 그때 일요일 끼든지 토요일 끼든지 하면 조금 더 휴식하고 평상시에는 덜 넣고. 그게 없으면 평상시에 세 개[3일]을 준다고.

설날 같은 명절은 날짜가 정해져 있으니까 그때 다 차례를 지내야 되잖아요. 그럼 교대로 일할 수 없지 않아요?

그럼. 설은 없어. 설은 없다고. 일은 해야 된다고.

명절에는 부인이랑 봉화를 다녀오시고 그러셨어요?

그렇지요.

고향에 못 가는 분들도 꽤 많이 계셨겠네요?

못 가는 사람도 많지.

**그래서 갈비뼈를 다치신 거예요?**

**되게 긴장되는 일이겠네요?**

**거기 도와줄 사람도 없는 거죠?**

**오래 걸리셨네요. 그거는 회사에서 돈을 내줬어요?**

**철암이랑 사북이랑 똑같이 7퍼센트가 나와요?**

**공상비 7퍼센트 나오는 걸로는 병원비가 부족하지 않아요?**

니 사북 아들도 몇이 일하고 그러는데 그건 나도 보이지. 그 돈이 카지노서 그렇게 많이 돌아댕겨도 노름하는 사람도 그렇구로[그렇게나] 많이 오고 돈을 그렇게 벌어도, 사북에 와서 시내에 내려와서 푸는 건 없어. 주머니에 돈 떨어지고, 가도 오도 못하는 사람들이 사북에 내려온다고.

그래서 사북에 와서 먼저 눈에 띄는 건 전당포잖아요?

[사북] 천지 돌아가면 전당포야. 요새는 반 이상 줄었는데도.

돈 쓰는 사람들은 카지노 안에서만 쓰고 없는 사람들이 나와서 전당포에 물건을 맡기는 거네요?

그럼. 전당포에 그 물건 맡기고 차 맡기고 시계 맡기고 뭐 귀중품 맡겨 가지고 하다가 잃어버리고 찾아가지도 못하고. 고마 그 모양이고.

그래도 노인 일자리를 만들어 주는 사업도 있지 않아요?

그래. 노인 일자리도 첫 번에는 강원랜드 생겨가지고 한[추운]절기 시내에 스키 타러 올 때 스키 타러 올 때 아들 많이 왔거든. 스키 차량 막 오니까 저녁에 사북 시내, 고한 시내에 교통 안내를 했다고. 첫 번에는. 그 석 달 간. 그 교통 안내를 얼매 했나? 2011년, 2012년까지 했나? 그리하다가 카지노도 이래 보니, 뭐 해보니 별 낙이 없거든. 그걸 없애고서 그리 일자리를 이제 [또] 하자. 그거 없는 대신 또 상교육 일자리를 요래 조금 조금 했다고. 그래 가만 보니 별 득이 없거든. 그래가지고 2014년부텀 일자리, 봄부터 한 8개월, 6개월 하자 이래가지고 한 것이 원래 60명인데 그 직원도 빠지고 이러니끼네 60명 받아가지고 하자. 이래가지고.

무슨 일을 하는 거예요?

시방 하는 거는 등산로를, 카지노에 와가지고 등산하는 사람들 [있어서] 등산로를 닦았다고. 시방도 그 [등산로를] 보수하고 또 요새는 사람이 뭐시기 해 놓으니까 벽화 그림 그리는 거. 작년만 해도 이 벽화 그리는 사람이 20명이 넘게 했다고. 그것도 올개는[올해는 없어요].

인제 그렇지. 카지노도 이제 지겨 넣는[엮어 넣는] 거지. 돈은 카지노로[에서] 나오니까. 그래서 그것도 다 하청을 뗐어. 하청 뗀 사람이 했다고. 하청 떼가지고 그걸 시켰고. 그러니까, 요거 한 3년 [동안] 한 50명이쓱[50명씩] 넘게 하는 거야. 앞으로는 누가 같이 하려는지 모르겠지만. 나도 그거 댕기고 있지만. 한 3년 이제 돼. 노인 일자리 하는 거.

얼마 안 돼. 이제 사람 많이 씨는[쓰는] 거는 얼마 안 돼. 한 3년, 4년 되는 구나. 한 4년 돼.

뿌리관? 드가기 전에. 시방 짓는 거는 아직 모르겠는데, 그거 다 짓고 나면은 굉장히 크거든. 별 게 별 게 다 들어온다고 그러더라고. 건물은 호텔로 짓는데, 이게 너르니까[넓으니까] 뭐 별 장사[상가]가 다 들어오도록 하는데 뭐 사북에 사람이 있어야 장사가 되지.

그렇지. 그거 다 짓고 나면 뭐가 들어올란지 모르지. 뭐가 들어온다 그러더라고. 크게 들어오는데, 들어오니 무슨 장사가 되어야 들어오지. 이 시방 짓는 사람도 첫 번에는 그래 계약하고 짓는데 하믄[벌써] 이게 몇 년 돼. 지하가 5층이야. 이게 한 몇 년 지어 올렸는데 이걸 이제 안 지을 수도 없고 지을 수도 없고 그렇대.

뭐 일하는 사람도 그러더라고. 이 회사에서 지어봤던[짓더라도] 별 낙도 없는데, 이거를 안 짓기도 뭐시기고 짓기도 뭐시기고 그렇다 뭐다 하기는 하는데 뭐 우예 되는지 모르겠어. 지하 5층으로 지어가지고 [지하] 1층, 2층, 3층은 다 주차장이 될 거란 말이야. 주차장이 되면 얼마나 커. 크고 그 지어 놓고 나니 건물이 뭔 장사꾼이 들어오려는지 들어와가지고 세를 내가지고 장사가 되어야 되는데, 장사 안 되면 다 떠나야 되잖아.

건물 지어서 그만큼 사람이 들어올 수만 있으면. (웃음)

그래. 카지노가 계약이 2005년[2025년]까지 되어 있거든요. 재계약을 해야 되는데, 재계약이 안 되면 또 문제가 또 틀려. 재계약이 안되면 다른 데 그게 안 되면 딴 데에 카지노를 짓는대.

그럼 여기 건물은 그냥 비운다는 거예요?

아니요. 여기도 맨 열어 놓지만 사북으로 사람들을 끌고 와야 되는데 새로운 데로 가 놓으면 꼬라지가 안 되잖아요. 시방 카지노 종업원이 3,000명이 넘는데 그 사람들[한테] 돈 안 갖다 주면 뭘[로] 먹고 살아요? 이 카지노가 2005년[2025년]에 가서 재계약이 안 되면 문제다 그거지. 다른 데 카지노를 지으면은 그리[거기로] 뺏기고 지금 대통령 나와 가지고 다른 데 못 짓구로 하고 이 카지노 살리고 재계약을 시키고 이렇게 해야 되는데, 그 뭐 우예 될란지 이거 인제.

처음 사북에 오셨을 때랑 지금이랑 풍경이 너무 다르겠어요.

다르지.

1979년 박정희 대통령 피살도 있었고 정치 상황, 나라 상황이 크게 변했는데 그거는 어떻게 생각하셨어요?

아, 그건 알았지만 우리는 뭐 광산에 일하는 게 그런 데 대해서는 신경이 안 가더라고. 나라가 어데 같은 것도 텔레비[텔레비전]도 보고 그제도[그때도] 테레비가 그때 있었지만은 그런 뭐 많이 있고 하지는 않았거든.

그런 건 별로 신경을 안 썼어. 아 '나라가 이런 거다, 뭐 보내는 게다, 누가 되는 게다', 뭐 이리 생각했지 뭐. '누가 되어야 한다. 누가 이러면 안된다.' 우리가 그런 건 신경 쓸 생각도 없고 뭐시기 쓸 줄도 모르고 그랬어. 그때는 그걸 다 몰랐어. 우리는 다 모르고 그냥 지내. '쟤네가 이러면이런 거다. 저러면 저런 거다.' [생각하면서] 살았지. 그거 신경을 못 써봤어.

선생님들 생활이 좋아지고 있는지가 큰 문제였으니까 다른 것에 신경을 못 쓰고 그랬겠네요?

그렇지. 그것만 생각했지. 뭐 누가 잘되고 누가 못되고 그런 것도 없었고. 누가 와가지고 뭐 하면 그 사람을 찍어 주는 거다 이리 했지. 요새같이 꼭 요 사람을 [찍어야] 되겠다, 요 사람이 똑똑하다 이렇게 생각을 못 해 봤어.

다른 곳에 비해서 탄광촌에서 물가가 비쌌다고 들었는데 그랬어요?

시방도[지금도] 다른 데에 비하면 비싸요.

물가가 조금씩 나아지기 시작했을 때가 언제쯤이었어요?

아유. 그거 나아지고 뭐 한 거는 차차 얼매 되도 안하고 차차 별로 나아진 것도 없고. 점점 여 [물가가] 비싸니 장사가 안 되잖아. 장사가 안돼. 여기 어제 점심도, 저녁도 먹어 봤지만 그게 음식이 뭐야 그게. 너희먹는 게 4만 원치인가 5만 원이 된다는데 그게 뭐 먹겠어? 그러니 여기비싸다니까. 그러면 여기서 재하는 놈은 여 태백이거든. 태백시에 가면닭 한 마리에 팔천 원, 구천 원, 만 원 요롷거든? 이렇게 하는데 여기는꼭 만오천 원 줘야 되거든.

한 1.5배 정도.

그리 차이가 나. 옷 한 가지 사 입어도 차이가 나지. 모든 것이 여기 아주 또 비싸. 여기 비싼 거는 말 못 해. 대한민국에서 최고 비싸. 그러니까 물건은 또 옳으나[제대론가]? 물건도 제일 하자들 갖다 놔놓고 비싸게 받으니 장사가 안 되는 거야. 그러니 누가 여기 와서 사나 뭐. 안 사니까 장사가 안 되는 거지. 그래도 무슨 채소 같은 거 이리 먹는 거는 일일이 멀리 못 가고, 사다 놔봤든[놓더라도] 오래 못 가니까 비싸도 여기서 사 먹어야 되고, 사도 여기서 사먹어야 되고 이렇지만은 다른 거는, 옷 같은 거 여기서 사 입는 사람 없어. 만 원[짜리건] 뭣이건 다른 데 나가서 사지.

그러니 장사가 안 되는 거지. 그래 사북 경기가 안 되지. 여 돈 갖다가 여기서 쓰고 여기서 돌아야 되는데, 다른 데 가서 고만 써 버리니까 이게 안 되지. 사북에서 버는 돈은 사북 내에서 써가지고 사북에서 빙빙 돌아야 뭐가 되는데 이건 사북에서 돈 벌어 가지고 다른 데 가서 줘 버리니까네. 밖에 나가서 벌고 술 한잔 먹어도 밖에 나가서 먹어 버리고 이러니 장사가 덜 되지.

장사하는 사람들도 정착하기가 어렵겠네요?

그래요. 장사하는 사람들이 안 돼. 우리 집 큰아도 여기 [사북]역 앞에 조그만 우동 가게를 해 놓고 저녁 장사 술 먹는[파는] 걸 하는데 하루에 20만 원씩 못 팔아. 사람도 없고 그리 장사가 안 돼. 20만 원[어]치도 못 판다니까. 그 가게를 1년에 600만 원 주고서 얻어가지고, 그래 벌어가지고 뭐가 돼? 만날 벌어가지고 그저 어디 뜯어 옇어 옇어[넣어]가지고 집세 내는 게 맞아. 그 돈은 뭐 돈이라고 못 벌고 만날 그 [집세] 대 주지.

사북에서 병원은 잘 되나요?

사람이 없는데 되긴 뭐가 돼?

안 돼요?

에. 여기에 정선군립병원이라고 있어. 의사는 똑똑한데, 의사가 또 낫다고 하는데도 안 돼. 그것도 가 보면 큰 데보다 틀려. 그래서 의사가 여기에 와 있을 수도 없고 돈을 도시같이 줄 수도 없고 하니 환자가 별로지. 그런 아직 절뚝 하는 환자들만 여기 가지. 큰 뭐 [병을] 보는 환자는 큰 데를 가야 된단 말이야. 여기는 그래도 강원도에 원주가 제일 크거든. 그래 원주 기독병원을 간단 말이야.

사북이 탄광촌이었던 당시에는 어땠어요?

그때 당시에 요 맨 군립병원 자리에 그게 [보건원이] 있었고. 병원이, 제일병원이 있었고. 그전에는, 그거 생기기 이전에 또 쪼만한 개인 병원이 하나 있었어. 그렇게 세 개가 있었어. 고한도 가면 시방 병원이 딱 한 개뿐이지만 그전에는 쪼막만 한 병원이 세 개가 있기는 있었어. 회사도 일하다 다치면 여서 고칠 만한 건 고치고 못 고치는 거는 큰 데로 가고 그랬어.

마지막으로 하고 싶은 말씀 있으세요? 역사를 남기는 것에 대해서 어떻게 생각하시는지.

나는 그런 저 마지막에 뭐시기 한들 별 뭐시기도 없어. 여기가 원래 살 곳이 못 돼. 광산이 문 닫히고서 살 곳이 못 됐는데, 그나마 카지노가 오는 바람에 여기에 묻어 좀 주저앉는 사람도 있고. 여기 떠나지 여기 뭐가 있어? 이 묏골[산골]에 뭐 벌어먹을 때가 있나. 항구에[길게] 할 데가 없잖아. 뭐 장사가 하이 장사가 되나 사람이 있어야 장사가 되지.

옛날에는 조합원들이 한창 여 돌아갈 때는 장사를 시작하면 장사하는 사람들은 다 돈 벌었다고. 그때는 조합원들이 대포집이라도 차려 놓으면 밤새도록 법석법석해지니까 장사가 됐는데. 요새는 [사람이] 어디 있어. 요새는 술 먹고 비틀거리는 놈 한 사람도 없어. 옛날같이 술을 안 먹어. 그럼 여기 사북에 술집이고 호프집이고 연신 차려 놓더라만 뭐 [장사가] 돼야 해 보지. 요새 파리 날리고 밖에 세만 나가고 있지. 그리하다가 안 되면 문 닫고. 안 돼. 하여튼 사람이 없어서 안 된다.

여 카지노 종업원들이 몇 천 명 있지만 아[애]들 있어 봤든[봤자] 전부 직원들 카지노에서 해결해 버리지. 여기 사북 내려와서 돈 안 풀어. 여기에 노름하러 와. 노름하러 객지에서 다 온들 여기 사북에 돈 풀어 놓고 가는 [사람] 한 사람도 없어. 풀면 카지노에서 풀고 바로 가 버리지. 여기서 안 풀어. 돈 있는 사람들이 뭐 사북에 내려와서 먹을 것도 없는데 뭐 푸나?

여기 저 호텔들 뭐 들어지어 났지만 스키 타고 이럴 때 한 달, 두어 달 정도 반짝하지. 장사 안 돼. 요새 같음 호텔 뭐 하룻밤에 3만 원인가 하는데, 이제 겨울 되면 뭐 3만 원에서 5만 원도 가고, 6만 원도 가고, 몇 만 원씩 자기 방 딸리면 달라. 그러면 금[가격]인데 사람 없어.

그리[그러니] 여기 살 길이 못 돼. 그나마 저 카지노가 뭐 계약이 한 10년밖에 안 남았다 그러는데 그거 재계약을 안 하면 또 골치 아프지. 재계약 안 하면 이게 카지노가 별로 안 되고 다른 데서 카지노 해놨다고[한다고] 하면 절대 안 돼. 다른 데 못 하구로[하도록] 하고 카지노 이걸 살려야 되는데 모르지. 국회의원들이고 대통령 누가 나와서 이걸 또 하려는지 모르겠지만.

사람들이 살아야 되니까.

살려 줄려는지 몰라.

말씀 잘 들었고요. 감사드립니다.